진실과 기억

진실과

홍순권
역사 수상집

한 역사학자가 걸어온
20년 과거사
진실규명의 길

기억

산지니

책을 펴내며

1945년 2차 세계대전에서 일본군의 패전으로 우리 민족은 일제의 식민지 지배로부터 해방되었지만 이내 미·소 간의 냉전 격화로 민족은 분단되었고 곧이어 전쟁의 참화를 겪어야 했다. 미·소 냉전은 한반도 분단에 그치지 않고 사실상 동아시아의 분단을 초래하였다. 오늘날 우리가 마주하고 있는 과거사 문제는 바로 이러한 식민지 지배와 분단, 전쟁의 역사로부터 연유한다.

1987년 6·10 민주항쟁은 해방 이후 냉전시대 전쟁과 독재로 점철되었던 한국현대사에 일대 획을 긋는 대사건이 되었다. 시민사회가 주도한 6·10 민주항쟁의 승리로 인해 우리 사회는 민주주의 사회로 전환했고 이른바 민주화 시대가 열렸다. 이후 민주화 시대가 도래하면서 우리 사회에는 분단체제로 발생한 과거사의 정리, 즉 과거사 청산이 시대적 과제로 등장했다. 과거사 청산은 진정한 민주주의로 가기 위한 이행기의 정의, 즉 민주주의와 인권의 참된 가치 실현을 목적으로 한 것이다.

이러한 과거사 청산 문제가 정치적 의제로 등장하기 시작한 것은 김영삼 정부가 들어서고서였다. 1995년 8월 15일 광복 50주년 기념행사와 함께 이른바 '역사바로세우기'의 첫 상징적 조치로 일제의 식민지 유산이자 식민통치의 상징이었던 옛 조선총독부 건물인 중앙청이 해체되었다. 당시 TV를 통해 전국적으로 중계되었던 건물 중앙 첨탑의 철거 장면은 아직도 눈앞에서 벌어지는 것처럼 생생하다. 이해 12월 '5·18민주화운동등에관한특별법'이 제정된 것을 시발로 이후 한국현대사의 과거사 문제에 관한 여러 법률이 제정되고 각 위원회가 구성되어 과거사 청산을 위한 본격적인 활동을 시작했다.

해방 이후의 과거사 문제 가운데 희생자의 규모로 보았을 때 가장 큰 사건은 한국전쟁 전후 민간인 학살 사건이다. 이 사건은 2000년 9월 일부 피학살자 유족과 시민사회가 뜻을 모아 '한국전쟁 전후 민간인학살 진상규명 범국민위원회'(이하 범국민위)를 구성하면서 본격적인 입법 운동으로 발전하였다. 또 이 문제의 해결을 위해서 2004년 관련 연구자들은 범국민위와 협력하여 한국제노사이드연구회를 창립하였다. 나는 이 연구회의 초대 회장을 맡았다. 이후 2005년 5월 '진실·화해를 위한 과거사정리기본법'이 국회를 통과하고 그 12월 '진실·화해를 위한 과거사정리위원회'가 공식 출범하였다. 나는 2008년 2월부터 2010년 2월까지 이 위원회에서 임기 2년의 비상임 위원으로 활동했다. 대체로 이러한 이력이 내가 과거사 문제를 가지고 연구자로서 사회적 활동에 참여하게 된 연유라고 할 수 있다. 특히 위원회 위원으로서 수많은 자료와 보고서를 검토하면서 한국 현대의 과거사 문제에 제대로 접근할 수 있었던 것은 연구자인 나에게 큰 행운이었다. 내가 과거사와 관련하여 대중적인 글을 쓰기 시작한 것도 이즈음이다.

과거사 문제의 실천적 영역 가운데 하나가 바로 역사교육이다. 이와 관련해서 중등학교 제7차 교육과정의 일환으로 역사교육의 교과과정이 개편되면서 고등학교 교과과정의 새 교과목으로 한국근현대사가 개설되었다. 제7차 교육과정에서 한국근현대사를 독립 교과목으로 설정한 것은 그동안 역사교육에서 등한시했던 근현대사 교육을 강화하는 데 목적이 있었다. 이는 한국 역사교육사상 일대 혁신이라고 칭할 만한 정책 전환이었다. 이에 따라 교육부의 검정을 통과한 8종의 한국근현대사 교과서가 2002년부터 일선 고등학교에 보급되어 사용되기 시작했다. 당시 나는 금성출판사 발행의 고등학교 한국근현대사 교과서 집필진으로 참여했다. 그런데 금성출판사의 교과서가 전국 과반수의 고등학교에서 채택되면서 예상치 못한 일이 벌어졌다. 때맞춰 등장한 뉴라이트와 보수 정치인들이 교과서에 공격을 하기 시작한 것이다. 그리고 2008년 정권교체로 새 정부가 들어서자 마침내 교육부는 정당한 절차를 거쳐 검정을 통과한 교과서에 대해 일방적으로 수정 명령(지시)을 내렸다. 교육부의 수정 명령이 부당하고 판단한 필자들은 그 명령의 부당성을 주장하며 법원에 행정소송을 제기하였다. 결국 대법원이 교육부의 수정 명령이 부당하다는 판결을 내리기는 했지만 교과서는 이미 정부의 요구대로 수정 배포된 상태였다. 한국현대사의 역사교육에 관한 논란은 이후에도 오랫동안 지속되었다.

　과거사 청산과 관련된 필자의 관심은 1979년 10월 부산과 마산에서 일어난 유신반대 민중항쟁인 부마민주항쟁으로도 이어졌다. 이와 관련해서 2013년 6월 '부마민주항쟁보상법'이 제정되었고, 이 법에 의거해 2014년 10월 '부마민주항쟁진상규명 및 관련자명예회복심의위원회'가 구성되었다. 나는 2018년 3월부터 이 위원회의 위원으로 위촉되었고, 2020년 10월부터 2023년 3월까지는 이 위원회의 위원장을 맡았다. 이 위원회는 내가 위원장 임기 중이던 2021년 12월 『부마민주항쟁 진상조사보고서』를 완성하여 관보에 게재하였다.

　이 책은 필자가 최근 약 20년간 〈국제신문〉 등 일간지와 대학의 학보사, 그리고 정부 기구나 시민사회 단체의 기관지나 잡지 등에 실었던 칼럼과 시평 등의 글을 모은 것이다. 글 대부분이 필자의 전공 분야인 한국근현대사와 관련된 문제이자 우리 사회가 당면한 사회 정치적 이슈를 다루고 있다. 책에서는 이를 크게 4가지 주제로 나누어 정리했다. 제1부 진실화해위원회 활동과 과거사 정리는 한국전쟁 전후 민간인 학살 문제와 기타 한국현대사의 과거사 이슈, 제2부는 역사 교과서 수정 사건 및 역사교과서 국정화를 둘러싼 사회적 논란에 대한 생각과 문제 제기, 제3부는 부마민주항쟁과 기타 민주화운동 및 독립운동 등

지역적 정체성과 관련된 주제, 제4부는 오늘날 한일 양국 간의 역사 현안인 강제동원 등 일제의 식민지 지배로 인해 발생한 동아시아 과거사와 기타 주제를 모았다. 별첨 형식으로 마지막에 실은 〈논고〉는 일종의 시론적인 글이다. 1987년 민주화 이후의 과거사 청산 문제를 간단히 정리하고 평가한 것으로 이 책을 관통하는 전반적인 문제의식을 이해하는 데 도움이 될까 하는 생각에서 덧붙였다.

연구자가 전문적이고 학술적인 논문이 아닌 대중적인 글을 쓴다는 것은 필요한 일이기는 하지만 쉬운 일은 아니다. 일부러 시간을 내어 대중적인 글을 쓴다는 것도 쉽지 않을뿐더러 특별한 계기나 여건이 마련되지 않고서 연구자들이 대중적인 글을 발표하는 것은 그리 흔치 않다. 그러니 나에게 이러한 글을 틈틈이 쓸 수 있었던 기회가 주어진 것은 감사해야 마땅한 일이다. 특히 이 책에 실린 많은 글은 2016년 이후 〈국제신문〉의 인문학 칼럼에 기고한 것들이다. 〈국제신문〉의 지면이 아니었다면 책이 나오기 어려웠을지도 모른다. 그러나 내가 원래부터 책을 낼 계획을 세우고 글을 쓴 것이 아니기 때문에 체계가 없고 논리적인 뒷받침이 부족한 글도 없지 않음을 자인하지 않을 수 없다.

우리 사회는 여전히 이행기에 머물러 있다. 제도적 형식적 민주주의의 기초는 이룩했지만, 사회 내부적으로 그 진보를 막는 장애물들이 만만치 않게 널려 있다. 민주화 이후 어언 36년을 지나오면서 우리는 이미 그로 인한 역진적 민주화의 경험을 수 차례 반복해왔고, 지금도 그러한 시련을 겪고 있다. 한때 일시적 남북 화해 무드와 함께 동아시아의 봄이 오는 것이 아닌가 하는 착각에 빠지기도 했지만 동아시아의 과거사 문제는 쉽게 해결될 기미가 보이지 않는다. 오히려 국내외적으로 과거사 자체를 부정하는 역사수정주의가 날로 득세하고 있는 현실을 목격하면서 암울한 생각마저 들 때가 있다. 그러나 그럴수록 과거사 정리의 중요성을 더욱 절감할 뿐이다.

역사에 대한 해석은 시대에 따라 달라질 수 있고 때로는 그래야만 마땅하다. 그러나 역사에 대한 어떠한 해석도 사실과 진실을 바탕으로 하지 않고는 의미가 없다. 사실과 진실에 기초하지 않은 역사 해석은 사상누각과 같다고나 할까. 이것이 과거사 정리가 진실규명의 토대 위에서 철저히 이루어져야 하는 이유이기도 하다.

이 책에서 다루고 있는 주제들은 과거사에 관한 것이지만 오늘날 우리의 절실한 현실 문제이기도 하다. 민족분단은 단순히 이념의 장벽뿐만 아니라 동시에 역사 분단의 장벽을 무겁게 쌓아 올려놓았다. 그 현실을 우리는 최근 불거진 '홍범도 장군' 지우기 논란을 통해서도 단적으로 목격하고 있다. 이 책에 수록된 단편적인 글들은 우리가 마주해왔던 과거사 논란의 고민거리를 일부 모아놓은 것이다. 과거사에 대한 우리 사회의 인식이 조금이라도 더 깊어질 수 있다면 더 바랄 것이 없다. 다만, 혹시라도 있을 이 책의 오류에 대해서는 독자 제현의 따끔한 질책과

충고가 있기를 바란다.

　끝으로 이 자리를 빌려 이 책의 출판을 허락해주신 산지니 출판사 강수걸 대표님을 비롯해 책의 편집과 교정을 위해 수고해주신 직원 여러분에게 심심한 감사의 말씀을 전한다.

　또 윤문 작업에 함께 참여한 배병욱, 하지영 박사와 이가연 교수에게도 고마움을 전한다.

2023년 12월

홍순권 씀

차례

4부

동아시아 평화와 인권의 길

1부

진실화해위원회 활동과
과거사 정리

1

과거사 정리는 왜 필요한가?

과거사 정리는 민주주의와 불가분의 관계

20세기를 거치면서 우리 사회는 식민통치와 전쟁 그리고 독재정치의 어두운 터널을 지나와야 했다. 그 과정에서 수많은 무고한 사람이 희생당하고 인권을 억압당했다. 일제강점기의 민족해방운동과 해방 이후의 민주화운동은 이러한 왜곡된 역사적 상황으로부터 해방되어 자유롭고 인간다운 평화 공동체를 만들기 위한 노력이었다. 노력의 결과로 1987년 마침내 우리는 '민주화 시대'라는 새로운 역사의 장을 열 수 있었다. 최근(2008년) 새 정부(이명박 정부)가 들어서고 나서 새삼스럽게 논란이 되고 있는 '과거사 정리' 문제는 1987년 이후 우리 사회가 성취한 민주주의의 발전과 불가분의 관계를 지니는 것이다.

역사를 이해하는 것은 인간에게 주어진 특별한 능력

1987년 이후 우리 사회는 아직 완전하다고는 할 수 없어도 적어도 정치제도적 측면에서는 상당한 수준의 민주주의적 성과를 거두었다고 평가할 수 있다. 그러나 민주주의를 지탱하는 정신적 가치는 정치제도의 민주화가 이루어졌다고 해서 그와 동시에 저절로 확보되는 것은 아니다. 오히려 정치적 민주화와 더불어 그 시대정신에 맞는 민주적 가치를 우리 스스로 내면화하여 발전시키려는 노력이 뒤따르지 않으면 어렵게 획득한 민주주의 제도가 오래 유지될 수 없음은 이미 역사적 경험을 통해서 확인되었다. 그러한 의미에서 민주주의의 가치를 재인식하여 이를 사회적으로 확대하는 일이 '민주화 이후 민주화운동'의 새로운 과제로 떠오르게 되었다. 1990년대 문민정부의 '역사바로세우기' 운동을 비롯하여 이후 제정된 각종 과거사 관련법과 과거사 청산운동은 그러한 민주주의 가치를 사회적으로 내면화하기 위한 '민주화 이후의 민주화운동'으로 정의할 수 있다. 그것을 큰 틀로써 보자면 21세기 우리 사회가 지향해야 할 공동체적 가치를 정립하기 위한 역사운동이라고도 말할 수 있다. 현재 진실·화해를위한과거사정리위원회를 중심으로 진행하고 있는 과거사 관련 진상규명 작업 또한 그동안 은폐되어왔거나 왜곡되었던 반민주적·반인권적 행위에 대한 반성적 성찰을 통해 평화와 공존의 미래지향적 가치를 정립하는 데 그 목적이 있다고 할 것이다. 그것은 결코 '과거의 한풀이'가 아니며, 과거사 정리를 통한 우리 사회 내부의 화합뿐만 아니라 종국적으로는 민족적 갈등의 치유와 민족통합을 지향하는 데 그 진정한 입법 목적이 있다.

역사를 이해하는 것은 동물 중 인간에게만 주어진 특별한 능력이다. 인간이 역사를 이해할 수 있는 것은 과거를 기억할 수 있기 때문이다. 그러나 과거를 기억한다는 것이 반드시 즐겁고 행복한 일은 아니다. 불행했던 과거를 기억하는 것은 오히려 고통스러운 일이다. 비극적인 역사 경험은 개인과 집단에게 치유하기 어려운 정신적 상흔을 남긴다. 이를 흔히 트라우마라고 한다. 트라우마는 피해자는 물론 가해자에게도 발생한다. 피해자이든 가해자이든 특별한 상황이 아니면 스스로의 상처를 남에게 잘 드러내지 않는다. 그러나 상처를 드러내지 않는다고 해서 시간이 지나면 상처가 저절로 치유되는 것은 아니다. 집단적 트라우마의 경우 공동체가 이것을 스스로 치유하지 않으면 그 상흔은 공동체 내부에 더욱 깊숙이 각인되어 공동체 발전에 장애가 될 수 있다. 과거사 정리는 공동체의 집단적 트라우마를 치유하는 과정이기도 하다. 트라우마를 치유하기 위해서는 과거의 불행과 과오를 무조건 덮어둘 것이 아니라 과거의 진실을 제대로 규명하여 그것을 세상에 드러내야 한다. 이 과정을 통해 피해자를 위로하고 가해자의 참회를 유도하여 양자의 화해를 모색할 때 트라우마에 대한 공동체 차원의 근본적 치유가 가능하다.

과거사 정리는 미래지향적이어야

　혹자는 과거의 잘못을 뒤늦게 바로잡는다는 의미에서 과거
사 정리(과거청산)를 부정의(不正義)의 시정이라고도 정의한다.
즉 과거사 정리의 궁극적인 목적은 과거에 있었던 부정의를 바
로잡아 정의를 세우는 일이라는 것이다. 과거에는 불가피한 상
황으로 인해 바로잡을 수 없었던 부정의를 뒤늦게나마 교정한
다는 의미이다. 그렇다고 해서 진실규명을 통한 과거사 정리가
단지 가해자를 단죄하는 데 목적을 두고 있는 것은 아니다. 그
보다는 사건의 객관적 진실을 규명하고 그 사건의 구조적 원인
을 해명하여 사회적 제도적 차원에서의 해결책을 제시함으로써
피해자와 가해자 간의 화해를 모색하는 데 더 큰 목적이 있다.
'진실 · 화해를위한과거사정리기본법'에 규정된 목적도 이와 다
르지 않다.

　과거사 정리를 이상과 같이 정의한다면, 과거의 진실을 규
명하고 정리하는 일은 어디까지나 미래지향적이어야 한다. 달리
말하면 과거사 진실 규명의 기준은 우리 사회가 앞으로 추구해
야 할 미래지향적 가치이어야 한다는 것이다. 그것은 20세기의
전쟁과 대립을 넘어서 21세기의 평화와 공존을 지향한다. 그중
핵심 가치는 다름 아닌 오늘날 인류사회가 지향하는 '인권'이라
는 보편적 가치이다. 따라서 현재 진행 중인 우리 사회의 과거사
정리는 이러한 기준에 따라 과거에 은폐되어왔거나 왜곡되었던
사실을 밝혀내 재평가하는 작업인 동시에 그 자체가 새로운 미

래를 만들어가는 과정이라고 할 수 있다.

어떤 의미에서 21세기는 세계사적으로도 '과거사 정리의 세기'이어야 한다. 왜냐하면 과거사 정리는 결코 오늘날 우리 사회에서만 일어나고 있는 일국사적인 특수 현상이 아니기 때문이다. 지난 세기 동안 수많은 나라가 식민통치와 전쟁, 독재 등 우리 사회와 유사한 역사적 경험을 하였다. 또 피해자 측뿐만 아니라 가해자 측에서도 그것은 부끄러운 과거사로서 청산되어야 할 역사적 과제가 되어 있다. 이러한 이유로 동남아시아와 남미 등지의 많은 나라는 물론 스페인과 같은 유럽 국가에서도 '과거사 정리'가 진행 중이다. 성공적인 과거사 정리를 위해서는 이들 여러 나라가 각국의 역사적 경험과 정보를 함께 공유하는 일이 중요하다.

과거를 되돌아보고 성찰하는 과정이 없는 개인의 성장과 발전은 상상하기 어려운 일이다. 국가 차원에서 과거의 진실을 규명하고 화해를 모색하는 과거사 정리 또한 역사에 대한 사회적 성찰이라는 점에서 동일한 의의를 지닌다.(『진실화해』 제9호, 진실·화해를위한과거사정리위원회, 2008.)

2
진실화해위원회의 과거사 진상규명

한국전쟁 전후 민간인 학살과
진상규명

  우리 사회에 '한국전쟁 전후 민간인 학살' 문제가 사회적 의
제로 부상하여 그 진상규명을 위한 본격적인 노력이 시작된 지
도 이제 7여 년의 세월이 지났다. 이에 앞서 1960년 4월 혁명 직
후 전국적으로 유족회가 결성되어 이 문제의 진상규명을 위해
노력한 적이 있었다. 그러나 이듬해 불의의 5·16 군사쿠데타로
된서리를 맞은 이후 오랫동안 우리 사회는 이 문제에 대하여 의
도적으로 침묵해왔다. 침묵한 것이 아니라 독재정권 아래서 침
묵을 강요당했다고 해야 옳을 것이다. 일부 유족들이 어려운 여
건을 무릅쓰고 사건의 진상규명을 요로에 진정하며 각고의 노
력을 다했던 것도 사실이다. 다행히 1987년 민주화 이후 각계의
의논이 모아져 2000년 9월 '한국전쟁 전후 민간인 학살 진상규

24

명 범국민위원회'가 결성되어 한국전쟁 전후 민간인 학살에 대한 진상규명 요구는 조직적인 시민운동으로 발전하게 되었다. 또 2004년 10월에는 이 문제에 대한 본격적인 학술연구를 진행하기 위한 연구자들의 모임인 '한국제노사이드연구회'가 결성되었다. 이러한 유족과 시민단체, 학계의 노력이 결실을 맺어 2005년 5월 '진실·화해를위한과거사정리기본법'(이하 기본법)이 국회에서 통과되고 그해 12월 '진실·화해를위한과거사정리위원회'(이하 진실위)가 출범했다.

진실위는 출범 이후 한국전쟁 전후 민간인 학살 피해조사에 심혈을 기울여왔다. 진실위는 기본법에 근거하여 사건 관련 공식 문건과 자료를 수집하고, 피해 유족들을 중심으로 증언과 증거 자료를 확보하여 분석하는 방법으로 피해자에 관한 조사를 진행하는 한편, 피학살자 유골 집단매장지 조사와 유골 발굴 사업을 병행함으로써 한국전쟁 전후 민간인 학살의 실체적 진실을 밝히기 위해 노력하고 있다. 경산 코발트 광산 유골 발굴 사업은 그중 하나이다.

2007년 10월 말 기준으로 그동안 한국전쟁 전후 민간인 피해자 유족들로부터 접수된 민간인 집단희생에 관한 진상규명 신청 건수는 7,776건(전체 신청 건수의 71.3%)이며, 이른바 적대세력 관련 진상규명 신청 접수 건수도 1,634건(전체 신청건의 14.9%)에 이른다. 이 둘을 합하면 한국전쟁 전후 민간인 희생과 관련된 신청 건수는 모두 9,410건이다. 물론 이 수치가 한국전쟁 전후 민간인 희생 사건의 전모를 말해주는 것은 아니다. 진실위에 신청하지 않은 사례가 이보다 훨씬 많으리라는 것은 누구나 추론할 수 있는 일이다. 왜냐하면 여러 가지 이유로 현재 신청이 접수되지 않았으나 앞으로 진상규명 되어야 할 사건들이 적지 않기 때문이다.

지금까지 국내 학계와 관련 사회단체에서는 한국전쟁 전후의 민간인 집단희생자 규모를 적게는 수십만 명에서는 많게는 100만 명에 이르는 것으로 추정해왔다. 이 중 최소 추정치와 비교해서도 그동안 진실위에 접수된 진상규명 신청 건수는 전체 희생자의 1/10에도 미치지 못한다. 이처럼 신청 건수가 예상 수치에 크게 미치지 못하는 것은 이미 반세기 이상 오랜 세월이 지나면서 피해자 1세대 후손들이 이미 죽은 경우가 많고, 고향을 떠난 유족 간의 연락이 끊겨 신청 과정에서 사실 확인에 어려움을 겪는 등 여러 가지 사정이 있었기 때문으로 추정된다. 그러나 무엇보다 중요한 이유는 여전히 많은 유족이 반공피해의식에서 벗어나지 못해 스스로 진상규명을 포기하고 있다는 데 있다. 그만큼 유족들의 정신적 상흔이 깊다고 하겠거니와 이는 역설적으로 한국전쟁 전후 민간인 학살에 대한 진상규명의 필요성이 더욱 절실함을 방증하는 것이기도 하다. 한마디로 한국전쟁 전후 민간인 학살의 진상규명 문제는 반세기 전의 과거완료형 문제가 아니라 현재 진행형의 당대사인 것이다.

비록 전부는 아니더라도 1만 명에 가까운 유족들이 이번 진상규명조사에 적극적으로 응했다는 것은 중요한 의미를 지닌다. 우선 신고지역의 분포를 보면 전국 모든 군을 포괄할 정도로 광범위한 지역에 걸쳐 있어서 실제로 학살이 전국 곳곳에서 이루어졌음을 확인할 수 있다. 이러한 사실은 2007년 7월 진실위의 위탁을 받아 동아대학교 석당학술원에서 약 5개월간에 걸쳐 전국 9개 시군을 대상으로 실시한 '한국전쟁 전후 민간인 집단희생 관련 피해자 현황 조사 용역사업'의 조사 결과에 의해서도 뒷받침된다. 이 조사를 통해 밝혀진 강화, 공주, 청주, 고창, 영암, 구례, 예천, 청도, 김해 등 9개 시군의 민간인 피해자 규모는 8,589명이다. 이는 이들 9개 시군지역에서 진상규명을 신청한 1,178건과 비교하면 7배가 넘는 수치이다. 게다가 이들 지역에 대한 조사 또한 여러 가지 제약조건으로 완벽한 조사가 이루어진 것은 아니기 때문에 실제 피해자는 더 많을 수 있다.

진상규명 신청서와 그동안 실제 조사한 사건을 검토해보면, 한국전쟁 전후 피해 민간인들의 사망 원인은 매우 다양하다. 전체적으로 군경(軍警) 토벌 과정에서 희생당한 사람이 가장 많았고, 그다음으로 보도연맹에 가입하였다는 이유로 사망한 사람이 많았다. 그 밖에 부역 혐의로 죽은 사람도 있고, 형무소에 수형되어 있다가 보도연맹원과 함께 희생된 사람도 있다. 또 피해자 수로 보면, 이른바 인민군이나 지방좌익에 희생된 민간인이 약 18% 정도로 추산되고 있어서 남북 간 또는 좌우 간의 갈등 속에 상호 보복적 학살이 드물지 않게 전개되었음을 확인할 수 있다. 이 밖에도 한국전쟁 중에는 익히 알려진 '노근리 사건'의 경우와 같이 미군의 폭격으로 사망한 민간인들도 적지 않았다.

이처럼 전쟁은 우리 민족에게 상상하기 어려운 많은 인명 피해와 그에 따른 깊은 정신적 상흔을 남겼다. 전투 과정에서 일어난 피아 간의 살상은 말할 것도 없거니와 그 이상으로 전투와는 무관하게 국가폭력에 의해 또는 이른바 적대세력 간에 이루어진 민간인 집단학살은 지역사회에 엄청난 충격을 안겨주었다. 이러한 집단학살로 인하여 발생한 증오와 불신으로 지역공동체가 분열되거나 지역사회의 공동체적 기반이 무너지는 결과가 초래되기도 하였다. 요컨대, 전쟁은 남북분단이란 민족적 분열을 고착시켰을 뿐만 아니라, 남한사회 내부에서 국가와 학살 피해 유족 그리고 지역공동체 간에 또는 지역공동체 내부에 깊은 균열을 만들어냈다. 한국전쟁 전후 민간인 학살의 과거사야말로 우리가 반드시 치유하고 청산하지 않으면 안 될 민족분단의 비극적 유산이자 민족적 트라우마이다.

한국전쟁 전후 일어난 민간인 학살의 근본 원인과 배경은 무엇이며 그것은 역사적으로 우리에게 무엇을 시사하는가? 사실 우리는 그동안 전쟁으로 인한 동족상잔의 비극성을 강조하면서도 정작 그 비극성의 가장 핵심에 있는 이 문제에 대해서는 진지하게 성찰해본 적이 별로 없다. 오히려 이 문제에 관한 한 입을 닫는 것이 당연한 일인 것처럼 금기시해왔다. 마치 뜨거운 감자라도 다루듯이. 그러나 이 상처를 근원적으로 치유하지 않고도 우리 사회의 건강성이 회복되고 민족분단의 모순이 궁극적으로 극복될 수 있을까?

민간인 대량학살은 한국전쟁 전후 냉전체제라는 이념적 대립과 일제로부터 해방된 이후 국민국가의 형성 과정에서 발생하였다. 이런 이유로 당시 전쟁 상황의 역사적 특수성을 고려해야 한다는 견해도 존재한다. 그러나 아무리 전쟁 중이라 하더라도, 그리고 아주 특별한 상황에서 발생한 일이라 하더라도 국가가 국민의 생명을 보호하려는 충분한 노력을 기울이지 않았다는 것만으로도 국가는 그 책임을 면하기 어렵다. 더욱이 한국전쟁 전후에 희생된 민간인의 경우 뚜렷한 혐의나 최소한의 법적 절차도 거치지 않고 무분별하게 처형되었다. 이는 한국전쟁 전후의 민간인 학살이 단순히 정치적 차원을 넘어서 인류 보편의 인권 차원에서 다루어져야 할 필요가 있음을 말해주고 있다. 바로 이 지점에 우리 민족 현대사의 원초적 비극이 존재한다. 지금이라도 우리는 이 점을 깊이 응찰하지 않으면 안 된다.

1948년 12월 유엔 총회에서 채택한 제노사이드 협약에는 '제노사이드'를 '전체적으로 또는 부분적으로, 민족, 종족, 인종, 또는 종교집단을 파괴할 의도를 가지고 자행한 행위'로 정의하고 있다. 유엔의 제노사이드 협약에서는 국가에 의한 정치적 학살을 제노사이드의 범주에서 제외하고 있으나 오늘날 많은 학자는 제노사이드를 보다 더 넓게 정의해서 국가폭력에 의한 정치적 집단학살도 제노사이드의 범주에 넣어야 한다고 주장하고 있다. 비록 이념적으로 정당화된 국가폭력이라 하더라도 인권적 측면에서 볼 때 인종적 종교적 제노사이드와 본질적으로 다르지 않기 때문이다. 이러한 측면에서 보도연맹원 학살을 비롯하여 한국전쟁 전후에 일어난 민간인 학살은 1948년 제주 4·3의 민간인 학살과 마찬가지로 집단학살의 규모와 의도성 등에 있어서 제노사이드의 성격을 지녔다고 말하지 않을 수 없다.

그런데 보도연맹원은 물론이고 한국전쟁 중에 일어난 민간인 학살사건의 경우는 학살의 이유였던 '빨갱이'의 이념성조차 애매하기 그지없다. 보도연맹이라는 단체를 조직한 주체가 정부이고, 정부가 그 단체에 가입한 자를 이미 전향자로 인정했기 때문이다. 게다가 당시 정부기관이나 지방단체가 무리하게 성과를 내려는 나머지 각 지방에서는 동·면장의 권유에 의해 억지로 가입한 사람도 많았고, 심지어 자신도 모르게 가입된 사람도 적지 않았다. 이는 이미 학술적 연구나 현지 조사 과정에서 충분히 밝혀졌다.

민간인 학살의 피해는 피해 당사자의 희생으로 끝나는 것이 아니다. 연좌제로 인하여 이후 유족들이 입은 정신적 물리적 피해는 오늘날에도 이어지고 있다. 과거사를 극복하는 방법과 대책에는 여러 가지가 있을 수 있다. 궁극적으로는 인권의 신장에 이바지하는 것이 되어야 할 것이다. 그러기 위해서는 무엇보다 피해자의 명예를 회복하는 것이 급선무이며, 그것이 핵심 사업의 하나가 되어야 한다. 명예회복의 방법은 보상과 기념관 설립 등으로 구체화될 수 있을 것이다. 이 점에 대해서 '진실·화해를 위한과거사정리기본법' 제34조에는 "국가는 진실규명 사건 피해자의 피해 및 명예의 회복을 위하여 노력하여야 하고, 가해자에 대하여 적절한 법적·정치적 화해조치를 취하여야 하며, 국민 화해와 통합을 위하여 필요한 조치를 하여야 한다."라고 명시하고 있다.

이제 한국전쟁 전후 민간인 학살 피해자의 명예 회복은 하나의 사회적 제안을 넘어서 우리 사회가 실천에 옮겨야 할 법적인 의무 규정이 되었다. 그리고 이들의 명예가 회복되어야 하는 이유가 바로 '진실·화해를위한과거사정리기본법'을 제정한 이유이기도 한 것이다. 억울하게 죽은 이들의 명예를 회복하는 일은 다른 표현으로 주검의 민주적 시민권을 회복시켜 주는 일이다. 이는 죽음의 세계 혹은 저세상을 민주화하고자 하는 사회적 노력이라고도 할 수 있다. 그러나 그것의 진정한 의미는 살아 있는 우리들의 세상을 더욱 민주화하고 그것을 우리 의식 속에 내면화하는 실천적 행동에 있는 것이다.

과거사 진상규명은 오늘날 우리 사회의 특수한 문제만은 아니다. 한국뿐만 아니라, 스페인, 남아프리카공화국을 비롯하여 남미 여러 나라에서도 진행되고 있는 세계사적인 문제이다. 이는 전쟁과 야만, 제노사이드로 얼룩진 20세기의 모순을 극복하고 인권의 존엄이라는 인류 보편의 가치 위에 진정한 의미의 21세기 지구공동체를 재건하기 위한 노력의 일환이다. 지난 20

세기 제국주의와 냉전의 최대 피해자였던 우리 민족에게 당면한 역사적 과제이기도 하다. 한국전쟁 전후 민간인 학살의 진상규명과 희생자의 명예회복에 앞장서야 할 중요한 이유가 여기에 있다.((사)경산코발트광산유족회, 『잃어버린 기억』, 이른아침, 2008, 278~285쪽.)

살구쟁이에 묻힌
영혼들의 침묵*

지난(2009년) 7월 20일 아침 일찍 서울에서 출발하여 진실화해를위한과거사정리위원회(이하 진실화해위원회)의 조사관 일행과 함께 공주 왕촌 살구쟁이에 있는 한국전쟁 발발 직후 집단학살된 민간인 유해 발굴 현장을 찾아갔다. 이곳은 2년 전 필자가 연구책임자로서 진실화해위원회의 용역을 받아 전국 9개 시군을 대상으로 한 '한국전쟁 전후 민간인 집단희생 관련 피해자현황조사'를 시작하면서 가장 먼저 찾았던 곳이기도 하다. 당시에 이곳을 안내하고 설명해주셨던 분이 현재 공주유족회의 회장을 맡고 계신 곽정근 님이신데, 그분의 형님은 1949년경 경찰에 의해 연행된 후 국가보안법 위반 혐의로 1년 6개월 형을 받고 공주형무소에 수감되었다. 그리고 한국전쟁 발발 전 잘 지낸다는 엽서를 보낸 후 영영 돌아오지 않았다고 하였다.

지난번 답사를 왔을 때 이곳은 사건 발생 이후 집단학살지로 소문이 돌아 유족회가 결성되기 얼마 전 현지 언론사에서 현장 확인을 위해서 발굴을 시도했으나, 유해가 묻힌 사실만 확

---

* 살구쟁이 학살과 관련해서 후일 (사)한국전쟁 민간인희생자 공주유족회는 『작은 전쟁』(문화의힘, 2019)이란 제목으로 공주 왕촌 살구쟁이 민간인 희생사건 발굴 백서를 발행했다.

인하고 현장을 원상회복했다는 사실을 현지 주민에게서 들었었다. 그때만 해도 답사 일행은 사유지인 학살 현장이 산 주인의 배려로 보존되고 있는 것을 그나마 다행으로 여겼다. 그러면서도 사건의 진상을 밝히기 위해서 하루빨리 유해 발굴이 시작되기를 소망했다. 그리고 2009년도 진실화해위원회의 유해 발굴 결정으로 그 결실을 보게 되었다. 이곳은 '3차년도 진실화해위원회 유해 발굴 조사 대상 지역'으로 선정된 4개 지역 가운데 하나로 지난 6월 11일부터 충북대학교 박물관 주관으로 박선주 교수팀의 유해발굴조사단이 발굴 조사 활동을 벌이고 있었다.

유해가 매장된 살구쟁이는 행정구역상으로 충청남도 공주시 상왕동 산 29-19번지에 위치한다. 서울에서 자동차를 타고 경부고속도로 톨게이트에 들어서면 보통 때는 1시간 반이면 족히 공주 톨게이트를 벗어날 수 있다. 고속도로 톨게이트를 벗어나 곧장 공주대교 쪽으로 방향을 잡고 가다가 공주대교에서 금강을 따라 공주에서 대전으로 향하는 구(舊)도로를 약 4킬로미터쯤 달리다 보면 발굴 현장 입구에 닿는다. 유해 매장지는 대전으로 향하는 도로 오른쪽 야산의 계곡부에 있다. 야산의 낮은 봉우리 너머가 살구정골이고, 높은 봉우리 너머로는 가나무쟁이 마을이 있으며, 매장지 너머로는 경주 이씨 동족 마을인 중동골이 있다.

야산의 높은 봉우리는 해발 100미터에 조금 못 미치는데, 도롯가에서 야산 안쪽으로 약 100~200미터쯤 걸어 들어가면 3부

와 4부 능선 사이의 계곡부에 있는 유해 매장지 발굴 현장을 목
격할 수 있다. 우리가 방문하기 전 4개 구덩이의 발굴을 시도했
고 이 가운데 3개 구덩이에서 집단 매장된 유해를 확인했다고
한다. 우리 일행이 도착했을 때 3개 구덩이는 이미 발굴 조사를
마치고 현장을 복개한 상태였다. 유해가 발견된 2개 구덩이의
발굴 현장 모습은 언론에 보도된 사진을 통해서 이미 확인한 바
이지만, 그래도 직접 발굴 상태를 확인하지 못한 것이 다소 아쉬
웠다. 다행히 유해가 발굴된 나머지 1개 구덩이는 전날 발굴 작
업을 끝냈으나 우리 방문단을 위해서 잠시 복개 작업을 미루어
놓았기 때문에 발굴 모습을 확인할 수 있었다.

눈으로 직접 확인한 유해의 현장 보존 상태는 사진에서 본
다른 구덩이와 크게 다르지는 않았다. 가로 2.5미터, 세로 10~20
미터, 깊이 약 50센티로 판 긴 구덩이 안에 수십 구 유해의 두개
골이 양쪽 벽을 마주하고 나란히 줄지어 있었다. 학살된 유해의
그 질서정연함을 바라보는 순간 어떤 전율 같은 것이 느껴졌다.
아마도 두개골은 신체의 다른 부분과 달리 그 자체의 무게로 인
하여 살해 당시의 위치 그대로 지금까지 보존될 수 있었던 것으
로 추정된다. 이는 지금까지 다른 매장지에서 발굴된 유해의 모
습과 전혀 달랐다. 대개의 경우 피학살자들을 임의로 파놓은 구
덩이에 마구 던진 다음 적당히 흙으로 덮거나, 경산 코발트 광
산의 예에서처럼 처형자들을 갱도 안으로 집어 던지고 난 다음
적당히 은폐하였기 때문에, 오랜 세월이 지나면서 유해들이 분

해되고 서로 얽히고 쓸려 그 잔해만 가지고는 처형 당시의 모습을 상상하기 어렵다. 그래서일까? 질서정연하게 엎드려 있는 유해들을 보면서 지금까지 다른 어떤 학살 현장에서보다도 더 진한 슬픔이 느껴지는 것은.

왕촌 살구쟁이의 유해들을 보면 전문가가 아니더라도 누구나 학살 당시 희생자들이 구덩이 안으로 들어가 두 줄로 양쪽 벽을 향해 무릎을 꿇고 손을 뒤로 묶인 자세에서 총격으로 사망했을 것임을 충분히 짐작할 수 있을 것이다. 발굴팀의 보고에 의하면, 일부는 목 뒤로 깍지를 낀 자세로 사망했다고 한다.

아직 복개하지 않은 구덩이의 유해들 사이로 무수한 탄피가 눈에 들어왔다. 이 탄피들은 1950년 한국전쟁이 발발하자 공주 형무소에 있던 재소자와 공주지역 보도연맹원들이 그해 7월 9일경 이곳으로 끌려와 처형당한 사실을 증거한다. 물론 이곳에서 얼마나 많은 사람이 죽었는지는 정확히 말하기 어렵다. 아직 학살 현장을 모두 파헤친 것도 아니고 어디에 얼마큼의 유해가 있는지 정확히 알기도 어렵다. 2007년 당시 공주대학교 지수걸 교수팀은 관련 자료의 검토와 탐문조사를 거쳐 약 500~600명의 민간인이 학살된 것으로 추정하였다. 그보다 더 많을 수도 있다.

박선주 단장으로부터 앞으로의 발굴 및 조사 일정에 관한 마지막 설명을 듣고 방문단 일행이 모두 자리를 떠났는데도 나는 선뜻 발걸음을 떼지 못했다. 무엇인가 더 확인해야 할 일이 있는 것 같은 허전함이 마음 한구석에 남아 있었다. 그러한 탓으로 이미 찍은 현장을 향해서 이리저리 초점을 맞춰가며 카메라 셔터를 몇 차례나 더 눌러댄 다음 서둘러 일행의 뒤를 쫓았다.

발굴 현장 입구에 이르렀을 즈음 불현듯 한 장면이 머리에 스쳐 갔다. 그것은 트럭에 가득 실린 죄수들에게 군인들이 총을 겨누고 있는『픽쳐 포스트(Picture Post)』에 실린 사진이었다. 그 사진이 1950년 7월 9일경 촬영한 '살구쟁이 학살 현장'이라는 것은 연구 결

『픽쳐포스트』에 실린 군용 트럭에 실려온 학살 직전 희생자들의 모습

과 이미 확인된 바이지만, 이번 현장 방문에서 그 사진의 사실성을 또 한번 실감하였다. 유해가 묻힌 현장을 등지고 바라본 금강과 저 맞은편 곰나루 전설을 안고 있는 연미산 능선은 59년 전 그 사진에 찍힌 모습 그대로이다. 형무소에서 트럭에 실려 끌려온 사람들은 손이 묶인 채 이곳에 내려져 그대로 야산 계곡 구덩이로 끌려가 희생되었다. 이제 나에게『픽쳐 포스트』의 사진은 마치 죽음 직전의 예행연습 장면처럼 느껴진다. 사진에 찍힌 희생자들의 '손이 묶인 채 고개를 숙이고 트럭 짐칸에 꿇려 앉은 얼굴 없는 모습'이 발굴 현장의 구덩이에서 다시 재현되는

진화위의 살구쟁이 발굴 현장 모습

것과도 같았다.

　59년의 세월을 격하는 사진과 유해 현장 사이에 놓인 깊고 긴 침묵의 울림이 멀리 천년을 두고 유유히 흐르는 햇살에 반사된 금강의 물줄기에서도 느껴지는 것 같았다. 아, 인간성의 잔혹함이여. 억울하게 희생당한 그 영혼들의 긴 침묵은 지금 우리에게 무슨 메시지를 던져주고 있을까?(『제노사이드연구』제6호, 한국제노사이드연구회, 2009.)

르완다의 과거사 현장을
다녀와서

1994년 약 80만 명의 대학살이 있었던 르완다의 수도 키갈리에서 지난(2009년) 12월 9일 '통합과 화해에 관한 국제회의'가 열렸다. 대학살이 있은 지 15년, 르완다 정부가 이 비극적 사건의 상흔을 씻고자 설립한 '국민통합과화해위원회(NURC)'의 창립 10주년을 기념하는 행사였다. 이 한마당 잔치는 그동안 이룩한 NURC 활동에 대한 평가와 대안 마련에 초점을 둔 것으로, 르완다 정부가 이를 국제행사로 치르려 계획한 데는 인권 국가로서 거듭난 자국의 과거사 청산 의지를 국제사회에 알리려는 속뜻도 담겨 있었다.

영화 〈호텔 르완다〉 포스터

인구 1천만 정도의 소국인 르완다는 과거 벨기에 식민 통치의 유산으로 후투와 투치로 민족이 분열되고 그로 인해 '동족상잔'의 내전을 치렀다는 점에서 우리의 현대사와 많은 유사성을 지니고 있다. 르완다의 과거사 청산에서 특히 주목할 만한 것은 내전 중의 제노사이드 사건 처리를 위해 2001년부터 올해(2010년)까지 한시적으로 운영된 가차차(Gacaca) 제도이다. 가차차는 수많은 가해자들을 일반 법정에 모두 세울 수 없는 사정으로 인해 르완다의 전통적 재판제도를 기초로 9천 개의 마을 단위에 설치된 임시 법정이다. 재판을 통해 가해자를 처벌하는 점에서는 우리의 과거사 청산 방식과 차이점이 있으나, 마을 공동체 구성원이 함께 참여하는 가차차 법정 공방을 통해 진실을 규명하고 궁극적으로 용서와 화해를 통한 국민통합을 꾀한다는 점에서는 우리 진실화해위원회와 지향점이 크게 다르지 않다.

제노사이드 이후 피해자와 가해자 간의 내부적 갈등이 남아 있고 국경 넘어 콩고 지역에서 이른바 후투 반군의 활동이 계속되는 등 주변 정세로 인해 다소 불안한 측면이 있지만 르완다 정부는 이번 회의에서 그동안 과거사 청산의 과제가 상당 수준 달성된 것으로 자평하였다. 이러한 자신감을 반영하듯 최근에는 1994년 제노사이드 사건에의 연루 문제로 등졌던 프랑스와의 국교를 재개하고, 또 과거 비영국 식민지 국가로서는 이례적으로 영연방에도 가입하는 등 국제사회에서의 입지를 확대하고 있다.

이러한 르완다의 과거사 청산 과정은 응당히 우리의 과거사 청산운동의 현주소를 돌아보게 한다. 물론 역사적 배경이 다른 르완다의 과거사 청산운동을 우리와 단순 비교할 수는 없으나 큰 견지에서 보면 그들에게서 배울 것이 없지 않다. 진실화해위원회가 조사활동을 시작한 지 4년이 되는 지금 어려운 여건 속에서 그동안 이룩한 성과가 적지 않다는 평가도 있지만, 자족할 만한 수준은 결코 아니라고 본다. 그동안 신청 접수된 총 사건 11,021건의 75% 정도가 처리되었고, 나머지 약 25%는 여전히 미완의 상태에 있다. 그 대부분이 한국전쟁 전후 민간인 희생 사건이다. 또 접수되지 않은 사건 중 일부를 제외하고는 거의 손을 대지 못했으며, 여러 가지 사정으로 신청 시한을 놓친 유족들의 민원은 아직도 계속되고 있다. 일부 진실규명된 사건도 실제로는 신청 사건에 한정된 것이어서 사건 전체로 볼 때는 미완으로 끝난 것이 많다. 지난 11월 언론에 보도된 국민보도연맹사건도 그 한 예로, 진실화해위원회에서는 4,934명을 희생자로 확정 발표하였으나 이는 국민보도연맹사건 총 희생자 잠정 추정치의 5%에도 미치지 못하는 수치이다. 보다 더 중요한 것은 진실규명된 사건조차 국가기관에 대한 진실화해위원회의 권고가 제대로 이행되지 않아 사실상 '화해'의 실효를 거두고 있지 못한 점이다.

르완다와는 달리 우리의 과거사 청산은 그동안의 성과에도 불구하고 앞으로도 극복해야 할 난관이 많다. 최근 몇십 년 사이 과거사 청산을 위해 진실위원회를 설립한 나라는 35개국이 넘는다. 이제 과거사 청산의 성공적 수행 여부는 인권 국가로서의 국격을 가늠하는 잣대이기도 한 것이다. 4개월도 안 남은 법적 활동 시한 내에 진실화해위원회의 과거사 정리가 온전히 마무리되길 기대하기는 어려운 일이나, 그렇다고 과거사 청산의 과제를 중도이폐할 수는 없는 일이다. 이는 21세기 인권 선진국으로의 도약을 위해서뿐만 아니라 국민통합과 민족의 백년대계를 위해서도 필요하다. 남은 기간 진실화해위원회의 분투가 요구됨은 물론 그 이후의 대안 마련에도 안팎의 지혜가 모아져야 할 것이다.(〈한겨레신문〉, 2010. 1. 6.)

르완다 행사에 관한 약간의 첨언

2009년 12월 9일 르완다 키갈리에서 열린 '통합과 화해'에 관한 국제회의는 르완다의 통합과 화해를 증진시키기 위해서 설립한 '국민통합과화해위원회(NURC)'의 창립 10주년과 내란 중의 제노사이드 사건을 처리하기 위해 2001년 한시적으로 세운 가차차(Gacaca) 법정의 종료 시점에 맞춰 계획되었다. 전자가 내전으로 분열된 르완다의 통합과 화해를 위한 정책 개발과 실천적 대안 제시를 목적으로 한 것이라면, 후자는 르완다의 전통적 재판제도를 기초로 9천 개의 마을 단위에 설치한 임시 법정이다. 이번 국제행사는 그동안 이룩한 두 기구의 성과에 대한 평가와 대안 마련에 초점을 둔 것으로 자국의 과거사 청산 의지를 국내외에 알리기 위한 정책 홍보의 효과도 겸하고 있었다.

이 행사에는 르완다 주재 각국 외교관들과 해외의 인권활동가 등이 초청되었는데, 진실화해위원회도 르완다의 국민통합위원회로부터 초청을 받아 나는 동 위원회 위원 자격으로 키갈리를 방문하게 되었다. 이 행사에서 내가 맡은 역할은 진실화해위원회의 설립 배경과 활동 내용을 소개하는 것이었지만, 개인적으로 르완다의 현대사를 현지인의 직접적인 증언을 통해 배우는 큰 소득을 얻을 수 있었다.

르완다는 인구 1천만 정도의 작은 나라로 콩고민주공화국, 우간다, 케냐, 탄자니아 등 큰 나라들을 이웃하고 있어 지정학적으로는 강대국들에 둘러싸인 우리나라와 유사한 점이 있다. 현재 국내 정치가 많이 안정된 것은 사실이지만, 제노사이드의 후유증이 아직 잠복해 있고 국경 넘어 콩고 지역에서 이른바 후투반군의 활동이 계속되고 있는 등 주변정세도 다소 불안하다. 르완다는 식민지시대의 분열주의 정책으로 인하여 1962년 독립한 이후에도 오랫동안 민족적 갈등에 시달려야 했다.

이번 키갈리 회의에 진실화해위원회가 초청된 것은 양국 유사 기구 간의 친선 교류라는 측면도 있지만 한국에 대한 르완다 정부의 높은 관심을 반영한 것이기도 했다. 키갈리에서 만난 르완다인들은 한국의 경제 발전에 대해서 비교적 잘 알고 있었다. 그러나 경제 문제 이상으로 양국이 식민통치의 유산과 '민족상잔'이라는 역사적 체험을 공유하고 있는 점에 대해서 그들은 깊은 공감을 표시하였다.

이 행사에는 지난 10월 파주 DMZ영화제에 참가하여 〈나의 이웃, 나의 살인자〉란 제목의 영화를 선보였던 영화감독 앤 애기온도 참석하였다. 그녀는 내가 한국에서 온 내방객이라는 것을 알아보고 먼저 인사를 청하였다. 애기온의 〈나의 이웃, 나의 살인자〉는 르완다 마을의 가차차 법정 재판을 둘러싸고 가해자와 피해자 간의 공방과 화해 과정을 보여주는 휴먼 다큐멘터리이다. 그녀는 이 영화를 상영하면서 이 영화가 한국에서도 상영되었음을 청중에게 상기시켰다. 덕분에 한국에서 보지 못했던 이 영화를 뜻밖에도 르완다 현지에서 보게 되었다.

1994년 제노사이드는 분리주의에 기초했던 일련의 억압적 정권들이 만들어놓은 파괴적인 결과이다. 이는 현 르완다 정부의 공식 견해이기도 하며, 많은 르완다인도 그렇게 믿고 있는 것 같았다. 귀국길 키갈리에서 나이로비로 향하는 비행기에서 우연히 건축 사업을 한다는 30대 르완다 청년과 한자리에 앉게 되었다. 한국에 대한 관심이 큰 그에게 현재 르완다의 정정과 갈등의 재연 가능성에 대해서 물었다. 그는 같은 과오를 다시 반복하는 일은 결코 없을 것이라면서 후투-투치의 구분은 식민지 시대의 이이제이(divide & rule) 정책의 산물로 르완다는 원래 하나라고 강조했다. 그는 현 르완다 정부의 적극적 지지자임에 틀림없었다. 나는 갑자기 윌리엄스라는 영국식 이름을 가진 그 청년이 후투인지 투치인지가 궁금했지만 차마 그 질문을 던지지는 못했다.

임기 2년의 진실화해위원회
위원 활동에 대한 소회

지난 2년을 돌아보며

새봄 새 학기 시작을 보름 앞두고 진실·화해를위한과거사정리위원회 위원 2년 임기를 마쳤다. 위원회 위원으로서 처음 발을 들였을 때는 책임감 못지않게 연구자로서 새로운 자료를 접할 수 있다는 기대감으로 희망 아닌 희망에 부풀기도 했다. 그러나 막상 위원 활동을 마감할 즈음에는 무거운 짐을 내려놓은 홀가분한 느낌이었음을 고백하지 않을 수 없다. 물론 마음 한구석에는 여전히 위원회의 마무리 사업을 함께하지 못하는 데 대한 아쉬움이 있다.

우리 위원회가 간판을 단 것이 2005년 12월이니 위원 임기를 기준으로 삼으면, 내가 주로 활동했던 2008년과 2009년은 제2기 위원회의 활동에 해당한다. 뒤늦게 2년을 회고해보면, 비록 비상임 위원이기는 했으나 참으로 감당하기 어려운 과제를 안고 씨름했다는 생각이 든다. 실제로 본격적인 조사 활동을 위한 준비 작업과 기초적인 현장 조사에 힘을 쏟았던 제1기와는 달리 제2기는 진실규명 결정을 위해서 사건 조사 결과에 대한 심의가 본격적으로 이루어지는 시기였다. 그만큼 해야 할 일도 많았다.

공식적으로는 격주로 소위원회 회의와 전원위원회를 동시에 여는 것으로 되어 있었지만, 조사관들의 보고서 작성 진행 속도에 맞춰 부득이 매주 회의를 개최한 경우가 많았다. 게다가 적게는 수십 쪽에서 많게는 200쪽이 넘는 보고서를 회의 때마다 평균 십여 편씩 1주일 또는 2주일 간격으로 검토한다는 것은 결코 쉬운 일이 아니었다. 보고서의 분량도 분량이거니와 보고서에 실린 사건 하나하나가 피해자는 물론 유족의 명예가 걸린 문제였고, 특히 한국전쟁 전후 민간인 희생자의 경우 이미 50년 전 한 번 짚었던 사건을 다시 헤집는 경우가 대부분이어서 더욱 조심스럽고 긴장되었다. 그러다 보니 최선을 다하려고 노력했음에도 불구하고 시간에 쫓긴 나머지 회의 앞서 보고서의 내용을 충분히 검토하지 못해 사건을 담당한 조사관에게 미안한 생각이 들 때도 있었다.

재임 기간 동안 위원회에 접수된 신청사건 10,869건 가운데 어림잡아 절반 이상이 처리되었고, 그중에서도 내가 속했던 집단희생 관련 소위원회의 신청사건이 가장 큰 비중을 차지했다. 따라서 그동안 처리한 사건의 양만 놓고 보면 지난 2년의 위원회 활동에 대해 나름대로 자부심을 느낄 만도 할 터이다. 그러나 그보다는 미진했던 활동에 대한 반성과 후회가 앞선다. 조금 더 힘을 쏟아 처리를 서둘렀더라면 더 많은 진실규명 결정이 가능했을지도 모른다는 아쉬움도 남아 있고, 또 그 못지않게 너무나 많은 사건이 '미신청'이라는 이유로 미제의 사건으로 남게 될지도 모른다는 데에 대한 일말의 불안감도 느껴진다.

그러한 와중에 임기 만료를 얼마 남겨두지 않고 뜻밖의 연하장이 나를 포함한 위원회 위원들에게 배달되었다. 한국전쟁의 피해 유족 가운데 한 분이 보내온 그 연하장에는 그동안 평생 짊어지고 살아온 빨갱이의 멍에를 벗겨준 진실위원회에 감사하고 그 은혜를 잊지 않겠다는 내용의 글이 적혀 있었다. 연하장의 내용만으로도 그분이 지난해 진실규명이 결정된 피해자 유족임이 분명하였다. 단 몇 줄에 불과한 문장이었지만, 누명을 벗은 기쁨보다는 그동안 피해자 유족들이 겪어온 고통과 한 서린 슬픔이 진하게 느껴지는 편지였다. 아마 위원회를 떠난 이후에 두고두고 나의 기억에서 사라지지 않는 추억이 될 것이라는 생각이 들었다.

마무리를 위해 생각해보아야 할 것들

새해 들어 자주 언급되는 이야기이지만, 올해(2010년)는 10년 단위의 주기적 기념일이 유난히 많은 해이다. 6·15 남북공동선언 10주년을 비롯하여 광주민주화운동 30주년, 한국전쟁 60주년, 그리고 한일강제병합 100주년이 되는 해이다. 올해야말로 '과거사 정리의 해'라고 명명해도 좋지 않을까 싶다. 그만큼 올해는 우리의 과거사를 되짚어보고 정리해보는 중요한 한 해가 되어야 할 것이다. 더욱이 위원회의 설립 목적과 본질적 업무가 문자 그대로 진실과 화해를 위한 과거사의 정리이니, 위원회로서는 '과거사 정리의 해'의 의미가 더욱 각별하게 느껴질 것으로 믿어진다.

당초 2010년 4월 말로 예정되었던 위원회의 활동 시한이 2개월 더 연장되었다고는 하나, 사실상 이제 위원회의 활동은 거의 마무리 단계에 이르렀다. 그런데 진실·화해를위한과거사정리위원회 해체는 그 의미가 단순히 위원회에만 국한되는 것이 아니라, 멀리는 김영삼 정부의 역사바로세우기에서부터 시작된 그동안의 '과거사 정리'에 대한 총결산이 될 공산이 크다. 그러한 측면에서 좀 더 넓은 시야에서 한국근현대사를 통괄하는 안목으로 위원회의 성과를 종합할 필요가 있으며, 그러한 문제의식이 종합보고서에 반영되어야 할 것이다.

위원회의 활동을 마무리하는 과정에서 작성될 종합보고서에는 위원회 내부의 의견뿐만 아니라, 그동안 행해져온 외부의 객관적 평가에 대해서도 가능한 한 이를 반영하는 노력이 필요하다. 우리 위원회의 과거사 정리에 대한 외부의 평가와 관련된 글로는 2009년 8월 '제노사이드연구회'가 발간한 『제노사이드 연구』 제6호에 수록된 김영수 씨의 논문 「해외사례를 통해서 본 한국 과거사 정리」가 있다. 김영수 씨는 이 글에서 국가폭력과 관련된 과거 사건에 대해서 국가를 피의자로 상정하여 진상조사가 이루어졌다는 점과 일부 희생자들의 명예회복이 이루어지고 제도화되었다는 점, 정부가 비록 일부 사안이기는 하나 국가의 인권침해를 예방하기 위한 각종 권고안의 일부를 수용하여 인권 중심의 사회적 필요성을 구축하게 되었다는 점 등을 위원회의 중요한 성과로 들었다. 동시에 그는 위원회의 한계로 과거사 정리 주체들 간에 국가폭력의 사건 진단에 대한 인식과 목적의 상이성, 조사 권한의 수준에 대한 인식의 상이성, 조사 결과의 집행 및 활용방안에 대한 목적의 상이성이 존재한다고 지적하였다. 특히 마지막 부분의 조사 결과의 활용방안에 대한 지적은 위원회의 마무리 작업과 관련하여 매우 중요한 사안임에 틀림없다. 현재의 정세로 보아 법률에 명시된 대로 애초에 기대했던 위원회 해체 이후의 '연구재단'의 설립은 어렵다고 전망되나, 그렇다고 하더라도 아무런 대책 없이 위원회를 마감하는 것은 책임 있는 자세가 아닐 것이다.

위원회의 설립 이후 위원회의 조사 활동에 부수하여 위원회 안팎에서 이루어진 성과도 적지 않다. 특히 유족회의 활동과 학회의 활동에 주목해야 할 것이다. 무엇보다 한국전쟁 전후 민간인 피해자 관련 유족회의 활동은 주목할 만하다. 위원회 설립 이후 전국 각지에서 많은 유족회가 새롭게 결성되었고, 이러한 유족회는 기존의 유족회와 더불어 위원회의 조사 활동에도 크게 기여했다. 이러한 유족회의 활동에 대한 지원이나 추모 사업 등 앞으로의 대책 마련도 나머지 임기 기간 중 위원회가 신경을 써야 할 부분이라고 생각한다.

사건 조사를 진행하는 과정에서 위원회가 자체적으로 기획하여 주최한 학술회의가 여러 차례 있었지만 위원회 설립을 전후로 과거사 정리와 관련된 국내외의 학회 활동도 매우 활발하였다. 그중에서도 특히 제노사이드연구회와 전쟁학회의 활동이 활발하여 이들 학회 활동을 통해 많은 과거사 관련 논문들이 발표되었다. 이러한 학회의 활동은 앞으로 더욱더 과거사와 인권에 관한 사회적 논의를 촉진하여 결과적으로 우리 사회의 민주적 발전에 크게 기여할 것임은 의심의 여지가 없다. 이러한 논지에서 관련 학회와의 협력을 통해 위원회 활동 기간 중 수집된 자료의 보존과 활용을 위한 적절한 방안 등을 모색하는 것이 꼭 필요하다고 생각한다. 얼마 남지 않은 기간 위원회가 해결해야할 일들이 만만치 않아 보인다. 그럼에도 불구하고 위원회가 더욱 분발하여 진실로 역사의 획을 긋는 유종의 미를 거둘 수 있기를 소망한다.(『진실화해』 제20호, 진실·화해를위한과거사정리위원회, 2010.)

3

진실화해위원회 활동 이후

과거사 청산과
정부의 책임

지난 4월 세월호 참사가 일어난 이후 사고의 원인과 처방을
둘러싼 수많은 의논이 쏟아져 나왔다. 특히 그 원인을 지적한 의
논 중 정부가 짚어낸 '적폐'라는 어휘야말로 세월호 참사의 근
본 원인에 정곡을 찌른 단어라는 생각이 든다. 적폐란 말 속에는
이번 참사가 우연히 발생한 사고가 아니라, 사회적 모순의 누적
결과 일어난 사건이라는 의미가 숨겨져 있다. 이 용어의 사용자
가 진정으로 이 말의 내포적 의미를 올바르게 인식하고 썼다고
한다면 우리는 이번 참사를 전화위복의 계기로 삼을 수도 있을
것이다.

세월호 사건의 해결 방안으로 정부가 제시한 '국가대개조'
또한 그 참뜻이 적어도 오늘날 국가 시스템이 지닌 적폐를 근원

적으로 해소하기 위한 원대한 구상이라고 한다면 그 신조어에서 풍기는 국가주의적 뉘앙스를 지나치게 탓할 것은 아니라고 본다. 우리 사회가 지닌 병리적 현상의 종합세트와도 같다고 일컬어지는 세월호 참사를 다시 되풀이하지 않기 위해서 무엇인가 근원적인 개혁이 이루어져야 한다는 점에 대해서는 이미 국민적 공감대가 있기 때문이다.

사실 역사적 대사건이나 전변이 사회적 모순의 적폐로 인하여 발생하였다는 것은 새삼스러운 지적이 아니다. 올해(2014년)로 120주년을 맞는 1894년 농민전쟁(동학농민운동)도 삼정의 문란이라고 불리던 봉건사회의 적폐가 주요 원인이었다. 농민전쟁이 일어나기 전 수십 년 동안 그 적폐가 쌓이면서 '민란(농민봉기)'이 반복되었고, 그 적폐의 미온적인 해결이 결과적으로 더 큰 적폐를 만들어 결국은 고부농민봉기에 이어 전국적인 농민전쟁을 초래했다.

적폐의 해소를 위해서는 역사에 대한 근본적 성찰이 요구된다는 점에서 이러한 문제의식은 '과거사 청산'에도 적용해 볼 수 있다. 적폐는 사회적 모순의 축적 결과로도 발생하지만, 그 사회적 모순을 낳은 제도가 종식된 이후에도 역사적 유제로 남아 사회발전의 장애 요소로 작용할 수 있다. '과거사 청산'이 필요한 이유도 여기에 있다. 일본 우익 세력의 과거사 부정은 바로 이 문제에 관한 국제적 사례로 꼽을 만하다. 1993년 일본군의 위안부 강제 동원을 인정한 일본 내각관방장관 고노의 담화와 1995

년 일본의 조선 침략과 식민지 지배를 사과한 무라야마 일본 총리의 담화가 발표된 이후 일본의 우익 정치세력과 일부 관료들을 중심으로 이를 부정하려는 시도가 수없이 반복되었다. 일본군의 위안부 강제동원과 일제의 침략전쟁을 부정하는 이러한 역사인식은 곧 미청산된 제국주의 유산의 적폐라 할 수 있으며, 이는 오늘날까지 한일관계를 비롯하여 동북아시아 국제관계 발전에 큰 장애가 되고 있다.

특히 고노담화 이후 그러한 일본 정부의 역사인식을 자학사관으로 비판하면서 그 목소리를 확대시켜온 이른바 '새역모' 등 일본 우익들은 역사 교과서의 서술을 왜곡 수정한 데서 한 걸음 더 나아가 고노담화의 내용 자체를 수정하려는 데까지 이르렀다. 이러한 인식의 역행은 단순히 역사 문제에 대한 해석의 차이를 넘어서 일본의 평화헌법 개정 시도와 맞물려 동북아 국제관계에 정치 군사적 긴장을 심화시키고 있다.

적폐를 해소하려면 과거에 대한 근본적인 성찰이 선행되어야 한다. 그리고 그러한 성찰 위에서 과거의 과오에 대한 반성과 함께 인식의 대전환이 이루어져야 한다. 이 점에 있어서는 세월호 사건이나 과거사 정리 사건이나 그 본질이 다르지 않다. 1987년 민주화 이후 우리 사회는 이러한 과거사의 적폐를 해소 혁신하기 위한 많은 노력을 기울여왔다. 그동안 '특별법'에 의해 설치된 각종 위원회의 활동이 그러한 노력의 결과라고 할 수 있다. 그러나 이러한 노력은 이명박 정부 등장 이후 현저히 후퇴하였다. 과거사 문제의 현안을 처리하기 위해 국회에 4개의 과거사 법안이 발의되어 있지만, 그 처리는 요원하기만 하다. 또 2013년 5월 국회를 통과하여 공포된 '부마민주항쟁 관련자의 명예회복과 보상 등에 관한 법률'은 시행령이 제정된 지 8개월이 지났지만, 지금까지 법에 명시된 위원회조차 구성하지 못하고 있다. 현 박근혜 정부의 과거사 청산에 대한 책임과 의지를 의심하게 하는 대목이다.(『역사와 책임』제7호, 민족문제연구소, 2014.)

'간첩조작 사건' 진상규명,
그 이후

'세월호참사특별법'에 따라 세월호 침몰 사건의 진상을 규명하기 위해 설립된 '세월호참사특별조사위원회'가 2015년 1월 1일 출범하였다. 사건이 발생한 지 10개월이 지나도록 사건의 실체적 진실을 밝혀내지 못한 정부 당국의 무능에 비애를 느끼면서도, 비록 최대 18개월의 한시적 기구이지만, 이제는 여야 합의로 구성된 특별조사위원회에 일말의 기대를 걸지 않을 수 없게 되었다. 그러나 위원회의 출범 전부터 조사위원의 선정 문제를 놓고 여야 간 불협화음이 적지 않았다. 일부 조사위원의 과거 이력은 진실규명 활동에 대한 의지를 의심케 하기도 하였다. 우여곡절 끝에 위원회가 구성되어 공식 출범한 이후에도 위원회의 예산 규모에 대한 이견으로 위원회 내부 갈등이 표출되면서 두 달 가까이 허송세월하고 있다. 위원회 내부에서 위원회의 진실규명 활동을 방해하고 있는 것이 아니냐는 항간의 비난이 쏟아지고 있는 실정이다. 위원회 주도의 진상 규명작업이 제대로 된 성과를 거둘 수 있을지 불안한 마음을 감출 수 없다.

세월호 참사는 안전불감증의 우리 사회 민낯을 그대로 보여준 '사고 아닌 사건'이었다. 이를 두고 정치권에서도 참사의 원인이 되었던 우리 사회 내부의 고질적인 병폐에 대해서 나름의 반성이 쏟아져 나왔다. 심지어 정부 당국자도 세월호 참사의 원인을 우리 사회의 '적폐'에서 비롯되었다고 선언하였다. 그러나 사건 발생 이후 지금까지 정부가 보여준 모습은 그것이 한낱 구두선이었음을 뒷받침한다. 민주주의의 후퇴와 함께 진실과 정의가 실종된 우리 사회의 현주소를 다시 확인했을 따름이다.

지난 한 해를 마무리하면서 〈교수신문〉에서 2014년 한국 사회를 표상하는 고사성어로 '지록위마(指鹿爲馬)'를 선정하였다. '사슴을 가리켜 말이라 일컫는다'는 의미의 이 고사성어는 거짓을 진실처럼 말해도 그 누구 한 사람 항변하지 못하는 무소불위의 권력을 빗댄 말이기는 하나, 다른 한편으로는 진실마저 권력에 의해 농단되는 불의한 세태를 상기시키는 숨은 뜻도 내포하고 있다. 유독 지난해는 '지록위마'의 상황이 자주 반복되었다. 대선 과정에서 돌출한 소위 노무현 대통령의 NLL 포기 발언 주장과 함께 촉발된 대통령기록물 유출 의혹사건, 국정원의 대선 개입 의혹 사건, 이른바 정윤회 사건과 세월호 사건을 둘러싼 여러 의혹들, 일일이 헤아리기 어려울 만큼 많은 '의혹사건'들이 줄줄이 터져 나왔다.

이러한 의혹사건들 가운데 유난히 오랫동안 세상 사람들의 눈과 귀를 의심케 했던 토픽이라고 할 만한 것이 이른바 '공무원 간첩조작 사건'이다. 이 사건을 '조작 사건'이라고 명명하는 것은 간첩으로 몰려 검찰에 구속 기소된 유우성 씨 혐의가 증거 조작에 의한 것이라는 법원의 판결이 있었기에 가능한 일이다.

2014년 4월 서울고등법원이 유우성 씨의 국가보안법 위반 혐의에 대해 무죄를 선고한 데 이어 10월에는 서울중앙지법이 유우성 씨 사건에서 증거 조작에 가담한 국가정보원 직원 4명과 협조자 2명에게 유죄를 선고하였다. 지금까지 공안 당국에 의해 '제조'된 숱한 간첩조작 사건 가운데 재판 진행 중 조작 사실이 밝혀진 경우는 이번이 처음이라고 한다.

터무니없는 공문서 조작으로 인해 간첩으로 기소된 유우성 씨가 사법부의 판단에 따라 무죄 판결을 받았다는 사실만 놓고 보면 그나마 우리 사회의 민주화가 진전된 결과라는 해석도 가능할 것이다. 그러나 이미 2005년 12월 진실화해위원회(이하 진화위)가 만들어지고 2010년 6월 해체되기까지 수많은 간첩조작 사건을 조사하여 진실을 규명한 바 있고, 그중 일부는 재심을 통해 이미 무죄선고를 받았거나 재판이 진행 중이다. 이러한 와중에도 조작 사건이 버젓이 재연되었다는 점을 생각하면 재판 결과를 그저 반길 것만은 아니다. 역사는 제대로 기억하지 않는 한 언제든지 반복될 수 있다는 견지에서 우리 사회의 과거에 대한 성찰은 여전히 부족하다는 것을 새삼 깨닫는다.

2005년 12월 진화위가 설치된 이후 동 위원회에 접수된 간첩 혐의 사건은 총 41건으로 그중 국정원이 수사한 것이 23건, 경찰 수사가 13건, 군 수사가 3건 등이다. 과거 독재정권 시기 이른바 간첩조작 사건에 개입한 국가기관 중 건수에 있어서는 국정원이 압도적인 다수를 차지했다. 초법적인 무소불위의 권력을 행사하였던 국정원의 이 같은 인권침해와 불법행위에 대해서는 일찍부터 비판과 원망의 소리가 많았다. 그리하여 국정원이 자기 성찰의 차원에서 2004년 11월 국정원장 소속 아래 설치한 것이 '국정원 과거사건 진실규명을 통한 발전위원회'(이하 국정원 진실위)였다. 국정원 진실위의 설치 목적은 '과거 의혹사건의 진실을 밝힘으로써 국정원에 대한 국민의 확고한 신뢰를 얻고 국정원이 다시는 그 같은 잘못을 되풀이하지 않기 위해서'였다. 이후 국정원 진실위는 '인민혁명당 및 민청학련사건 진실규명' 등을 비롯하여 수많은 진실규명 활동을 하였고, 2007년 10월 약 3년간 진실규명 활동의 결과를 토대로 『과거와 대화, 미래의 성찰』이라는 제목의 국정원 진실위 보고서를 세상에 내놓았다.

국정원 진실위 보고서는 문자 그대로 과거와의 대화를 통해 미래를 성찰하여 국민을 위한 국가기관이라는 국정원 본래의 모습으로 되돌아가기 위한 반성문이다. 하지만 시쳇말로 스스로 쓴 반성문의 잉크도 마르기 전에 국정원은 과거 독재정권에서 자행했던 '의혹 사건'과 유사한 행태를 되풀이하였다. 그 사례가 하나둘에 그치는 것이 아니다. 최근 유죄 판결이 난 원세훈 전 국정원장의 선거 개입 사건도 본질은 같은 '의혹사건' 부류에 속한다. 이러한 의혹사건에서 국가기관으로서 응당 지켜야 할 정치적 중립은 찾아볼 수 없고, 오로지 '애국'이라는 미명 아래 권력에 대한 굴종이 있었을 뿐이다. SNS를 통한 여론 조작의 대선과정 개입을 애국이라고 한다면 그야말로 '지록위마'와 다를 것이 없다. 과거 독재정권하에서 있었던 행태가 '과거와의 대화를 통한 미래의 성찰'이 있은 뒤에도 반복되고 있는 것이다. 1심과는 달리 국정원의 사이버 활동을 선거운동으로 인정한 항소심 재판부는 국정원 진실위 보고서를 인용하여 이러한 정치에 대한 국가정보기관의 개입은 '국가권력과 정책에 국민의 의사가 반영되는 과정을 왜곡함으로써 민주주의 근본을 무력화하는' 범죄 행위로 단죄했다.

이러한 와중에 35년 만에 열린 재심에서 수사기관에 의해 일가족 8명이 간첩 누명을 썼던 이른바 '삼척 고정간첩단' 사건에 무죄가 선고되었다. 과거 간첩단 사건의 재심 무죄 선고가 한두 번이 아니지만 사건 당사자들에게는 기적과도 같은 소식이다. 재판부는 "피고인들이 불법 체포·구금 상태에서 조사를 받으면서 고문과 가혹행위가 있었다는 점이 인정된다"면서 "공소사실을 인정할 자백 등의 증거 능력을 인정할 수 없다"고 밝혔다. 이들은 한국전쟁 때 월북했던 남파 간첩인 자신들의 친족과 접촉, 지하당을 조직해 북한을 찬양·고무하고 동해안 경비상황과 군사기밀을 탐지했다는 등의 이유로 1979년 8월 기소되었다. 사형을 선고받은 진 씨와 김 씨는 1983년 7월 형이 집행됐고, 김씨 아들 등 2명이 무기징역을 받은 것을 비롯해 나머지 가족들도 징역 5년~10년의 실형을 선고받았다.

오늘날 한국 사회는 '과거적 현실'과 '현실적 과거'가 교차하는 과도기적 이행기의 미묘한 역사적 단계에 있다. 이러한 현실은 과거사 정리를 통한 진실과 정의의 수립 없이는 민주주의가 존속되기 어려움을 말해준다. 그 역도 마찬가지일 것이다.(『역사와 책임』 제8호, 민족문제연구소, 2015.)

'다크 투어리즘'에
대해서

　얼마 전(2017년 2월), 일본 정부가 2011년 대지진으로 인해 원전 사고가 일어났던 후쿠시마 지역을 '다크 투어리즘(dark tourism)' 관광 명소로 개발하려 한다는 언론의 보도가 있었다. 이는 지난 3월 국제올림픽위원회가 2020년 도쿄 올림픽 추가 종목인 야구와 소프트볼의 일부 경기를 후쿠시마 아즈마 구장에서 개최하는 것을 승인한 사실과도 연관이 있다. '다크 투어리즘'이란 문자 그대로 과거 자연재해나 전쟁 등으로 인류가 극심한 피해를 입은 지역이나 그것을 상징하는 역사적 유산을 대상으로 한 여행 또는 관광 기획을 말한다.

　다크 투어리즘은 본래부터 상업적 관광을 목적으로 생겨난 것은 아니다. 인류가 겪은 비극적 과거사를 기억하고 성찰할 수 있도록 기획된 교육적 프로그램으로서의 의미가 더 크다고 할 수 있다. 이러한 관점에서 보면 후쿠시마 재해 지역을 관광지로 개발하기에 앞서 핵발전소의 위험성에 대한 절박한 인식과 과거 재난에 대한 성찰이 전제되어야 하고, 그에 걸맞은 온당한 해결책이 먼저 제시되어야 한다. 그러나 이 점에 대해서 일본 국내외 여론 동향은 그다지 긍정적이지 않다. 그렇다면 3년 뒤 후쿠시마가 과연 누구나 안전이 보장된 상태에서 관광이 가능한 다크 투어리즘의 명소로 거듭날 수 있을지는 아직 단언하기 이르다.

인권 및 평화 교육 내지는 인문학적 성찰의 장으로서 다크 투어리즘의 중요성이 보편화된 배경에는 지난 세기에 발생한 두 차례의 세계대전과 그 이후 계속된 전쟁의 참화, 그 과정에서 발생한 제노사이드 같은 반인륜적 전쟁 범죄가 있다. 다크 투어리즘의 세계적 명소로서 많은 사람이 폴란드의 아우슈비츠 수용소 등을 떠올리는 것도 그 때문이다. 홀로코스트 범죄 현장의 대명사라고도 할 수 있는 이곳에서는 독일 나치에 의해 백만 명 이상의 유대인이 학살된 것으로 추정된다.

아우슈비츠 수용소처럼 역사적 사건 현장을 세계유산으로 보존하거나 복원한 공간도 있지만 사건 현장은 아니더라도 당시 사건의 재현이나 자료 보존을 목적으로 세워진 홀로코스트 기념관도 중요한 다크 투어리즘 대상으로 활용된다. 예컨대 2년 전 일본 총리 아베가 방문했던 미국 워싱턴 소재의 홀로코스트 기념관이 있다. 당시 아베는 일본이 저지른 전쟁 범죄의 과거사에 대한 반성 없이 홀로코스트 기념관을 방문하였다 하여 세계 여론으로부터 따가운 눈총을 받았다. 이 워싱턴 홀로코스트 기념관은 직원과 자원봉사자가 각각 400명이나 되는 큰 규모로 세계인이 찾는 관광 명소이다.

다크 투어리즘의 명소는 동아시아에도 많다. 익히 알려진 장소로는 중국 남경의 대학살기념관이 있고, 일본에는 히로시마와 나가사키의 평화공원도 유명하다. 이러한 곳들은 이미 다크

다크 투어리즘의 역사 현장인 경산 코발트 광산 앞 추모비

투어리즘의 국제적 명소로 알려져 수많은 관람객이 몰려들고 있다. 한국의 경우는 제주의 평화공원이나 광주의 5·18묘지 등이 이에 속한다고 할 수 있다. 또 아직은 일반인에게 널리 알려지지는 않았지만, 한국전쟁 때 3천 명의 민간인이 학살된 것으로 확인된 경북 경산의 코발트 광산처럼 잠재적인 다크 투어리즘 현장도 있다.

이처럼 식민통치와 침략전쟁 그리고 그 이후 한국전쟁, 베트남전쟁 등 전쟁의 참화가 끊이지 않았던 동아시아 곳곳에는 아직도 어둠 속에 묻힌 다크 투어리즘의 유적이 산재해 있다. 작년 일본이 유네스코의 세계문화유산으로 등록한 군함도(원명 하시마섬)도 그 하나이다. 일본은 이 섬의 탄광 시설을 메이지 시대의 근대산업시설로서 유네스코 세계유산에 등재하였지만, 사실상 이 섬의 시설들은 다크 투어리즘의 현장으로서 보다 더 중요한 의미가 있다. 최근 개봉한 류승완 감독의 영화 〈군함도〉는 그점을 잘 드러내고 있다. 일본 정부는 이를 자국이 보유한 세계유산의 자랑거리로 삼아 관광객을 불러 모으고 있지만, 당시의식민지 민중에게는 강제 노역과 학살 현장인 지옥섬으로 불렸다고 한다. 물론 이 말은 당시 자의 반 타의 반으로 탄광 노동에종사했던 일본인 노동자들에게도 해당될 것이다.

다크 투어리즘이 필요한 진정한 이유는 과거사에 대한 근본적 성찰을 토대로 인류 보편의 인권적 가치를 확립하여 평화를구축하자는 데 있다. 일본은 히로시마와 나가사키를 다크 투어리즘의 명소로 만듦으로써 자신이 희생자라는 점을 부각시키려노력해왔다. 아베 일본 수상의 홀로코스트 참배도 이 점을 상기시키기 위한 것이라는 뒷말이 있었다. 그러면서도 후쿠시마를통해 또 하나의 다크 투어리즘의 상업화를 서두르는 일본 정부의 모습은 본말이 전도되었다고 아니 할 수 없다. 차라리 〈군함도〉 상영을 계기로 하시마섬을 다크 투어리즘의 명소로 바꿔 어두운 과거사를 반성하고 그 희생자를 위로하는 기획을 먼저 행함이 마땅하지 않을까.(〈국제신문〉, 2017. 8. 9.)

픽션과 팩션,
영화 속의 과거사 논쟁

영화 〈나는 노무현입니다〉가 개봉 10일 만에 관람객 100만 명을 돌파했다는 소식이다. 〈나는 노무현입니다〉는 드라마라기보다는 사실상 다큐멘터리이다. 다큐멘터리 영화가 일반 상영관에서 이렇게 흥행에 성공한 경우가 없는 것은 아니지만 드문예에 속한다. 어쨌든 〈나는 노무현입니다〉의 흥행 성공은 이례적이면서도 다큐의 성공 가능성에 대한 기대치를 높였다는 점에서 고무적인 현상이기도 하다. 대선 직후 정권 교체라는 지금의 정치적 국면이 흥행에 큰 영향을 끼쳤을 것이라는 세평도 있고, 또 고 노무현 대통령의 8주기를 맞아 그에 대한 추모 열기가 더해진 탓이라는 분석도 덧붙여지고 있다. 그러나 다큐의 진정한 힘이 진실이라는 사실에는 변함이 없을 것이다.

다큐가 상업적으로 크게 성공을 하는 것은 비교적 드문 일이지만 역사적 사실이나 사건을 기초로 제작된 드라마나 사극 형태의 영화가 흥행에 성공을 거두는 것은 흔한 일이라 할 수 있다. 1968년의 실화 사건을 바탕으로 제작되어 2003년 상영된 영화 〈실미도〉는 관람객 천만 명을 돌파하는 대기록을 남겼고, 부림사건을 다룬 영화 〈변호인〉 또한 그에 버금가는 기록을 달성했다. 물론 관객 동원 수가 곧 그 작품의 질적 수준을 평가하는 기준이 되는 것은 아니지만.

사실로 구성된 역사는 그 서사구조에 있어서 소설이나 드라마 등의 픽션과 본질적으로 다르지 않다. 사실성만을 놓고 볼 때는 역사적 사건을 바탕으로 한 영화가 오히려 더 완벽한 내러티브를 구성하고 있다고도 할 수 있다. 그것이 바로 대중들이 사극에 매료되는 이유이기도 할 것이다.

사실(팩트)에 바탕을 둔 픽션을 팩션이라 한다. 다만, 팩션은 그 내용 구성상 다양한 층위가 있을 수 있다. 팩트에 더 가까운 것이 있고, 픽션에 더 가까운 것이 있다. 전자의 경우에는 사실상 드라마의 형식을 갖추었을 뿐 내용은 다큐와 차이가 없다. 그러한 예로 최근 국내에서 상영된 영화 〈나는 부정한다〉를 주목해본다.

1996년 9월~2000년 4월 영국에서 있었던 실제 재판 사건을 바탕으로 제작된 이 영화는 역사학자 데보라 립스타트와 홀로코스트를 거짓말이라고 주장하는 부인론자 데이빗 어빙의 대결을 다룬 영화다. 재판이 영화의 주된 소재이고, 재판에서 다루는 홀로코스트 사건 자체도 많은 사람에게 이미 익숙한 내용인 만큼 특별히 드라마틱한 요소는 거의 없다. 오히려 사건에 대한 이성적인 접근이 영화의 전반적 분위기를 지배하고 있다. 영화 〈나는 부정한다〉는 차분히 실체적으로 진실에 접근해 가면서 홀로코스트 부인론자의 민낯을 드러내 보이는 방식으로 이야기를 전개한다. 이 과정에서 극 중 데보라 립스타트(레이첼 와이즈)와 법정 변호사 리처드 램프턴(톰 윌킨슨)의 대립이 보여주는 바와 같이 때로는 감정적인 대응보다 객관적 접근이 진실을 밝히는 데 더욱 유효함을 보여준다. 제작자 게리 포스터와 러스 크라스노프는 우연히 데보라 립스타트의 저서『재판에 오른 역사: 홀로코스트 부인론자와 법정에서 보낸 나날들』을 읽고, 홀로코스트에 대한 부인이 자신이 생각했던 것보다 훨씬 더 만연해 있음을 깨닫고 기획을 결심했다고 한다.

내가 영화〈나는 부정한다〉를 특별히 주목하는 이유는 역사적 진실 자체의 추구보다는 그 역사적 진실에 관한 논쟁을 다룬 다큐라는 점 때문이다. 대개의 다큐가 진실을 밝히려는 데 초점을 맞추는 것과 달리 이 다큐는 진실을 부정하는 '역사수정주의'의 실체를 벗기려 한 점에서 특별하다. 역사수정주의는 미국이나 유럽에만 존재하는 것은 아니다. 오히려 2차 세계대전의 과거사 청산을 하지 못한 동아시아에서 더욱 위세를 떨치고 있다. 일본의 전쟁 범죄에 대한 인정을 자학사관이라고 주장하는 일본 우익의 이른바 '자유주의사관'이 역사수정주의의 또 다른 모습이다.

유럽에서 역사수정주의가 홀로코스트 부정으로 그 모습을 드러내고 있다면 아시아에서는 중일전쟁 시기 일본군이 저지른 남경학살에 대한 부정이나 일본군 성노예 강제동원에 대한 부정 등으로 나타난다. 과거사 청산이 철저히 이루어진 유럽에서는 역사수정주의가 공식적인 영역에서 전혀 힘을 쓰지 못하고 있는 데 반해, 일본에서는 역사수정주의가 집권세력 내부에서 공공연히 주장되고 있고, 심지어 역사 교과서의 서술에까지 영향을 미치고 있는 점이 다르다.

진실의 힘은 강하다. 그러나 그것은 과거사 청산이라는 역사적 정리 과정을 제대로 거쳤을 때의 일이다. 이것이 영화 〈나는 부정한다〉가 전하려는 핵심적 메시지일 것이다. 영화 〈나는 부정한다〉에서 주인공이 던진 다음 같은 발언이 그러한 점에서 인상적이다.

"홀로코스트는 아무리 시간이 지나도 잊히어서는 안 되는 슬픔 이상의 것이다. 모든 주장이 동등하게 대우를 받아선 안 된다. 부정할 수 없는 진실은 존재한다."

프랑스, 독일, 폴란드 등 유럽의 여러 나라에서는 홀로코스트의 부정을 법률로 금지하고 있다. 그렇기 때문에 더욱, 영화 〈나는 부정한다〉에 공감하면 할수록 동아시아의 과거사를 대면하는 마음이 편치 않은 것은 비단 역사학자인 나 혼자만이 느끼는 감정이 아닐 것이다.(〈국제신문〉, 2017. 6. 7.)

과거사 진실규명과
'악의 평범성'

얼마 전 언론 보도를 통해서 세상에 알려진 '선감학원 사건'의 실상을 접하고 보니 그 내용이 참으로 충격적이다. 2022년 10월 18일 진실화해위원회가 내놓은 보도자료에 따르면 이 사건은 서해안 앞바다 선감도(현 안산시)에 이 시설이 만들어진 1942년 5월 29일부터 1982년 9월 30일 폐쇄될 때까지 약 40년간 정부의 부랑아 정책 및 제도에 따라 경찰 등 공권력이 적극적으로 개입한 중대한 인권침해 사건이다. 부랑아로 지목한 7세부터 17세 사이의 불특정 아동을 강제로 가두어 강제노동, 가혹행위, 성폭력 등을 행하고 교육 기회의 발탈은 물론 심지어 생명권까지 침해한 이 사건의 진상이 그토록 오랫동안 은폐되어왔다는 사실 자체가 놀랍다.

선감학원 사건은 부산에서 일어난 '형제복지원 사건'과 매우 유사한 측면이 있다. 형제복지원 사건과 관련해서 지난 8월 진실화해위원회는 '형제복지원 인권침해 사건' 피해자 191명에 대한 1차 진실규명을 결정하면서 1975년부터 1988년 동안 형제복지원에서 숨진 것으로 확인된 인원만 지금까지 657명이라고 발표하였다. 이번 진실화해위원회에서 밝힌 선감학원의 경우 개원에서 폐원까지 수용된 아동 수는 5,000여 명이 넘는 것으로 추정된다. 진실화해위원회가 선감학원의 원아대장을 분석 결과 이들 중 탈출한 사람이 824명이나 된다고 한다. 진실화해위원회는 진상조사 과정에서 지금까지 수십 기의 유해를 발굴하였으나 실제 사망자는 이보다 훨씬 많았을 것으로 추정하고 있다.

선감학원 사건과 형제복지원 사건은 시기적으로도 겹치는 부분이 있다. 두 시설은 모두 1970년대 후반과 1980년대 초의 군사독재정권 시기에 운영되고 있었다. 이러한 측면에서 볼 때 두 사건은 유신체제와 전두환 독재정권하에서 일어난 반인권적 국가폭력의 실체를 극명하게 드러낸 사건이라고 말할 수 있다. 더욱이 두 사건은 아동이나 사회 취약계층을 상대로 저질러진 일상적인 인권침해 사건이었다는 점에서 그 심각성이 더욱 크다.

이번에 진실규명이 결정된 선감학원 사건에 대해서 한 가지 더 주목되는 것은 선감학원을 개원한 시점이 일제에 의한 조선인 강제동원이 한창이던 1942년이라는 점이다. 즉, 선감학원은 일제강점기인 1942년 조선감화령에 의해 개원 운영되었다가 해방 이후 미군정기에 경기도로 이관되었고 1957년 경기도가 '경기도 선감학원 조례'를 제정해 직접 운영하다가 1982년 9월 폐쇄되었다. 이러한 사실은 적어도 국가권력에 의한 저질러진 인권 침해가 일제 식민지 지배의 유산이라는 사실을 반증할 뿐 아니라 그 식민지 지배의 유산이 우리 사회에 얼마나 뿌리 깊게 자리 잡고 있었는가를 여실히 보여준다. 이러한 측면에서 시간의 선후 관계만 따지고 보면 부산 형제복지원의 반인권적 운영 방식 또한 선감학원의 운영 방식을 학습한 결과가 아닌가 하는 의심마저 든다. 형제복지원의 운영은 유신정권 시기인 1975년에 제정된 내무부 훈령에 근거한 것이기 때문에 더욱 그렇다. 국가권력을 배경으로 이러한 반인륜적 범죄들이 반세기 가까이 일상적으로 행해졌다고 하니, 미국의 정치학자 한나 아렌트가 지적한 '악의 평범성'을 여기서도 엿볼 수 있을 것 같다.

민주화 이후 국가폭력에 의한 인권침해 사건은 과거사 정리 차원에서 진실규명 작업이 진행되어왔다. 우리나라 과거사 정리의 첫 단추는 정부 수립 직후 제헌국회가 설치한 반민특위(반민족행위특별조사위원회)이다. 그러나 반민특위는 이승만 정권과 친일파의 방해 공작으로 실패로 끝나고 말았다. 이후 한국현대사의 그늘인 국가폭력에 의한 반인권 범죄가 과거 권위주의 정권 하에 반복적으로 재생산되었다. 이는 오늘날 대한민국의 번영이 일제 식민지 지배의 결과라는 역사수정주의자나 일부 뉴라이트 역사관을 가진 사람의 주장이 역사적 사실과 얼마나 괴리된 터무니없는 궤변인가를 반증한다.

각설하고, 과거사 청산과 관련해 우리 사회는 아직도 풀어야 숙제가 많다. 지금도 과거사 진실규명을 위한 여러 위원회가 활동 중이지만 실제 진실규명을 하는 데는 어려움이 적지 않다. 특히 사건의 진상을 밝히는 데 있어서 사건 관련 기관이나 가해자 측에 대한 조사가 필요하지만, 사건 발생 후 많은 세월이 흘러 이미 공소시효가 지났다는 이유로 이들에 대한 법적 처벌은 차치하고 진술 회피로 진상 조사 자체가 난관에 부딪히는 경우가 많다. 그와 같은 이유로 필자가 위원장을 맡고 있던 지난해 말 부마민주항쟁진상규명위원회가 의결한 『부마민주항쟁 진상조사보고서』의 경우도 충분한 가해자 조사는 미완의 과제로 남겨놓을 수밖에 없었다. 때마침 야당에서 이 문제를 해결하기 위해서 반인권 국가폭력 범죄에 대한 공소시효를 폐지하는 특별법을 발의해 당론으로 추진할 방침이라고 한다. 만시지탄의 감이 없지 않지만, 다행스러운 일이 아닐 수 없다. 인권 없이는 진정한 자유도 민주주의의 발전도 기대하기 어렵다. 국가폭력 범죄의 철저한 진실규명이야말로 민주화 이후 이행기 정의의 실현을 위한 핵심적 과제임을 다시 한번 상기해본다.(〈국제신문〉, 2022. 11. 2.)

2부

역사교육과 역사 교과서

1

교육과학부의 역사 교과서 수정 명령[*]

역사 교과서의 강제 수정,
교과부의 무리수

역사 교과서 수정을 위한 교육과학부(이하 교과부)의 행보가
점입가경이다. 새 정부가 들어선 이후 교과부는 뉴라이트라고

---

[*] 교과부가 필자들에게 사실상 수정 명령인 수정 권고를 한 것은 2008년 10월 30일
이다. 이에 대해서 필자들이 거부 의사를 표시하자 교과부는 동년 11월 26일 금성
출판사로 하여금 교과서 내용을 수정하도록 명령을 내렸다. 이러한 사태에 대해서
필자들은 2009년 2월 교과부를 상대로 수정 명령을 취소해달라는 취지의 행정소
송을 제기했다. 그 결과 2013년 2월 15일 대법원은 원고 패소를 선고한 원심을 깨
고 사건을 서울고등법원으로 돌려보냈다. 대법원 재판부는 "수정 명령이 표현상 잘
못이나 기술적 사항 또는 객관적 오류를 잡는 정도가 아니라, 이미 검정을 거친 교과
서 내용을 실질적으로 변경하는 결과를 가져오는 경우는 새로운 검정 절차를 취하
는 것과 마찬가지"라며 "검정절차상 교과용도서심의회의 심의에 준하는 절차를 거
쳐야 한다"고 판결했다. 이 대법원 판결로 정부의 교과서 수정 명령이 적법하지 않
았음이 확인되었다.

교과부의 수정 명령으로 논란의 중심이 되었던 금성출판사의 고등학교 한국근현대사 교과서

하는 특정 이념 단체의 요구를 비판 없이 받아들여 자신들이 직접 검정한 역사교과서를 '좌편향'으로 규정하고 이를 수정하려는 무리한 작업을 강행해 왔다.

처음에는 이러한 수정 요구가 정치적 의도와 무관한 것처럼 포장하기 위해서 국사편찬위원회에 검토를 의뢰하였으나 원하는 결과를 얻지 못하였다. 그러자 곧바로 규정에도 없는 '역사교과전문가협의회'라는 단체를 만들어 이 단체가 급조한 이른바 '수정 권고안'을 교과서 집필진에게 전달하였다. 그러나 집필진들이 자율적 수정을 주장하며 외부의 강요에 의한 수정 요구를 거부하자 이번에는 더욱 강력한 '수정 지시'를 통해서 저자들의 손목을 비틀려 하였다. 이미 언론 보도를 통해서도 알려진 바이지만 교과부가 수정하도록 지시한 사항들은 '좌편향'과는 무관할뿐더러 교과부의 지시대로 수정할 경우 오히려 개악될 소지가 큰 것들이다.

그러나 저자들이 교과부의 수정 지시를 거부하는 더 중요한 이유는 수정 지시를 저자의 의사와 관계없이 그대로 받아들일 경우 그것이 교과서 저술에 대한 교과부의 저작권 침해를 인정하는 선례가 될 수 있기 때문이다. 이는 헌법에 보장된 표현의 자유, 사상의 자유에 대한 중대한 위반으로 매우 심각한 문제가 아닐 수 없다.

집필진이 수정 지시를 재차 거부하자 이제 정부는 한술 더 떠서 저작자의 동의 없이 임의로 교과서 내용을 수정하도록 출판사에 압박을 가하고 있다. 강제 수정으로 인한 저작권 침해의 책임을 출판사에 떠넘기기 위해서 고심 끝에 짜낸 책략으로 그야말로 '눈 가리고 아웅' 하는 꼼수를 부리고 있는 것 같다. 법적인 문제를 떠나 한 나라의 정부 부처의 처신치고는 너무 옹졸하고 유치하다. 저작자들의 수정 의사가 없음을 알면서도 출판사의 임의 수정을 방조하였으니, 법적으로도 그 실질적 책임을 면하기 어려울 것이다. 게다가 교과부는 교과서의 수정작업을 진행하면서, 다른 한편으로 시도 교육청을 통해 이미 채택이 종료된 교과서를 바꿀 것을 강요하는 이율배반적이며 비상식적인 행동까지 보이고 있다.

교과부가 '좌편향'을 문제 삼은 것은 역사 교과서가 '대한민국의 정통성'을 훼손하였기 때문이라고 한다. '정통성'을 역사서술의 기준으로 삼으려는 발상도 시대에 뒤떨어진 것이지만, 설사 정통성을 놓고 대한민국의 정체성을 따진다고 할진대, 헌법에 규정된 민주주의적 제도와 교육의 정치적 중립성, 출판의 자유를 부정하는 '정통성' 훼손 행위는 무엇으로 변명할 것인가? 5년 전 대한민국의 정통성을 훼손한 '좌편향' 역사 교과서를 검정한 책임은 또 누가 지어야 하는가? 그 사이에 대한민국의 헌법이 바뀌었는가, 아니면 정변이라도 발생하여 국체에 변화가 일어났나? 아니다. 단지 정부가 바뀌고 장관이 바뀌었을 뿐인데, 지금 우리 사회는 역사 교과서의 '정통성' 문제로 일대 홍역을 치르고 있다. 이는 교육을 정치적 도구로 수단화하였던 과거 독재정권 시절에나 일어났음 직한 일이다.

돌이켜 보건대, 현행 한국근현대사 교과서의 검인정 제도는 바로 독재정권 시절 정치권력이 역사교육을 통제하기 위해 만든 국정 제도를 시대적 요청에 따라 민주적으로 바꾼 것이다. 다원적 가치를 존중하고, 그에 따라 역사서술의 다양성도 인정한다는 점에서 현행 검인정 제도는 비록 다른 선진국의 자유발행제에는 미치지 못한다고 하더라도 1987년 이후 우리 사회의 민주화 수준을 반영한 진일보한 제도이다. 또 여기에는 출판사 간의 선의의 경쟁을 통해서 교과서의 질을 높인다는 취지도 내포되어 있다. 이러한 점에서 최근 정부가 자신들의 입맛대로 역사 교과서를 고치고 교육을 통제하려는 것은 정녕 시대착오적 일이다.

교과서 서술을 학계의 자율적인 판단에 맡기지 않고 정부가 직접 통제하는 것은 과거 독재정권이나 전체주의 국가에서나 일어날 수 있는 일이지 자유민주주의를 '정통성' 기반으로 삼는 현대 민주국가에서는 찾아보기 어려운 일이다. 교과부에 의한 역사 교과서의 강제 수정은 역사교육의 퇴행을 가져올 뿐만 아니라 우리나라 민주주의의 근간을 위협하는 나쁜 선례가 될 것이다.(〈동국대학원신문〉, 2008. 12. 15.)

2008년 한국 사회의 '역사전쟁'과 저들의 색다른 역사인식

　최근 들어서 역사 문제가 정쟁의 수단으로 언론을 통해 등장하는 일이 잦아지고 있다. 지금은 잠시 조용해진 것 같지만, 올여름 새 정부(이명박 정부)가 8·15 정부수립 기념행사를 '건국 60주년'이란 이름으로 거행한 것과 맞물려, 정치권 일각에서는 8월 15일 광복절의 공식 명칭을 '건국절'로 바꾸자는 주장이 대두되었다. 이에 호응하여 일부 국회의원들이 광복절을 건국절로 개칭하는 것을 골자로 하는 이른바 '국경일에 관한 법률개정안'을 국회에 제출한 사실이 알려지자 많은 사람이 이제 정말 광복절이란 이름의 국경일은 사라지는 것이 아닐까 우려하게 되었다. 다행히 광복절 개정 시도는 학계와 시민단체 등 각계의 반대 여론에 밀려 해당 법안을 발의했던 당사자들이 스스로 법안 발의를 철회함으로써 일단락되었다.

　그러나 저간의 사정을 두루 살펴보건대 '건국절 논쟁'이 종결되었다고 보기는 어렵다. 왜냐하면 이번 법률 개정 시도는 단순히 국경일의 명칭 변경이 그 이유였다고 하기보다는 더 근원적으로는 한국근현대사 전체를 바라보는 역사인식의 차이에서 비롯된 것이기 때문이다.

　사실 광복절 명칭에 대하여 문제를 제기하고 이를 건국절

로 바꾸어야 한다는 주장을 처음으로 공론화한 것은 국회의원
이 아니라 정치권 외곽에 있는 뉴라이트 계열의 '교과서 포럼'에
소속된 인사들이었다. 따라서 광복절을 건국절로 개칭하기 위
한 법률개정안이 철회되었다고 해서 '건국절'로 부각된 그들의
역사인식이 바뀐 것은 아니다. 본래 건국절 문제 제기는 '대한민
국임시정부기념사업회' 등 시민사회단체가 헌법재판소에 위헌
소송까지 내놓을 정도로 법률적으로도 문제가 있었고, 또 그들
이 역사적 복권을 시도하고 있는 이승만은 물론 박정희 등 역대
어느 집권 세력도 이러한 주장을 내놓은 적이 없었던 사안인 만
큼 '정부수립이 곧 건국이 아니냐?'는 언설만으로 갑자기 국민
을 설득하기에는 너무나 명분 없는 무리수였다.

뉴라이트 계열의 인사들은 한국근현대사에 대하여 교과서
포럼 출범 당시부터 우리나라 역사학계의 일반적 역사인식과는
매우 동떨어진 시각과 태도를 보여왔다. 최근 건국절을 선창했
던 한 인사는 일찍이 공개 방송 토론회 석상에서 일제강점기 강
제로 징용된 일본군 '위안부'에 대하여 '정신대는 사실상 상업적
인 목적을 지닌 공창의 형태'라고 주장하여 관련 단체와 시민들
의 공분을 샀다. 이는 유엔조차 일제의 군 '위안부' 강제동원을
반인륜적 범죄로 인정하고 있는 21세기 국제사회의 보편적 인식
과도 맞지 않고, 국내 역사학계는 물론 일반 국민의 평균적 역사
인식 수준에도 못 미치는 것이다.

그런가 하면 몇 해 전 그들은 현행 고등학교 한국근현대사

교과서의 역사서술을 비판하는 '학술모임'을 갖고 그 자리에서 4·19혁명을 비하한 탓으로 4·19혁명동지회, 4·19유족회 등 관련 단체 회원들의 격렬한 항의를 받기도 하였다. 최근에는 교과부가 4·19를 폄하하는 현대사 영상물을 만들어 일선 학교에 배포하였다가 4·19관련 단체의 항의와 여론의 질타를 받고 이를 전량 회수하는 소동까지 빚었다. '기적의 역사'라는 이름의 이 DVD 영상물에는 4·19를 일개 데모와 방화 사건으로 묘사한 것은 물론 5·18광주민주화운동, 6·10항쟁 등은 아예 빠져 있었다고 한다. 이제 교과부가 노골적으로 뉴라이트의 역사인식을 대변하고 있는 상황이다.

이러한 뉴라이트 계열 인사들이 중심이 된 교과서 포럼이 최근 펴낸 '대안교과서 한국근·현대사'의 서술 내용 또한 위에 열거한 행태와 크게 다르지 않다. 종합적으로 판단하건대, 그들의 역사인식은 기본적으로 일본 제국주의의 식민지 지배와 침략전쟁을 미화하고 있는 후소샤(扶桑社)류의 일본 극우세력 자유주의사관과 크게 다를 바 없어 보인다. 다만, 친일파 문제와 그들의 지론인 식민지 근대화에 대해서는 대중의 여론을 의식한 탓인지 다소 에둘러 표현하였고, 대신에 이승만과 박정희의 독재정치에 대해서는 그 속내를 감추지 않고 미화하였다. 1948년 정부 수립을 '건국'으로 표현하여 '건국절'의 정당성을 뒷받침하였고, 군부의 등장을 '5·16쿠데타'라고 표현하면서도 이들의 집권기를 근대화 혁명으로 미화하고 있다.

그러나 뉴라이트의 역사인식의 핵심은 현행 고등학교에서 사용 중인 '금성교과서'(필자가 집필진으로 참여한 한국근현대사 교과서)에 대한 무리한 수정 요구에서 더 잘 드러난다. 그들은 반독재 민주화운동에 대한 역사서술을 반이승만 운동 내지 반박정희 운동으로 해석하고 이를 반미적 시각과 대한민국의 정통성 훼손으로 등치시키고, 분단에 대한 비판적 성찰을 곧 친북적 시각을 드러낸 좌편향으로 매도한다. 뉴라이트의 이러한 인식 태도는 올드라이트의 냉전적 이분법적 사고방식과 전혀 다를 바 없다. 따라서 이들의 주장은 참으로 학술적 논쟁의 대상으로 삼기도 어렵다. 그들의 주장에는 권력 쟁취와 권력의 안보를 위한 너무나 노골적인 정치 의도가 담겨 있다. 또 의견을 내세우는 방식 또한 지나치게 정략적이어서 자칫 잘못 접근했다가는 정쟁의 수렁에 휘말리기 십상이다.

　이런저런 이유로 많은 역사 연구자가 가능한 한 이들과의 소모적 논쟁을 기피해온 것이 사실이다. 그러나 이명박 정부의 등장 이후 이들의 계속된 행보를 보면, 단순한 정치적 차원의 우려를 넘어설 정도로 크게 일탈하고 있다. 기존의 교과서에 대한 불만으로 '대안교과서'를 만든 것까지는 그 내용이야 어떻든 학문의 자유가 허용되는 민주주의 체제하의 학술 활동이라고 치자. 그렇다고 해도 그 정도를 넘어서 이미 교육부의 검정을 마친 교과서의 내용을 자신들의 주장에 맞춰 획일적으로 수정하도록 정부를 압박하고 이를 정치적 쟁점으로 만드는 것은 정당한 학술 활동으로 보기 어렵다. 더구나 최근 일부 보수 언론과 극우적 경향의 정치세력이 이들의 주장에 호응하여 역사 교과서에 대한 공세를 높이고 있는 것을 보면, 뉴라이트 계열의 교과서 포럼이 벌이고 있는 정치적 행태의 저의가 무엇인지 너무나 분명해 보인다. 이는 정치적으로 중립적이어야 할 역사교육을 정쟁화하는 일로 위험천만하다.

현대사에서 역사교육을 정치도구화하여 정권 유지 수단으로 악용한 것은 어제오늘의 일은 아니다. 과거의 역대 독재정권들이 그러했다. 특히 한국현대사 교육이 그러하였는데, 과거 독재정권 시절 중등학교 교과서의 우리나라 현대사 서술을 보면 오로지 독재 권력에 대한 찬양 일변도여서 사실상 정부의 홍보 책자와 크게 다를 바 없었다. 그리고 당시 교육을 받은 세대는 누구나 경험한 일이지만, 실제로 국사 시간에 이러한 교과서 내용을 학생들에게 가르치는 선생님도 거의 없었다. 교육적으로 가르칠 만한 가치 있는 내용이 없었기 때문이다. 게다가 이러한 교과서의 획일적인 역사서술은 역사적 사고력의 신장과 비판적 정신 태도의 육성이라는 역사교과의 보편적 교육 목표와는 무관한 것이기도 하다.

대부분 '자유민주주의' 체제하의 선진국에서는 역사교육을 정부가 직접 통제하지 않는다. 따라서 많은 나라에서 교과서 발행은 자유발행제를 원칙으로 하고 있다. 다만 일부 나라에서 검인정 제도를 채택하고 있는데, 우리나라도 그러한 예에 속한다.

현재 발행되고 있는 고등학교의 한국근현대사 교과서도 바로 이 검인정 제도에 의한 것이다. 그리고 이마저도 지금의 제7차 교육과정에 이르러 채택된 제도이다.

물론 국사 교과서는 여전히 국정교과서이며, 국사 교과서가 처음 국정으로 된 것은 유신체제였던 1974년이었다. 이때 유신 정부는 국사 교육을 통제할 목적으로 종전의 검인정 제도를 고쳐 단 하나의 국사 교과서만을 학교에서 사용하도록 하였다. 이것이 마치 관행처럼 여겨져 지금까지 이어져온 것이다. 그러나 1987년 민주화 이후 국정교과서 제도가 민주화의 시대정신에 맞지 않는다는 지적과 함께 이에 대한 개혁 요구가 교육계 안팎에서 끊이지 않았다. 그러다가 김영삼 정부 때 이러한 개혁 요구를 일부 수용하여 새롭게 편성한 교과목이 제7차 교육과정의 고등학교 한국근현대사인 것이다.

최근 교과서 포럼 등이 수정을 요구하고 있는 금성교과서 등 6종의 고등학교 한국근현대사 교과서는 이러한 '민주화'라는 시대적 요청에 따라서 세상에 나온 것이다. 이로써 비록 자유발행제도에는 못 미치지만 '검인정'이라는 제도적 틀 안에서 다양한 교과서가 존재하게 되었다. 한국근현대사 교과서에 관한 한 현행의 검인정 제도는 역사인식의 다양성을 어느 정도 인정함으로써 다원주의에 기초한 민주공동체로서 우리 사회의 다양성과 건강성을 유지하는 데 기여하고, 이른바 '시장 원리'에 입각한 선의의 경쟁을 통해 교과서의 질을 개선할 수 있다는 측면에서 국정교과서 제도가 지닌 여러 가지 단점을 극복할 수 있는 진일보한 제도라는 긍정적 평가를 받아왔다.

그런데 지금 뉴라이트를 비롯한 일부 보수진영과 정치권 일각에서는 이제 학교 현장의 모든 역사 교과서의 내용을 오로지 뉴라이트적 시각으로 통일한 획일화를 시도하고 있다. 여기에 일부 정부 부처가 장단을 맞추고, 교과부가 앞장서서 역사 교과서 집필진의 팔목을 비틀어 교과서의 내용을 강제로 수정하려는가 하면, 그마저도 뜻대로 되지 않자 이제는 출판사를 압박하여 저자의 동의 없이 교과서의 내용을 임의 수정하려 하고 있다. 이는 대한민국 헌법이 보장하는 학문의 자유와 출판의 자유에 대한 중대한 침해이며, 교육의 중립성, 나아가서는 민주주의 제도의 근간을 허무는 매우 심각한 문제이다. 이제 겨우 자리를 잡아가는 민주적 교과서 발행제도가 자칫 독재정권 시절의 정치도구로 다시 전락하는 것이 아닌가 걱정스럽다.

정부가 일방으로는 과거에 얽매이지 말고 앞으로 나아가자고 하면서도 정작 실제적으로는 역사 문제를 정쟁화하여 올인하는 형국으로 빠져들고 있으니 이는 역사의 아이러니가 아닐 수 없다. (『민주공원』 제99호, (사)부산민주항쟁기념사업회, 2008.)

한국 근현대사의 인식과
역사 교과서 수정 논란

논란의 과정

이명박 정부가 들어선 이후 경기 침체와 금융 위기 속에서 우리 사회 전체를 일 년 내내 들끓게 만들었던 문제가 이른바 '좌편향 역사 교과서'의 수정 논란이다. 이 논란은 현재 고등학교에서 사용하고 있는 6종의 검정 한국근현대사 교과서의 역사 서술이 대한민국의 정통성을 부정하는 좌편향적 내용을 싣고 있기 때문에 이를 바로잡아야 한다는 일부 정치세력의 주장에서 비롯되었다. 애초에 뉴라이트와 같은 특정 이념단체가 처음 제기했던 것이나 지난 참여정부 때는 그다지 크게 부각되지 않았다. 또 뉴라이트의 주장에 편승하여 대한상공회의소 등에서 교과서의 일부 내용에 대하여 이의를 제기한 일도 있으나 이 또한 이익단체로서의 자유로운 의견 개진 수준이었다. 그러다가 2008년 2월 이명박 정부의 임기 시작과 함께 뉴라이트의 주장이 하루아침에 정부의 공식 입장이 되어버렸다. 과거 특정 이념단체의 주장을 교과부의 수장인 신임 장관이 그대로 대변하고, 급기야는 대통령까지 여기에 힘을 보태주었다. 사태가 이쯤에 이르자 이제 교과부가 본격적으로 역사 교과서 수정을 위해서 스스로 총대를 메기 시작했다. 결국 교과부가 검정한 교과서를 교과부 자신이 직접 수정하겠다고 하는 전대미문의 촌극이 벌어지게 되었다.

교과부가 정말 교과서에 문제가 있다고 생각했다면, 그러한 교과서를 검정한 주체에 대해서 책임을 묻고, 왜 그러한 문제가 발생했는지에 대해서 먼저 해명했어야 했다. 그러나 교과부는 이 점에 대해서는 지금까지 단 한 번도 명백한 입장을 밝히지 않았다. 교과서를 검정한 자신들의 책임에 대해서는 단 한마디 언급도 없이 모든 책임이 교과서의 저자들에게 있는 양 사태를 호도해왔다. 교과서의 검정은 교과부가 자체적인 검정 절차와 기준을 마련하여 이루어진 것으로 이는 필자들의 의지와는 무관한 것이다. 만일 교과서 내용에 문제가 있었다면 애초에 불합격 판정을 내려 검정을 승인하지 않았으면 될 일이지 합격 판정을 내려놓고 나중에 해당 교과서가 '좌편향'이라고 매도하는 것은 이율배반적이며 자가당착적인 행위이다. 또 이는 당연히 저자들의 명예를 훼손하는 행위이다. 상황이 이렇게 되고 보니 저자들 사이에서는 불합격 판정을 받는 것만도 못하다는 자탄이 나오고 있다. 게다가 교과부는 단 한 번도 이 문제에 관한 사실을 공표하기 전에 교과서의 저자들과 상의하지 않았다. 오히려 역사학계와 역사교육계, 그리고 여러 시민단체의 잇따른 반대 성명에도 아랑곳하지 않고 일방적으로 역사 교과서의 수정을 저자들에게 요구함으로써 사회적 파열음을 키워왔다. 이를 두고 혹자는 조선왕조시대의 무오사화(戊午士禍)에 빗대어 무자사화(戊子史禍)라고 지면을 통해 꼬집었는데 이를 지나친 표현이라고만 할 수는 없을 것이다.

현 정부가 들어서기 이전 뉴라이트 계열의 교과서 포럼을 중심으로 여러 차례 역사 교과서 서술에 대한 문제 제기가 있었다. 그 요지는 현행 고등학교 역사 교과서의 내용 가운데 한국 전쟁 책임론, 이승만·박정희 전 대통령의 공과, 북한에 대한 시각 등이 편향적으로 서술되어 있다는 것이다. 물론 이러한 의견 개진은 민주주의 사회에서 얼마든지 제기될 수 있다. 그러나 특정한 이념단체나 이익집단의 일방적 견해만을 정부가 대변하여 교과서의 서술에 반영하려 한다면 이것은 문제가 아닐 수 없다. 무엇보다도 정부의 이러한 행태는 교육의 정치적 중립성을 명시한 헌법 제31조의 명백한 위반이다. 헌법 정신에 비추어 본다면, 정부는 오히려 외부의 압력으로부터 교과서 저자들을 보호할 의무가 있다고 보아야 할 것이다.

그런데 정작 뉴라이트가 시비 삼은 역사 교과서 내용을 구체적으로 살펴보면 그들의 지적 수준이 한심하다 못해 애처롭다는 생각마저 든다. 이를테면, 현대사 단원의 머리 표지에 들어간 4·19 혁명을 노래한 신동엽의 시「껍데기는 가라」를 놓고 '대한민국을 역사의 껍데기로 풍자한 대한민국의 정통성을 부정하는 시'로 이해하는가 하면 해방 직후 서울에 진주한 미군이 일장기를 내리고 성조기를 올리는 장면의 사진이 '반미의식을 고

취한다'는 등 본문의 서술과는 직접 관련이 없는 참고 자료마저 저들의 자의적 해석과 편향된 시각에 맞춰 수정해야 한다고 억지를 부리고 있다. 그런가 하면, 심지어 1950년대 북한의 천리마 운동에 대한 비판적 서술조차 마치 현행 교과서가 천리마 운동과 북한 사회주의경제를 일방적으로 찬양하고 있는 것처럼 왜곡하기도 한다.

현행 역사 교과서에 대한 수정 요구 가운데는 북한의 현대사에 관해 비판보다는 우호적 서술에 치우쳐 학생들이 남한보다 북한을 좋은 사회로 인식할 우려가 있다는 점 등도 포함되어 있다. 이러한 억지 주장을 근거로 그들은 일찌감치 현행 고등학교 역사 교과서 가운데, 그중에서도 채택률이 가장 높은 금성출판사의 한국근현대사를 '좌편향'으로 낙인찍고 이에 대하여 끊임없는 이념 공세를 펼쳐왔다. 그러나 뉴라이트가 내놓은 이러한 주장이야말로 모두가 대단히 편향적이고 근거가 없다는 것은 그동안 역사학계의 여러 차례에 걸친 학술적 검증(학술대회와 학술논문 발표 등)과 지난 정부 시절 교육부의 자체적인 검증 절차를 거쳐 이미 확인된 사안이다. 게다가 현행 교과서는 2002년 교육부의 검정을 거쳐 발행되어 이미 6년간이나 일선 학교에서 사용되어온 교과서로, 그동안 현장에서조차 현행 역사 교과서가 편향적으로 서술되어 있다는 문제 제기는 단 한 번도 없었다.

뉴라이트의 역사인식

뉴라이트의 교과서 포럼은 지난해 3월에 『대안교과서 한국 근현대사』(이하 대안교과서)를 펴냈다. 이 책의 책임편집자는 이영훈 교수이며, 12명이 집필자로 참여했다. 집필자 중에 역사학자는 없다. 특기할 만한 것은 1980년대 소위 친북좌파의 원조 격인 '강철서신'의 작성자였던 김영환이 『시대정신』 편집위원이라는 간판으로 집필자 명단에 이름을 올려놓았다는 사실이다. 또 그동안 영어 공용화를 주장해온 소설가 복거일이 '역사 교과서'의 감수를 맡았다는 것도 이 책의 성격을 가늠하는 데 참고가 될 만한 대목이다. 이 책은 역사학자의 눈으로 보자면 사관(史觀)은 차치하고서라도 사실관계에서 너무 많은 오류를 범하고 있어서 이미 역사학계에서 지적한 바대로 교과서라는 이름을 붙이기에는 수준 미달인 책이다. 그러나 이 점은 일단 제쳐두고 현행 6종의 한국근현대사 교과서를 친북 좌경과 '자학사관'으로 몰아 정치적 공세를 취해온 뉴라이트의 한국근현대사에 대한 인식 수준을 드러낸 책이라는 점에서 보면 그들의 역사인식을 분석할 수 있는 좋은 참고 자료가 될 수 있다.

우선 이 책에는 그동안 교과서 포럼 인사들이 집중적으로 역설해온 '식민지 근대화론'과 해방 이후 '독재 옹호론'이 그대로 반영되어 있다. 해방 이후 한국 역사학은 정체성론과 타율성론으로 얼룩진 식민사관 극복을 중요한 과제로 삼아왔다. 그 성과물로 도출된 것이 내재적 발전론이다. 그런데 그동안 안병직,

이영훈 등 식민지 근대화론자들은 이러한 역사학계의 학술적 성과를 단순히 민족주의사관으로 폄훼하면서 식민지 시기 일제가 추진한 토지조사사업 등을 근대화의 중요한 성과로 찬미하고, 그러한 논리를 정당화하기 위하여 식민지 이전의 조선 사회를 정체된 사회라고 단정해왔다. 그들의 이러한 주장은 '대안교과서'에 그대로 반영되어 있다. 저들의 표현을 빌리자면, '대안교과서'의 역사인식이야말로 우리의 역사를 폄하하는 문자 그대로 '자학사관'이 아닐 수 없다. 저들은 이 책을 통해서 정치사적으로 과거 조선에 대한 청의 영향력을 과장하여 타율성론을 뒷받침하는 한편, 개화파만을 미화하여 개화파의 실패가 곧 식민지화의 원인이라고 못 박고 있다. 이러한 점에서 뉴라이트의 역사인식은 몇 해 전 역사 왜곡 문제로 말썽을 일으켰던 일본의 후소샤 교과서를 편찬한 일본 신우익 모임인 '새역모'(원명은 '새로운 역사 교과서를 만드는 모임')의 역사인식과 유사하다. 실제로 뉴라이트와 일부 보수 언론이 그동안 즐겨 써온 '자학사관'이라는 표현도 바로 일본 신우익의 흉내를 낸 것에 불과하다.

그러나 뉴라이트의 '자학사관'은 이에 그치지 않는다. 고종과 명성황후에 대하여 지나칠 정도의 부정적 언급을 반복하고, '동학 농민 봉기'를 단순히 유교적 근왕주의로 왜곡하는가 하면, 을미의병운동은 단 한 문장으로, 을사늑약 이후의 의병전쟁에 대해서는 한 문단으로 약술하여 그 역사적 의미를 최소화하였다. 이에 반해서 개화파의 활동을 극찬하고 그들의 실패로 인해 식민지로 전락했다는 단선적인 역사관을 입증하기 위해서 장과 절을 바꾸어가며 상세한 설명을 전개하고 있다. 특히 동학 농민 운동(갑오농민전쟁)을 그동안 역사학계에서는 거의 사용한 적이 없는 '동학 농민 봉기'라고 표현함으로써 이 사건의 역사적 의미를 평가절하하려는 의도도 숨기지 않았다. 이는 2008년 12월 교과부가 학습 참고용으로 제작해 일선 학교에 배포한 DVD 영상물에서 4·19 혁명을 데모라고 폄훼한 것과 일맥상통하는 반민중적인 역사인식이다.

'대안교과서'의 저자들은 자기 민족의 근대화를 위한 노력에 대한 평가에는 인색한 반면에, 일본의 침략과 식민통치에 대해서는 근대화의 역사로 옹호한다. 그리하여 이 책에서는 일제강점기를 새로운 근대 문명에 관한 학습기, 근대 문명의 제도적 확립기로 강조하고 또 식민지 경제에 대해서 '수탈'보다는 합법적인 경제 운영에 강조점을 두고 상당한 '경제 성장'이 있었던 시기라는 점을 크게 부각하고 있다. 그러나 일제시기 식민지 수탈로 이루어진 조선 경제 성장의 과실이 일본의 독점자본과 재조선 일본인에게 돌아가고 조선 민중은 철저히 배제된 사실은 소홀히 취급하고 있다.

정치사 서술은 한마디로 이승만 띄우기로 일관하고 있다. 그러다 보니 이승만 개인의 외교활동에 대해서는 지나칠 정도로 상세하고 장황한 설명을 하면서도 그와 대립했던 정치세력에 대해서는 의도적 폄하와 냉혹한 평가를 서슴지 않고 있다. 이를테면, 김구에 대해서는 "한인 애국단을 조직하여 항일 테러 활동을 시작하였다."(129쪽)라고 쓰고 있어 김구를 독립운동가로 다루기보다는 그가 테러리스트인 점을 부각하고 있다.

또 그동안 교과서 포럼의 일부 인사들이 방송 등을 통해서 물의를 일으켜 왔던 일본군 '위안부' 문제와 관련해서 피해자들이 증언하고 있는 강제 연행, 인신매매, 유괴 등은 전혀 언급하지 않고 있다. 반면 일제에 대한 미화는 그 정도가 지나쳐 "황민화 교육이 한창이던 전시기에 수많은 한국인 학생이 각급 학교에 다투어 진학하였다. 졸업생들은 전시공업화 정책으로 늘어난 국내외 일자리에 취업하였다."(132쪽)라는 식으로 전시체제하 식민지 조선의 역사적 현실마저 왜곡하고 있다. 일제 말기인 1940년대 상급학교에 진학할 수 있었던 한국인 학생들이 도대체 몇 명이나 되었다고 이렇게 '다투어'라고까지 표현한 것일까. 이 글만 놓고 보면 일제 말기는 대부분의 한국인이 너나없이 중고등 교육을 받고 졸업 후에는 일자리가 넘쳐 취직 걱정 없는 꿈같은 세상에서 살았던 것 같은 착각마저 들 정도다.

한편 해방 이후 현대사는 철저히 냉전적 반공 이념에 입각하여 서술되어 있다. 책의 저자들은 지금까지 한국 역사학계가 민족주의에 매몰되어 있다고 비판하면서 이른바 '탈민족주의'를 표방해왔다. 이러한 역사인식은 적어도 해방 이전사의 서술에서는 적용되었다고 볼 수 있다. 반면에 해방 이후사는 역사인식에서 일대 반전을 보여 역사서술의 핵심 술어가 건국, 부국, 국민국가 등 국가주의적 관점으로 일관하고 있다. 이러한 점에서 뉴라이트는 '민족주의' 대신 '국가주의' 역사관을 선택했다고 볼 수 있다.

뉴라이트가 국가주의를 내세우면서 역사서술의 기준으로 제시한 것이 역사 교과서 수정 논란의 화두가 된 이른바 '대한민국의 정통성', 즉 21세기형 신판 정통사관이다. 이들의 정통론적 서술은 해방 이전은 개화파 중심으로 해방 이후는 이승만-박정희로 이어지는 인물 중심의 정통사관에 입각해 있다. 이러한 정통사관에 입각하여 그들은 1948년 '대한민국의 건국'이 역사적으로 발전해온 개화파에 의해 주도되었다고 평가한다. 이러한 정통론은 이승만의 봉대로 이어져 '이승만의 정치이념과 정책'을 한 면의 독립 단락으로 다룰 만큼(158쪽) 제1공화국의 현대사 서술이 이승만의 공적 중심으로 채워져 있다. 박정희 집권 시기에 대해서도 박정희의 집권을 5·16 쿠데타라고 표현하면서도 이를 근대화 혁명으로 평가하여 박정희의 독재정치보다는 성공적 경제개발을 중심으로 한 긍정적 서술에 중점을 두고 있다. 전체적으로 이들의 역사인식은 권력의 민주적 정당성보다 냉전시대 반공이데올로기의 부활에 무게를 두고, 역사 발전에서는 대중과 국민보다 특정 인물의 개인적 역할을 강조하는 영웅사관에 기초하고 있다. 이러한 역사인식이 얼마나 퇴행적이고 비민주주의적인가는 별도의 설명조차 필요하지 않을 것이다. 이 밖에 민주화의 흐름보다 경제적 성장에 강조점을 두는 성장주의적 관점, 북한 현대사에 대한 서술은 아예 본문에서 제외하고 보론에 약술한 것 등도 현행 역사 교과서에서 볼 수 없는『대안교과서 한국근현대사』만의 특징이다. 특히 후자는 최근 교과부가 2010년부터 중학생들이 쓸 새 도덕 교과서에서 '평화교육' 부분을 삭제하도록 '집필 기준'을 갑자기 바꾼 사실과도 밀접히 연관되는 대목이라고 할 수 있다.

'대안교과서'의 서술조차 일반 대중의 시선을 의식한 것이라 뉴라이트의 역사인식을 온전하게 그대로 드러낸 것으로 보기는 어렵다. 이 점을 입증할 수 있는 단적인 예로 이 책에서는 혁명으로 표현한 4·19를 앞서 지적한 교과부의 영상물에서는 데모로 격하시킨 일과 최근 교과부의『건국 60년』책자 내용이 독립운동을 부정하는 내용으로 채워져 광복회가 '건국훈장 반납'을 결의한 사건 등이 있다. 교과부의 영상물과 홍보 책자의 내용은 '대안교과서'의 역사 왜곡 수준을 한층 뛰어넘는 것으로 현 정부가 지향하는 '역사 수정'의 성격과 앞으로의 향방을 미리 가늠케 해주는 지표가 된다. 이러한 식의 분쟁은 이미 지난해 여름 뉴라이트 세력이 광복절의 공식 명칭을 '건국절'로 바꾸려 했던 데서부터 예견되었다. 뉴라이트의 주장에 호응한 일부 국회의원들의 광복절 개정 시도는 다행히 학계와 시민단체 등 각계의 반대 여론에 밀려 일단 무산되었다. 그러나 살펴보았듯이 '건국절 논쟁'

은 종결된 것이 아니라, 기회가 있을 때마다 새로운 형태로 재현되고 있다. 역사 교과서 수정 강요, 일부 교육청의 특정 출판사 역사 교과서 교체 강요, 서울 고교생을 대상으로 한 극우 인사들 중심의 현대사 특강 실시, 교과부의 왜곡된 영상물 제작과 책자 발간 등이 건국절 제정 운동과 동일한 맥락에서 동시다발적으로 시도되고 있다. 이렇게 본다면, 그들이 지향하는 바는 한마디로 통일과 민주의 개념과는 대척점에 있는 분단과 독재가 아닐까 하는 의문을 지울 수 없다.

아무튼 뉴라이트 계열의 인사들의 역사인식은 매우 독특하다 못해 기이하다. 그것은 우리나라 일반 국민의 보편적 역사인식이나 상식과도 크게 동떨어져 있다. 최근 건국절을 선창했던 한 인사는 일찍이 공개 방송 토론회 석상에서 일제 말 강제로 징용된 일본군 '위안부'에 대하여 '정신대는 사실상 상업적인 목적을 지닌 공창의 형태'라고 주장하여 시민들의 공분을 샀다. 이는 유엔조차 일제의 군 '위안부' 강제동원을 반인륜적 범죄로 인정하고 있는, 21세기 국제사회의 보편적 가치관과 상반되는 것이다. 그런가 하면 몇 해 전에는 현행 고등학교 한국근현대사 교과서의 역사서술을 비판하는 '학술모임'에서 4·19 혁명을 비하한 탓으로 4·19 혁명동지회, 4·19 유족회 등 관련 단체 회원들의 격렬한 항의를 받기도 하였다.

파장과 전망

그런데 정권이 바뀌자 뉴라이트 인사들은 '역사 논쟁'에서 한 발 뒤로 물러서고 교과부가 논란의 주체로 전면에 등장하기 시작했다. 정부가 특정 이념단체의 대리인이라도 된 듯 과거 정부가 검정한 멀쩡한 교과서를 강압적으로 수정하려 함으로써 이로 인한 사회적 갈등이 확대되었다. 급기야 지난해 10월 30일 교과부는 현재 고등학교에서 사용하고 있는 6종의 한국근현대사 교과서 중 5종 교과서의 총 50여 개 항목에 대하여 좌편향적인 서술을 수정하라는 이른바 '수정 권고안'을 발표했다. 교과부는 이번 수정 권고안이 마치 정체 미상의 단체인 '역사교과 전문가협의회'의 자체 검토로 이루어진 것처럼 발표했으나 실제로는 뉴라이트의 '좌편향' 주장을 일방적으로 수용한 것이다. 게다가 교과부가 발표한 권고 내용은 제삼자의 입장에서 보면 자구수정 등 '첨삭지도'에 불과하거나 교과서 발행 이후에 일어난 북한 사회의 변화상에 대한 보완 서술 정도이고, 일부 수정 사유로 지적된 역사적 사건에 대한 해석과 표현상의 문제도 사실상 '좌편향'과는 거리가 먼 것들이다. 그중 좌편향의 실례로 지적한 "북한을 지지하는 무장 유격대"라는 표현을 "북한을 지지하는 좌익 무장 유격대"로 수정하라는 것은 정말 코미디 같은 지적이 아닐 수 없다.

역사학계에서는 그동안 뉴라이트 인사들과의 정쟁적 논쟁

을 가능한 한 피하려 노력해왔다. 그러나 이명박 정부의 등장 이후 뉴라이트와 교과부는 마치 한통속이라도 된 듯 역사 교과서를 강제 수정하는 데 온 힘을 쏟아왔다. 기존의 교과서에 대한 불만으로 '대안교과서'를 만든 것까지는 그 내용이야 어떻든 그들의 자율적 저술 활동으로 인정한다손 치더라도, 그 정도를 넘어서 타인의 저작물을 자신의 입맛에 맞춰 획일적으로 수정하도록 저자와 출판사를 압박하고 또 이 문제를 정치 쟁점화하는 것은 참으로 납득하기 어렵다. 이는 검인정 제도의 기본 취지를 훼손하는 일일 뿐 아니라 정치적으로 중립적이어야 할 역사교육을 정쟁화하는 일로 민주적 교육제도의 근간을 허무는 위험천만한 일이 아닐 수 없다.

이제 정부는 뉴라이트와 일부 보수 언론의 편향적 주장을 여론이라는 형태로 포장하여 학문의 자유, 표현의 자유를 억압하고 있다. 여러 가지 면에서 지금까지 행해온 정부의 행태는 과거 독재정권의 모습과 유사하다. 과거 독재정권 시절 중등학교 교과서의 한국현대사 서술은 오로지 독재 권력에 대한 찬양 일변도여서 사실상 정권 홍보용 책자의 내용과 크게 다를 바 없었다.

역사 교과서가 처음 국정으로 된 것은 유신체제하였던 1974년이다. 당시 유신 정부는 역사 교육을 통제할 목적으로 종전의 검인정 제도를 고쳐 단 한 종류의 국사 교과서만을 학교에서 사용하도록 하였는데, 이것이 마치 관행처럼 되어 지금까지 이어져왔다. 그러나 1987년 민주화 이후 국정교과서 제도가 민주주의의 시대정신에 맞지 않다는 비판과 함께 이에 대한 개혁 요구가 교육계 안팎에서 끊이지 않았다. 그러다가 김영삼 정부 때 이러한 개혁 요구를 일부 수용하여 새롭게 편성한 교과목이 제7차 교육과정의 고등학교 한국근현대사이다. 현행 고등학교 한국근현대사 교과서는 김영삼 정부 시절 교육부가 정한 서술 지침에 따라 쓰였다. 교과서 포럼 등이 수정을 요구하고 있는 '금성교과서' 등 6종의 고등학교 한국근현대사 교과서는 과거 한나라당 집권 시절 '민주화'라는 시대적 요청에 따라 나오게 된 것이다. 역사인식의 다양성을 인정하고 포용함으로써 다원주의적 공동체로서 우리 사회의 건강성을 유지하는 데 기여하고, 이른바 '시장 원리'에 입각한 선의의 경쟁을 통해 교과서의 질을 개선하자는 것도 검인정 제도를 도입한 중요한 이유였다.

현행 역사 교과서를 강제로 수정하려 했던 뉴라이트와 교과부의 시도는 자율적 수정을 주장하는 역사 교과서 저자들의 반대에 부딪혔다. 그러자 교과부는 출판사를 압박하여 저자의 동의 없이 역사 교과서의 내용을 임의로 수정하는 무리수를 강행하였다. 만약 출판사가 교과부의 수정지시를 그대로 받아들여 실행에 옮길 경우 그것은 교과서 저술에 대한 교과부의 저작권 침해를 인정하는 선례를 남길 수 있다.

교과부가 '좌편향'을 문제 삼는 것은 역사 교과서가 '대한민국의 정통성'을 훼손하였기 때문이라고 한다. '정통성'을 역사

서술의 기준으로 삼으려는 발상 자체가 시대에 뒤떨어진 것이
지만 그렇다고 하더라도 정부가 바뀌었다고 '정통성'에 대한 해
석과 판단 기준이 바뀐다면 그 정통성의 정통성은 도대체 무슨
의미가 있는가? 오히려 헌법에 보장된 교육의 정치적 중립성과
표현의 자유마저 무시하는 현 교과부의 행태야말로 대한민국
의 정통성을 훼손하는 행위가 아닐까 반문해본다. 권력의 의지
에 따라 역사 교과서를 수정하고 역사서술을 획일적으로 통제
하려는 것은 정녕 시대착오적이고 반민주적 행태이다. 역사 교
과서의 '정통성' 시비로 때아닌 홍역을 치르고 있는 지금 우리
사회는 바야흐로 역사교육의 위기를 넘어서 민주주의의 위기라
는 새로운 도전을 맞고 있다.(『광장』 2009년 제2호, 재단법인 광장,
2009.)

2
한국사 교과서 국정화 논란

교학사 한국사 교과서 검정
전말

2013년 한 해 동안 우리 사회를 암울하게 만들었던 두 가지 사안이 있다. 이른바 '국정원의 대선 개입 사태'와 '교학사 한국사 교과서 검정 문제'이다. 성격이 서로 다른 영역의 사안이기는 해도 그 근본을 따지고 보면 두 사안 모두 우리 사회의 민주주의가 후퇴한 데에서 비롯된 문제이고, 동시에 과거사 청산의 후퇴와도 깊은 연관이 있다.

국정원의 불법 선거 개입으로 야기된 국정원 사태는 2012년 12월 대선의 무효를 주장하면서 재선거를 요구하는 상황에까지 이르렀다. 이에 대한 여야 정치권의 반응은 사뭇 다르지만, 적어도 국정원의 개혁만큼은 피할 수 없는 대세가 되었다. 국정원이 무소불위의 권력을 가지고 대선을 비롯하여 국내 정치에 개입하여 불법을 자행하고 인권을 탄압하던 일은 과거 군사독재정권 시절만 해도 당연지사처럼 여겨졌던 일이다. 독재정권 시절 국가기관의 정치 개입과 인권 탄압의 대명사로 맨 먼저 떠오르던 기관이 오늘날 국정원(국가정보원)의 전신인 '중정(중앙정보부)'이나 '안기부(안전기획부)'였으니 말이다.

이른바 '1987년 체제' 이후 국정원의 국내 정치 개입을 막기 위한 제도 개혁은 우리 사회의 민주화를 위한 중요한 정치적 과제로 등장했다. 그리하여 노무현 정부에서는 종전의 안기부를 국정원으로 이름을 바꾸고, 제도적 개혁과 함께 '국정원 과거사 건 진실규명을 통한 발전위원회'(이하 국정원 진실위)가 출범하여 국정원 스스로 과거사 정리 작업에 착수하였다. 그 결과 2007년 국정원은 '과거와 대화, 미래의 성찰'이라는 제목으로 국정원 진실위의 보고서를 펴냈다. 그것은 국민에 대한 국가기관의 불법 행위로 국가의 도덕성과 신뢰가 더 이상 훼손되어서는 안 된다는 스스로의 다짐이며 일종의 대국민 약속이었다.

그러나 이러한 대국민 약속이 공표된 지 얼마 되지 않아 독재정권 시절 무소불위의 국정원 권력이 되살아나고 급기야 '대선 개입 사태'에까지 이르게 된 것은 이명박 정부가 들어선 이후 '과거사 청산'이 후퇴해온 것과 맥락을 같이 한다. 국정원이 과거사를 반성하고 그 과오를 국민에게 공개적으로 고백한 지가 불과 5년 남짓인데 다시 국정원 개혁이 도마 위에 오른 것이다. 그리고 보면 과거사 청산이 요식적인 청산으로 끝나지 않기 위해서는 권력에 대한 끊임없는 감시와 함께 제도적 정비가 병행되어야 한다. 동시에 과거사에 대한 철저한 진실규명과 함께 이에 대한 국민적 공감대를 넓히고 이를 사회적으로 내면화시키는 일이 무엇보다 중요하다는 사실을 깨달을 필요가 있다.

교학사 발행의 한국사 교과서에서 드러난 역사 기술의 오류와 역사 왜곡도 어제오늘의 문제는 아니다. 이 역시 이명박 정부가 들어서면서 금성출판사가 펴낸 한국근현대사 교과서에 대해 강제 수정 명령을 내렸을 때 이미 그 불길한 조짐이 엿보였다. 다만, 당시에는 수년 동안 아무런 문제 없이 사용되어오던 교과부(현 교육부) 검정 교과서를 새 정부가 자기의 입맛에 맞게 강제 수정하려 했던 것이 문제였다. 그런데 이번에는 자기 입맛에 맞는 교과서를 수많은 오류와 왜곡을 감싸면서까지 두둔해서 문제가 되고 있다. 금성교과서의 수정 명령이 잘못되었다는 것은 이미 대법원 판결로 확인되었다. 그럼에도 불구하고 교육부는 교학사 한국사 교과서의 검정 통과를 요식 절차로 치르고, 교학사 한국사 교과서의 검정 취소 요구에 대해 자신이 검정 합격시킨 모든 교과서에 대해서 수정 명령을 내리는 물타기식 무리수를 감행했다. 그러면서 교학사 한국사 교과서의 역사 왜곡에 대한 비판이 거세지고 이것이 국민적 관심사로 확대되는 등 사태가 악화되자, 그 원인을 교과서 검정제도 탓으로 돌리면서 과거 독재정권 시절의 국정교과서로 되돌아가자는 터무니없는 주장을 내놓고 있다.

교학사 한국사 교과서는 역사 왜곡을 떠나서 교육부의 수정 명령에 따라 수정하고서도 수백 건의 오류가 여전히 지적되고 있는 사실상 자격 미달의 불량교과서이다. 그러함에도 불구하고 정부와 일부 정치권이 이 교과서를 감싸고도는 것은 교과서의 주요 저자들이 자신들과 코드가 맞는 뉴라이트 세력인 까닭이다. 뉴라이트 세력은 기본적으로 과거사 청산을 부정하는 사람들이다. 그들은 과거사 청산을 반영하려는 역사학계의 노력을 이른바 '자학사관'으로 매도하고, 오히려 인권 유린을 자행한 식민지 권력과 독재 권력을 미화하거나 옹호해왔다. 이들에게 '과거사'는 영원히 땅속에 묻혀 있어야 하는 자신들의 치부이기 때문이다.

급기야 지난 12월 26일 '위안부 할머님들', 독립운동가 후손, 또 4·3 제주항쟁 피해자 후손 등, 이런 분들이 교학사 교과서 배포를 금지해달라며 법원에 가처분신청을 냈다. 이분들이 지적하고 있는 것은 교학사 한국사 교과서에서 과거 국가폭력에 의한 희생자들을 범죄자 또는 사건의 원인 제공자로 기술하고 있는 점이다. '동학농민혁명'을 비롯하여 '4·3 제주항쟁' 등은 이미 관련자 명예 회복에 관한 특별법에 의해 관련자의 명예를 국가 차원에서 겨우 회복시켜놓았는데 교학사 한국사 교과서는 오히려 그것을 뒤집어놓은 셈이다. 그 이유는 그들이 지난 정부의 과거사 청산 성과를 인정하지 않기 때문이다.

민주주의의 요체는 다원적 가치를 인정하는 것이고, 이러한 가치들이 정치권력의 의지에 따라 일방적으로 통제되지 않도록 하는 데 있다. 정치적으로 중립적이어야 할 국가기관이 선거에 개입하고, 정치적 중립성이 요구되는 교육 문제에 정부가 일부 정치세력의 편향적 견해를 학생 또는 국민에게 강요하려 하는 것은 그 자체만으로 헌정질서에 위배되는 행위이다.

국정원 사태이든 교학사 한국사 교과서 문제이든 그 해결의 실마리가 제대로 풀리지 않고 반복되는 것은 우리 사회 내부에 만연한 소통 부재와도 관련이 있다. 말로는 국민통합을 외치는 정부조차 실제 국민과의 소통에 인색한 것이 현재 우리 사회의 현주소이다. 또 소통의 언어가 지닌 기표는 같은지 몰라도 그 기의는 다르다. 똑같이 '민주주의'를 말해도 각자 의미하는 바가 다른 것이다. 한국사 교과서 서술 지침과 관련하여 문제가 되었던 '자유민주주의'의 개념도 마찬가지이다. 뉴라이트가 정의하는 자유민주주의와 역사학계의 일반적 개념 규정 사이에는 큰 이념적 단절이 존재한다. 이러한 단절의 극복을 위해서 가장 먼저 해야 할 일은 과거사에 대한 철저한 진실규명이다. 그러한 의미에서 과거사 진실규명이야말로 역사의 퇴행을 막고 민주주의의 길을 열어나가는 근원적 대책 중 하나라고 말할 수 있다.(『역사와 책임』 제6호, 민족문제연구소, 2013.)

상식이 무너진 자리에 난무하는
이율배반의 언어유희

2013년 제69회 유엔총회에 제출된 『역사 교과서와 역사교육에 관한 문화적 권리 분야의 특별 조사관의 보고서』에는 다음과 같은 내용이 실려 있다.

역사교육은 과거를 단지 기념하기만 해서는 안 되며 과거가 기념되는 방식을 사유해야 하고, 선택적이며 자의적인 기억의 속성을 들춰내는 데 기여해야 한다. 사건에 얽혀 있는 집단과 개인들의 기억을 사료로써 받아들이는 동시에 이러한 기억 방식을 비판적으로 사유하는 것이 역사교육의 방향이어야 한다. 역사교육은 관용, 상호 이해, 인권, 민주주의 같은 근본적 가치들의 증진을 위한 역할을 해야 한다. 이러한 가치들은 근대 국가 형성 과정에서 많은 갈등을 통해 탄생하고 받아들여진 개념이기 때문에 그러한 갈등에 대한 사실 인정을 하지 않고서는 역사교육이 인권과 민주주의를 함양하는 장이 되기는 힘들 것이다.

위 보고서에서 말하는 역사교육의 방향이란 곧 역사교육의 '세계화'와 일맥상통한다. 지금 역사 교과서 국정화 문제로 온 나라가 들끓고 있다. 정부는 자신들이 검정하여 학교 현장에 배부한 역사 교과서가 좌편향으로 대한민국을 부정한다는 이유로 이를 국정화해야 한다고 주장하고 있다. 이 어이없는 자가당착적 행태를 어떻게 이해해야 할지는 일단 차치하고, 우선 역사교육의 목적이 무엇인지를 근본적으로 짚어볼 필요가 있다.

오늘날 역사학과 역사교육학에서 정의하는 역사교육의 주요한 목적은 크게 3가지 정도로 요약된다. 첫째 민족(국가) 또는 민족문화의 정체성 확립, 둘째 역사적 사고력과 판단력의 신장, 셋째 민주적이고 개방적인 가치와 태도의 함양 등이다. 전통적인 역사교육관은 정체성 확립을 더 강조하는 경향이 있었지만 오늘날 대부분 선진국의 역사교육은 사고력 신장이나 민주적 가치 교육을 더욱 중시한다. 지나친 국가주의에 입각한 역사교육은 날로 다원화·다문화되어가는 현대사회의 추세와도 맞지 않을뿐더러 학생들의 창의적 사고와 비판적 판단 능력을 저해할 수 있기 때문이다. 이러한 목적 달성을 위해서는 객관적 역사 사실과 함께 다양한 관점의 역사인식, 역사 해석이 제공되어야 한다. 따라서 역사 교과서의 '검정발행제'도 가능하면 '자유발행제'로 바꾸는 것이 시대의 흐름에 맞다. 이는 지금 정부와 호흡을 맞추고 있는 일부 연구자조차 과거에는 찬동했던 주장이다. 그렇다면 지금 정부가 추진하는 국정화는 전진해야 할 상황에서 후진 기어를 놓고 가속페달을 밟은 격이나 다름없다.

역사교육을 정부가 직접 관장하여 학생들에게 주입식 교육을 하겠다는 발상은 헌법에서 명시한 교육의 중립성과도 배치된다. 정권이 바뀌면 정책이 바뀔 수는 있지만, 후대를 양성하는 교육은 정치로부터 자유롭고 그 바탕이 굳건해야 제대로 된 미래를 설계할 수 있다. '교육은 백년지대계'란 말은 절로 생겨난 게 아니다. 역사교육이라고 해서 다를 바 없다.

여러 사람의 생각을 하나로 통합하려는 것은 매우 위험한 발상으로 전체주의 사회에서나 있음 직한 일이다. 오늘날 이른바 '자유민주주의'의 나라치고 국정 역사 교과서를 사용하는 나라는 거의 없다. 주변 이웃 나라들 가운데서도 북한을 제외한 중국, 일본, 대만 모두 국정교과서를 쓰지 않는다. 더구나 과거 이승만 정부 때도 없었던 일이고, 1974년 유신체제를 떠받치기 위해서 처음 생긴 제도가 국정 국사 교과서이다.

중국 춘추시대 공자는 군자의 세상을 꿈꾸었다. 군자의 세계는 화이부동(和而不同)이다. 서로 생각이 다른 사람들이 모여 살지만, 화합하는 세상이다. 생각이 다른 상대방을 인정하는 데서 화합이 이루어질 수 있다는 의미이기도 하다. 반대로 공자가 비판한 소인의 세계는 동이불화(同而不和)이다. 화이부동과는 정반대의 세상이다. 자신의 이익만 추구하면서 화합을 꿈꾸는 것은 하나의 망상일 뿐이다.

저들이 말하는 '국민통합'이 생각이 다른 상대방을 배척하고 자신들의 이익만을 챙기기 위한 감언이설에 불과한 꼼수가 아닐지 매우 우려된다. '역사교육의 민주화'를 '국민통합 국정교

과서로' 이루겠다니, 말 짜깁기식 언어유희의 이율배반도 이만
저만이 아니다.(〈동아대학보〉, 2015. 11. 9.)

독선과 선무당의 은유가 된
국정교과서

2015년 10월 중순 교육부가 역사 교과서 국정화 방침을 밝히고 난 이후 여당인 새누리당은 '김일성 주체사상을 우리 아이들이 배우고 있습니다'라는 현수막을 내걸었다. 현행 검정 교과서 집필진을 종북 좌파로 몰아 역사교육의 권력 독점을 정당화하기 위한 것이었다. 아마 '혹세무민'이라는 말이 이를 두고 한 것이 아니겠는가. 그러나 터무니없이 날조된 현수막에 각계의 비판이 잇따르자 단 하루 만에 문제의 현수막을 내리고 말았다. 주체사상을 가르치는 교과서는 누가 검정하였는가? 자가당착도 이만저만이 아니다.

허나, 집권 여당인 새누리당이 '주체사상' 현수막을 내리고 다시 올린 현수막 또한 가관이다. "역사교육의 민주화/국민통합 역사 교과서로". 지금도 시내 곳곳에서 볼 수 있는 이 현수막의 내용 또한 형용모순이요 '교언영색'에 불과한 말장난이다. 그런데 곰곰이 생각해보면 어디선가 들어본 듯한 기시감이 있는 구호이다. 바로 40여 년 전 박정희가 유신체제를 정당화하기 위한 명분으로 내세운 "한국식 민주주의"와 그 발상과 표현 방식이 다르지 않기 때문이다. 그리고 보니 그 한국식 민주주의를 위한 역사교육의 결정판이 바로 1974년 탄생한 국정 국사교과서였던 것 같다. 그러면 유신체제도 국정교과서도 모두 민주화를 위한 것이었다는 말인가?

2013년 제69회 유엔총회에 제출된 『역사 교과서와 역사교육에 관한 문화적 권리 분야의 특별 조사관의 보고서』는 역사교육의 올바른 방향과 국정교과서의 위험성을 다양한 각도로 분석하였다. 그 골자는 이렇다. 첫째, 역사교육은 과거가 기념되는 방식을 사유함으로써 관용, 상호 이해, 인권, 민주주의와 같은 근본적 가치들을 함양하는 역할을 해야 한다. 둘째, 국가가 단 하나의 역사 해석만을 권장하거나 역사 내러티브를 단일화하는 것은 다양한 사건과 논쟁의 공간을 수축시켜 학생들이 세계의 복잡성을 이해하는 능력을 배제시킨다. 셋째, 단일 역사 교과서, 즉 국정교과서는 국가권력에 의해 정치적으로 악용될 위험성이 크다.

오늘날 국정교과서를 사용하는 나라는 극히 드물다. 비판적, 창의적, 배려적 사고와 같은 다차원적 사고를 바탕으로 민주주의적 가치를 교육하는 교재로서 국정교과서는 어울리지 않기 때문이다. 오히려 민주화를 위해서라면 교과서 검정제를 자유발행제로 바꾸어나가야 할 판국에 국정화로 역행하는 것은 민주주의에 대한 정면 도전이나 다름없다. 이러한 역사 교과서 국정화에 저들의 주장대로 우리나라 역사학자의 90%가 반대하는 것은 너무나 당연한 일이다. 이들을 좌파로 낙인찍는다 해서 진실이 감추어지고 역사 교과서 국정화가 정당화될 수 있는 것은 아니다.

더구나 지금 진행되고 있는 국정 역사 교과서 집필 작업은 마치 선무당이 사람 잡는 격이다. 우선 선례로 볼 때 적어도 2~3년의 기간이 필요한 교과서 집필 작업을 단 1년 만에 해치우겠다니, 그 졸속으로 인한 폐해가 벌써 눈앞에 선하다. 애초에 집필진을 공개한다는 방침을 번복한 것으로 미뤄 볼 때 집필진의 구성도 의심스럽다. 게다가 군(軍)이 집필에 참여하겠다고 공언하는 것을 보니 역사교육의 정치 개입이 아주 자연스럽고 당연한 일이라는 착각마저 들게 한다. 이러한 마당에 공개된 2인 대표 집필자 중 한 사람이 성희롱 발언으로 낙마한 것을 비롯하여, 공모를 통해 합격한 상업 교사의 자진 사퇴, 원로 학자에 대한 사상검증과 불합격 처리 등 과연 남아 있는 기간 동안 국정 교과서 집필이 순조롭게 이루어질지 예측하기 어렵다.

문제가 이 지경에 이르고 보니, 국정교과서가 완성되기도 전에 일부 교육청을 중심으로 대안교과서 집필을 서두르고 있다. 또 다른 한편에서는 차후 국정교과서에 대한 '반정(反正)'을 어떻게 도모할 것인지 고민하지 않을 수 없게 되었다. 그러나 우선은 국정교과서의 폐단과 위험성을 대중에게 제대로 알리는 것이 급선무이다. 이는 역사교육 이전에 민주주의의 문제이기 때문이다. 이를 바로잡을 책임 또한 우리 모두에게 있다.(『시민넷』 제20호, 부산민주언론시민연합, 2015.)

통합과 배제의
원리

역사는 과거와 현재의 대화이다. 우리에게도 이미 익숙해진 이 명제는 과거가 현재를 이해하는 데 유익하다는 사실뿐만 아니라, 현재를 보는 관점에 따라 과거에 대한 해석도 달라질 수 있다는 의미를 함축하고 있다. 즉 과거에 대한 해석의 다양성을 염두에 두고 한 말이라고 할 수 있다.

오늘날 상식이 된 이러한 역사인식과 정면으로 배치되는 것이 그동안 전 박근혜 정부가 '올바른 역사 교과서'라 자찬하면서 추진해왔던 국정교과서 프로젝트이다. 2017년 3월 17일, 법원은 문명고 연구학교 지정 효력정지 가처분 신청*을 인용하여 사실상 국정교과서에 대한 사망을 선고하였다. 국정교과서를 사용할 학교가 하나도 없게 됨으로써 박근혜 정부가 추진한 역사 교과서 국정화 프로젝트는 대실패로 막을 내리게 되었다. 실패의 원인은 졸속 집필로 인한 내용의 부실도 컸지만, 애초에 명분도 없고 현실성도 없는 무모하기 짝이 없는 프로젝트를 막무가내로 밀어붙인 탓이다.

---

* 2017년 2월 교육부가 경북 경산시 소재 문명고등학교를 한국사 국정 역사 교과서를 사용하는 연구학교로 지정하자, 일부 학부형들이 경북교육청을 상대로 이의 사용을 정지하는 연구학교 지정 효력정지 가처분 신청을 법원에 신청했다.

박근혜 정부는 왜 국정교과서 문제에 그토록 집착했던 것일까? 당시 정부가 국정화 추진 명분으로 내세운 것은 박근혜 전 대통령의 직접 언급을 빌리자면, 언필칭 국론분열과 역사인식의 혼란을 막기 위해서는 학생들에게 '올바른 역사 교과서'로 가르쳐야 한다는 것이었다. 그리하여 기존의 역사 교과서에 종북좌파의 딱지를 붙여 검정교과서 제도를 폐지하고, 유신시대의 국정교과서 제도로 되돌아가려 했다.

돌이켜 보면 올바른 역사에 대한 기준을 정치권력이 정하고 국민에게 이를 따르라고 한다는 것 자체가 시대착오적이고 독재적인 발상이지만, 집권 세력과 일부 어용학자들이 앞뒤 가리지도 않고 대통령이 제시한 '올바른 역사'의 저술 방침에 맞장구를 치며 이를 실현하기 위해 일로매진하였다. 그리고 이 프로젝트를 선언한 지 1년 반도 안 되어 정부가 집필 제작한 국정교과서는 단 한 번도 사용되지 못한 채 박근혜 정부와 함께 탄핵당하고 말았다.

당시 교과서 집필과 역사교육의 당사자인 역사학계와 역사교육계, 그리고 일선 학교 대부분의 연구자와 교사들이 정부의 이러한 방침에 반대하였고, 또 많은 여론조사에서도 국민의 압도적 다수가 정부가 추진하는 역사 교과서 국정화에 반대하는 것으로 나타났었다. 그런데도 정부는 국론분열 방지와 '나라 바로 세우기'라는 명분 아래 무슨 주술에라도 걸린 듯 일방적으로 밀어붙였다. 그러나 '사필귀정'이란 말 그대로 역사 교과서 국정화는 무산되고 말았다.

박근혜 전 대통령은 취임 초부터 일방통행적 국정 운영과 소통의 부재로 인해 세인들로부터 '불통'이라는 오명을 들어야 했다. 이러한 방식의 국정 운영이 누적된 결과 급기야 촛불혁명의 탄핵으로 파국을 맞게 되었다. 이제 국정교과서 밀어붙이기도 그러한 박 대통령식 국정운영의 대표적인 실패 사례로 기록되었다. 그러한 점에서 촛불 탄핵과 국정교과서 탄핵은 오래전에 이미 한 몸이었던 것인지도 모른다.

시간을 좀 더 거슬러 올라가 보면 박근혜식 국정 운영의 단초는 이미 2012년 대선후보 시절 차기 정부의 핵심 가치로 국민(대)통합을 내세웠을 때부터 나타났다. 국민통합을 선의로 해석하면, 우리 사회의 갈등 해소를 통한 국민적 화합의 도모에 방점을 찍을 수도 있을 것이다. 그러나 이후 박근혜 정부가 지향한 국민통합은 그보다는 정치적 반대파를 철저히 배제했던 유신시대의 이른바 '국론통일'을 연상케 하였다. 역사 교과서의 국정화 프로젝트가 바로 그것이었다.

국가권력의 힘으로 다양한 국민의 사고를 하나의 사고 체계속에 가두려는 것이야말로 시대착오적이고 파시스트적 발상이다. 이를테면, 『예루살렘의 아이히만』 저자 한나 아렌트는 그가 관찰한 유대인 학살의 전범자인 아이히만이 우리가 상상했던 악의 화신이라기보다 그저 자신의 직무에 충실했던 평범한 인간이라는 점에서 '악의 평범성'이라는 개념을 도출해냈다.

문제는 그 아이히만에게 타인의 관점에서 생각하는 능력이 거의 없다는 점이다. 아이히만은 자신과 타자의 차이를 인식하지 못했고, 그가 저지른 범죄만큼이나 그에게 소통이란 불필요한 것이었다. '블랙리스트'와 같은 불통 정책은 차이를 지우려 할 때 우리가 지불해야 하는 값비싼 대가이다. 개인 간의 의견 차이를 당연시해야 하는 상황에서는 다양성과 다원성이 기본 원칙이기 때문이다.

공자는 당대의 사회 부류를 '동이불화(同而不和)'의 소인배와 '화이부동(和而不同)'의 군자로 구분하였다. 이를 현대적으로 해석하면 '같으면서 불화하는' 즉, 차이를 인정하지 않는 집단과 '화합하지만 서로 다른' 즉, 차이를 인정하면서도 화합하는 집단으로 이해할 수 있을 것이다. 차이를 인정할 때 화합도 가능하다는 메시지로도 해석이 가능하다.

우리가 지향해야 할 가치는 '동이불화'가 아니라 '화이부동'이어야 할 것이다. 화이부동의 세계야말로 대동(大同)의 사회라고 할 수 있다. 촛불혁명의 지향점으로서 화이부동의 대동세계를 꿈꾸어보는 것은 지나친 욕심일까.(〈국제신문〉, 2017. 4. 5.)

3부

민주화운동과 지역사회

1

부마민주항쟁의 기억과 진상규명

다시 시월의 그날을
되새기며

독재정권의 서슬이 시퍼렇던 1979년 10월 유신체제의 조종을 울리는 거대한 함성이 부산의 가을 하늘에 울려 퍼졌다. 10월 16일 부산대 학생들의 유신독재 반대 시위로 시작된 부마민주항쟁은 순식간에 민중항쟁으로 발전하였고, 항쟁의 불길은 곧이어 인근 도시 마산으로 옮겨붙었다. 그러나 독재정권의 불의에 항거한 부산과 마산 시민들의 의거는 계엄령과 위수령이라는 극단적 처방과 대규모 공권력을 동원한 유신정권의 강제 진압으로 나흘 만에 막을 내렸다. 이 과정에서 공식 발표만으로도 1,500여 명이 연행되었고, 100여 명이 기소되었으며, 연행 이후 심문 과정에서 수많은 고문과 인권 탄압이 자행되었다.

부마민주항쟁은 불과 나흘 만에 막을 내렸지만 그 여파로 이른바 '10·26 사건'이 발생함으로 인해 유신체제가 7년 만에 종말을 고하였다. 이후 부마민주항쟁은 유신체제하에서 일어났던 가장 큰 규모의 민주화운동으로 한국현대사의 이른바 '4대 민주항쟁'의 하나로 자리매김하게 되었다. 그러나 4월 혁명, 5·18 민주화운동, 6·10 민주항쟁 등과 비교하여 부마민주항쟁의 원인과 발생 과정 등에 대한 진상규명은 사건 발생 38년이 되는 지금까지 철저히 이루어지지 못했다. 그중에서도 진압 과정의 불법성과 가해 주체, 연행자 조사 과정에서의 고문 등의 인권침해, 유치준* 사망 사건의 진상, 남민전 사건과의 연관성 조작 여부, 사제총기 조작 사건 등 여전히 진실이 제대로 밝혀지지 못했거나 아예 접근조차 이루어지지 못한 과제들이 적잖이 남아 있다.

이처럼 오랜 세월이 지났음에도 사건의 진상이 제대로 규명되지 못한 것은 이를 왜곡한 주체가 바로 과거의 독재 권력이었기 때문이다. 그리하여 관련 단체와 시민사회는 그동안 끊임없이 정부에 대하여 부마민주항쟁의 진상규명을 요구해왔다. 그

---

* 유치준 씨는 당시 마산시 봉암동 수출자유지역 내 건설현장 노동자로 1979년 10월 19일 오전 5시경 마산시 산호동 316-4번지에 위치한 새한자동차 영업소 앞 노상에서 변사체로 발견되었다. 경찰은 변사체를 신원미상자로 처리하여 부검하고 시신을 마산시 성호동 서원곡 인근 야산에 암매장하였다. 이에 대해서 고 유치준 씨의 유족들은 변사체가 발견된 장소 인근에서 전날 밤 격렬한 시위와 경찰의 폭력적 진압이 있었고, 또 고인이 사망 당시 주민등록증을 소지하고 있었다는 점 등을 들어 그가 경찰의 폭력적 진압 과정에서 사망했으나 경찰이 이 사실을 은폐했다고 주장해왔다.

결과 2013년 6월 '부마민주항쟁 관련자의 명예회복 및 보상 등에 관한 법률'이 국회에서 의결되고, 그해 11월 '부마민주항쟁진상규명및관련자명예회복심의위원회'(이하 위원회)가 구성되어 진상규명 활동을 개시할 수 있게 되었다. 부산과 마산 시민사회의 오랜 숙원이었던 부마민주항쟁에 대한 국가적 차원의 진상조사가 가능하게 된 것이다.

당연히 위원회는 국가로부터 위임받은 법적 권한을 행사하여 자료의 수집과 정리 분석, 새로운 자료의 발굴, 관련자들에 대한 증언 청취 등을 통한 광범한 조사를 실시하고, 이를 바탕으로 부마민주항쟁의 왜곡된 사실관계를 바로잡고 진상을 규명해야 할 책무를 지고 있다. 그런데 위원회가 박근혜 정부하에서 구성될 수 있었던 배경에는 2012년 대통령 선거운동 과정에서 선거 전략 차원으로 채택한 선거 공약이 있다는 점도 간과할수 없다. 그러한 까닭에 위원회의 최초 위원을 구성하던 당시부터 많은 문제점이 곳곳에서 제기되었다. 위원회의 진상조사 활동 또한 여러 가지 시행착오와 한계를 드러내어 유관 단체들로부터 많은 비판을 받아왔다. 그나마 다행인 것은 2017년 5월 새 정부가 들어선 이후 최근 위원회 구성상 일부 변동이 생겨서 장차 진상규명 활동에 어떠한 긍정적인 변화가 있지 않을까 기대할 수 있게 되었다는 점이다. 다만 위원회의 법적 활동 시한이 얼마 남지 않은 마당에 지금까지의 한계를 극복하고 새로운 성과를 내는 일이 결코 쉬운 일은 아닐 것 같아 안타까운 마음 또한 떨치기 어렵다.

위원회의 활동과는 별개로 부마민주항쟁은 지금까지 대중적으로 기억되고 기념되는 일에 그다지 성공적이지 못했다. 이 점도 반성해볼 일이다. 그동안 진상규명이 제대로 이루어지지 못한 데는 시민사회 내부의 문제점도 없지 않을 것이기 때문이다. 역사적 사건을 올바르게 기억하고 기념하기 위해서는 사건의 의미를 제대로 인식하고 이를 시대정신에 맞게 사유하고 확산하려는 노력이 필요하다. 또 어떤 공동체의 집단기억이 공식적인 기록으로 남기 위해서는 의식적이든 무의식적이든 공동체 구성원들 사이의 끊임없는 소통이 필요하다. 왜냐하면 집단기억은 구성원 상호 간의 관계 속에서 구성되고 교육을 통해서 사회구성원 개개인에게 각인되기 때문이다. 이제 이 두 가지 점에서 우리 시민사회가 충분한 노력을 기울였는지 되돌아보아야 한다.

10월은 기념일이 유독 많은 달이다. 공식적인 국가기념일로 개천절과 한글날이 있지만 그 외에도 국군의 날이 있고, 한때는 공식 휴일이었던 10월 24일 유엔의 날도 있다. 국가기념일은 아니지만, 1979년 유신체제의 종말을 고하는 데 결정적 역할을 한 부마민주항쟁을 기념하는 일은 이제 부산과 마산의 시민들만의 몫은 아니다.

어떤 역사적 사건을 기념한다는 것은 그것을 기억함과 동시에 현재적으로 재해석한다는 의미를 내포하고 있다. 최근의 정국 변화와 맞물려, 부마민주항쟁일을 국가기념일로 지정해야 한다거나 부마민주항쟁을 개정 헌법 전문에 포함해야 한다는 주장이 제기되고 있는 것도 이러한 역사적 평가와 맞물려 있다. 과거와 미래와 단절돼 존재하는 현재는 없다. 10월의 오늘, 부마민주항쟁의 의미를 되묻는 것은 현재 우리의 삶이 그러한 과거와 겹쳐 있기 때문이다. 부마민주항쟁은 여전히 우리의 과거이자 현재이며 미래이다.(〈국제신문〉, 2017. 10. 18.)

국가기념일로 지정된
'부마민주항쟁'

정부는 지난 2019년 9월 17일 열린 국무회의에서 부마민주항쟁(10월 16일)을 국가기념일로 지정하는 내용을 담은 '각종 기념일 등에 관한 규정' 일부개정안을 심의·의결하였다. 부마민주항쟁이 부산과 마산에서 일어난 지 40년 만의 일로, 이제 정부가 주관하는 첫 번째 공식적인 기념행사를 눈앞에 두고 있다.

돌이켜 보건대, 1960년 4월 혁명으로 시작된 우리 사회의 민주화 여정은 매우 지난하였다. 1987년 6·10 민주항쟁의 결실로 군부독재 정권이 무너지기까지 27년의 긴 세월 속에 민주화를 위해 수많은 사람이 피와 땀을 흘려야 했다. 그 역정 가운데 특히 잊을 수 없는 사건으로 1979년과 1980년 역사적 격동기에 일어난 부마민주항쟁과 5·18 광주민주화운동이 있다. 이 두 사건을 포함하여 앞서 언급한 네 사건을 일컬어 흔히들 '현대 한국의 4대 민주화운동'이라고 부른다. 이는 다른 나라의 현대사에서는 찾기 어려운 현상으로 우리 역사의 특이점이자 오늘날 우리 국민의 자부심이기도 하다.

부마민주항쟁은 유신독재의 철권통치가 절정에 달했던 시점에서 분연히 떨쳐 일어난 부산과 마산 시민들의 대중적인 반독재 저항운동이다. 유신독재와 긴급조치로 얼어붙은 '겨울공화국'의 엄혹한 탄압 속에서 부산대학교 학생들의 교내 시위로 시작되었다. 이때 터져 나온 '유신 철폐'의 함성과 그 소식은 곧바로 동아대학교를 비롯하여 고신대 등 부산 시내 각 대학으로 전달되었고, 마침내 시민과 학생들이 합세하여 부산 민중의 반독재 민주항쟁으로 타올랐다. 특히 10월 16일 부산대학교의 학생 시위 소식이 전해지자 일부 동아대학교 학생들은 당일 도심 시위에도 참가하였다. 동아대학교 교내 시위는 이튿날인 17일 11시 30분경부터 시작되어 오후 3시까지 최대 1,000여 명의 학생들이 참가하였다.

이날 시위는 이용수 등 학도호국단 간부들과 이동관 등 정법대학 학생들이 주도하였다. 교내 시위를 마친 학생들은 각자 학교를 빠져나와 시내에서 가두시위를 벌이며 '유신 철폐'를 외쳤다. 10월 16일에 이어 17일에도 밤늦게까지 거리로 쏟아져 나온 학생들과 시민들의 유신반대 투쟁은 그칠 줄 몰랐다.

이렇게 부산에서 점화된 항쟁의 불길이 걷잡을 수 없이 타오르자, 유신 당국은 18일 밤 0시를 기해 부산시 일원에 비상계엄령을 선포하고 군대를 동원해 시위대를 강력히 탄압하였다. 그러나 부산시민이 일으킨 항쟁의 불길은 인근 도시, 마산으로 옮겨붙으며 더욱 거세게 타올랐다. 당시 정부는 학생과 시민들이 일으킨 이 저항의 불길이 전국적으로 확산하는 것을 막기 위해 부산 계엄령에 이어 마산 일원에 위수령을 선포하였다. 정부는 군대를 동원하여 시위 참여자는 물론 이를 방관하고 있던 시민들까지 무자비하게 탄압하고 체포·구금하였고, 그 와중에 사망자가 발생하기도 하였다.

민중들의 민주화 요구에 대한 유신 정권의 무자비한 진압은 오히려 권력 내부의 균열을 초래해 유신체제는 10월 26일 당시 중앙정보부장 김재규의 총격으로 발생한 박정희 대통령의 '유고'와 함께 무너지고 말았다. 결과적으로 부마민주항쟁으로 인해 유신 권력이 무너진 것이다. 그러나 안타깝게도 온 국민이 열망했던 민주화의 꿈은 전두환을 필두로 한 신군부의 등장으로 무참히 짓밟히고 이듬해 5월 다시 광주의 비극을 맞게 되었다. 이렇게 보면 부마민주항쟁과 광주민주화운동은 유신정권과 신군부의 권력 교대 과정에서 일어난 '연속적 민중항쟁'이라고도 볼 수 있다.

부마민주항쟁을 기억하고 기념하는 것은 유신체제의 폭압과 한국 민주화의 역정을 함께 되돌아보는 일이기도 하다. 동시에 오늘의 관점에서 보면 그동안 은폐되어 왔던 부마민주항쟁의 진상을 드러내 미래의 역사를 이어가는 자각적 행위이기도 하다. 독재시대의 과거사를 성찰하고 정리하는 것은 단순히 과거를 기억하는 것에 그치지 않고, 그 역사의 지향점인 민주주의를 내면화하고 새롭게 해석하는 과정이기 때문이다. (〈동아대학보〉, 2019. 10. 2.)

부마민주항쟁 진상규명의
성과와 과제

2013년 6월 4일 '부마민주항쟁관련자의명예회복및보상등에관한법률'(이하 부마관련법)이 국회 본회의를 통과하여 제정되었다. 이는 1987년 민주화 이후 과거사 청산의 일환으로 그동안 부산민주항쟁기념사업회를 비롯하여 부산과 마산의 시민과 시민단체들이 부단히 전개해온 입법 투쟁의 성과물이다.

부마관련법 제1조에 명시되어 있듯이 이 법의 제정 목적은 부마민주항쟁의 진상을 규명하고 관련자와 그 유족에 대하여 국가가 명예를 회복시켜주며, 그에 따라 관련자와 그 유족에게 실질적 보상을 함으로써 인권 신장과 민주 발전 및 국민화합에 이바지하는 데 있다. 그리하여 동법 제4조는 '부마민주항쟁진상규명위원회'(이하 위원회)가 진상규명, 관련자 심의 결정, 장해등급 판정, 보상금 지급, 명예회복 및 기념사업 등 부마민주항쟁의 과거사

『부마민주항쟁 진상조사보고서』
(2022)의 표지

정리를 위한 일련의 활동을 할 수 있도록 규정해놓았다. 따라서 위원회는 부마민주항쟁 관련 자료를 수집하고 이를 분석하여 그 결과를 보고서로 작성 제출할 의무가 있다. 이러한 진상규명의 중점 과제는 부마항쟁과 관련하여 과거 은폐되었던 사실을 밝혀내 왜곡된 사실을 바로잡고, 이를 토대로 부마민주항쟁의 성격과 역사적 의의를 올바르게 정립하는 것이다. 특히 은폐되었거나 왜곡된 사실과 관련해서는 항쟁 당시 관련자를 연행하고 수사하는 과정에서 발생한 인권침해 행위를 찾아내고, 진압 과정에서의 불법성을 밝혀내는 것이 진상규명의 핵심 내용이라고 할 수 있다.

애초 부마민주항쟁 진상규명 기간은 위원회의 구성을 마친 날로부터 3년 이내로 규정되어 있었으나, 두 차례에 걸친 법 개정을 통해 2021년 6월까지 조사 활동을 마무리하고 2021년 12월까지 보고서 작성을 완료하도록 예정되어 있다.

위원회의 조사 활동과 보고서 잠정안의 채택

위원회는 2014년 10월 조사 활동의 첫발을 떼었다. 그러나 이후 조사 활동이 순조롭게 진행되지는 못했다. 이러한 판단은 위원회의 진상보고서 작성의 법적 만료 기한을 50일 앞둔 2018년 2월 23일 부마민주항쟁 진상조사결과 보고회에 제출된 발표 자료(진상조사보고안)를 통해서 확인할 수 있다. 이 기간 중 부마민주항쟁관련자로 인정된 사람은 총 153명에 불과했다. 게다가 진상조사보고안의 서술 방식 등에서도 적잖은 문제점이 지적되었다. 조사 및 수집 자료의 부실로 인해 제대로 된 보고서 작성이 어려웠던 것이다.

진상규명을 위해서는 신고인 및 조사대상자의 진술서, 관계기관의 공적 문서 등의 수집이 필수적이다. 이러한 자료 수집을 위해서는 관계기관의 자료 조사 외에도 항쟁 참여자의 신고와 이들에 대한 면담 조사가 필수적인데, 관련법에 관련자 보상 규정이 구금 30일 이상으로 제한되어 있기 때문인지 신고인 접수가 매우 저조했던 것이다. 신고인이 적고 공적 자료의 수집에도 어려움이 있다 보니, 그만큼 진상규명 작업도 한계에 부딪혔다.

이러한 문제점을 해결하고자 법 개정을 시도했으나, 2016년 5월 29일 제1차 법 개정에서는 부마민주항쟁 관련자 보상금의 지급 규정만을 일부 개정하고 30일 이상 구금 보상 제한 조건은 개정되지 않은 채 유지되었다. 2018년 12월 24일 제2차 개정에서 조사 활동 기간이 1년 연장되었으나, 조사 활동과 관련해서는 행정기관 및 그 밖의 관련기관의 협조 의무가 강조되었을 뿐, 관련자 보상 등 쟁점 사안의 근본적인 법 개정은 이루어지지 못했다.

그러함에도 불구하고 제2차 개정 이후 일어난 항쟁 참여자의 추가 신청과 면담 조사, 관계기관으로부터 추가 자료 확보를 바탕으로 종전의 진상조사보고서안을 대폭 수정하고 추가적인 자료를 분석할 수 있었다. 그 결과 2020년 6월 위원회는 부마민주항쟁 진상조사보고서 잠정안을 확정했다. 그 핵심 내용을 요약하면 다음과 같다.

1. 조사기간의 연장에 따라 항쟁 기간 중 부산과 마산 지역에서 검거된 인원이 총 1,563명 이상임을 확인하고 신청자 중 247명(2020.1.31.현재)을 관련자로 인정하였다. 이 수치는 앞으로도 계속 늘어날 것이다.

2. 항쟁 당시 부산의 계엄령 선포와 마산의 위수령 발동과 관련하여 군부대 동원과 진압 방식에 대해서 그 전반적인 진행 과정과 명령체계를 구체적으로 확인하고 그 위법성을 확인하였다.

3. 시위 관련자 연행 또는 이들의 수사 과정에서 일어난 가혹행위 등 인권침해와 불법행위와 관련된 다수의 사례를 밝혀냈다.

4. 항쟁 당시 공안당국에 의한 시위 배후 세력 조작 사실을 확인하였다. 여기에는 양서협동조합 관련자 배후 조작, 남민전 사건과의 연계 조작, 사제총 보도 사건 등이 포함되어 있다.

5. 유치준 사망 사건을 조사하고 고 유치준 씨를 관련자로 심의 결정하였다.

향후의 조사 활동 및 보고서 최종안의 작성 계획

2017년 5월 새 정부가 들어선 이후 유관 기관의 협조가 비교적 원만하게 이루어져 자료의 확보가 보다 용이해졌다. 이로 인해 군 보안사 등의 정보 보고와 군경 및 검찰의 수사기록 등 진상규명에 도움이 되는 다수의 공적 자료가 확보되었다. 그러나 여전히 진상규명에 필요한 일부 자료가 확인되지 않은 상태이고, 참고인의 진술 거부로 조사가 미진했던 사건들도 있다. 그러던 차에 지난 2020년 5월 제3차 부마민주항쟁 관련법 개정안이 국회를 통과했다. 그 결과로 조사 활동 기간이 1년 연장되었고, 참고인 등 조사 대상자의 진술 불응 시 위원회가 동행명령장을 발부하거나 과태료 부과할 수 있게 되었다. 또 위원회가 관련자에 대한 직권조사를 행할 수 있는 권한이 부여되었다. 이로써 그동안 진술 거부해왔던 군·경 측 인사들에 대한 재조사가 가능해졌고, 항쟁 참여자의 별도 신청이 없더라도 위원회가 직권조사를 실시할 수 있다. 또한 문헌자료 조사 등을 통해 관련성이 확인될 경우 관련자의 동의를 전제로 이들을 관련자로 공식 의결할 수 있게 되었다.

이제 남은 기간 동안 위원회가 부마민주항쟁의 진상규명을 위해서 해야 할 주요 과제를 정리해보면 다음과 같다.

1. 유치준 사망 사건은 사망 경위와 부마민주항쟁과의 관련성 여부에 대해서는 이미 진상규명이 완료되었다. 그러나

사건 은폐를 지시한 지휘계통, 명확한 사망 원인 등은 조사 대상자들의 진술 거부로 진상규명이 제대로 이루어지지 못했다. 이와 관련하여 항쟁 당시 진압에 참여했거나 관련 정보를 수집했던 경찰관, 마산 소재 군 정보기관 관계자에 대한 추가적인 조사가 필요하다.

2. 아직 미궁 사건으로 남아 있는 계엄군 전차-택시 사고도 추가 조사 대상이다. 지금까지 위원회에서 확보한 군 기록에는 이 사건이 전차 이동 과정 중 발생한 단순 교통사고로 처리되어 있으나 정확한 사고 원인 및 피해 정도, 사고 후 속처리 등은 아직 밝혀내지 못한 상태이다. 장차 사고 전차 조종수 및 부대원(종합정비창) 신원이 확인되고, 나아가서 사고 택시 운전사 및 승객 등 신원 확인이 확보된다면 이 사건의 진상규명에 한 걸음 더 다가설 수 있다. 이를 위해 목격자(사고 관련 방송 시청자 등)를 찾거나 방송자료를 확보하는 노력도 병행할 예정이다.

3. 고문 등 인권 침해 사항에 대해서는 이미 많은 사례가 밝혀졌으나, 추가적인 사례 발굴이 필요하다. 연행자를 심문하는 과정에서 북한·남민전·야당 정치인과 연관성 또는 파출소 방화 등 사건 조작을 위한 고문 수사가 진행된 사실은 이미 밝혀졌다. 그러나 당시 수사 과정에서의 인권 침해가 전체적으로 어느 정도의 규모였는지를 파악하기 위해서는 피해자 및 수사관 등 가해자 면담조사를 비롯한 근거 자료

를 확보하기 위한 노력이 지속적으로 이루어져야 한다.

4. 계엄사의 언론 통제 등도 진상규명의 주요한 대상이다. 부마민주항쟁 전후 정부 또는 계엄당국의 언론 통제는 부마민주항쟁의 원인이면서 동시에 항쟁을 격화시킨 요인이기도 하다. 따라서 언론 통제 및 검열과 관련된 문헌자료를 조사하고, 이를 바탕으로 계엄 전 부마민주항쟁에 대한 언론보도 실태 및 관련 당국의 통제 그리고 계엄 후 계엄사 보도처의 언론 통제 실상과 언론사(기자)의 대응 등을 살펴볼 계획이다.

5. 부마민주항쟁의 타지역 확산에 관한 것도 사실 확인이 필요한 부분이다. 부마민주항쟁의 영향으로 부산·마산 외 지역에서도 시위 및 시위기도 등 항쟁의 확산 조짐이 있었던 것은 분명하지만, 아직 구체적인 사실 확인이나 전체적인 규모와 양상은 파악이 되지 않고 있다. 더구나 제3차 개정법에서는 부마민주항쟁을 '1979년 10월 16일부터 10월 20일까지를 전후하여 부산·마산 및 창원 등 경남 일원에서 유신체제에 대항하여 발생한 민주화운동'으로 재정의하였다. 법 개정의 취지에 맞게 문헌 자료에 대한 재검토와 관련자들에 대한 면담을 통해 부마민주항쟁의 확산과 영향 등 당시 정세 변화를 조금 더 세밀히 들여다볼 필요가 있다.

이상에서 제시한 여러 문제의 진상규명을 위해서는 무엇보다 진압에 투입된 군 병력 이동 관련 문건, 진압에 투입된 부대별 작전 및 상황일지, 군법회의 재판기록, 즉결심판 기록 등 핵심 자료의 추가적 확보가 매우 중요하다. 여기에는 10·26 사건 기록 및 김재규 등 관련자 재판기록 등도 포함된다. 부마민주항쟁의 결과로 발생한 10·26 사건의 처리 과정 등에 대한 분석은 동 사건과 부마민주항쟁 간의 관련성 및 부마민주항쟁이 이후 징국 변화에 미친 영향 등을 파악하기 위해서 빠트릴 수 없는 부분이다. 이러한 자료 수집과 관련해서는 유관기관과의 협조 뿐만 아니라 '5·18 민주화운동진상규명조사위원회' 등의 협조 또한 중요하다. 위원회는 이들과의 긴밀한 협조 관계를 구축하여 조사 활동과 진상규명 작업에 더욱 힘을 쏟을 계획이다.(『민주공원』 제58호, (사)부산민주항쟁기념사업회, 2020.)

부마민주항쟁과
트라우마

　해방 이후 민족 분단의 상황 속에서 우리 사회는 전쟁과 독재정치를 겪으면서 국가폭력으로 인해 많은 고통을 받아왔다. 한국전쟁 전후 국민보도연맹 사건을 비롯하여 민간인 집단학살 사건들이 발생하면서 피해자가 양산되었고, 전쟁 이후에도 독재정권에 반대하거나 민주화를 요구하던 많은 시민과 학생들이 국가폭력의 희생양이 되었다. 특히 5·16 군사쿠데타 발생 이후 군사정권의 독재정치하에서 국가권력의 민주화운동 세력에 대한 가혹한 탄압으로 인해 수많은 피해자가 생겨났다.

　이러한 국가폭력에 의한 피해자들의 명예를 회복하고 그들의 고통을 인정하고 그 피해에 대한 경제적 보상을 실시하는 것은 민주화 이후 과거사 청산의 핵심 과제이다. 따라서 정부는 그동안 국가폭력 피해자들의 고통에 대해 경제적 보상을 실시해왔다. '부마민주항쟁진상규명 및 관련자명예회복심의위원회'(이하 위원회)도 그러한 과거사 청산의 과제를 수행하는 정부의 공식기구 중 하나이다.

　위원회는 부마민주항쟁의 진상규명 작업을 수행하는 동시에 항쟁 과정에서 사망, 구금, 고문, 학사 징계, 해직 등의 피해를 입은 사람에게 위원회의 심의를 거쳐 경제적인 피해를 보상하는 업무를 수행해오고 있다. 특히 연행이나 구금 과정에서 폭행을 당했거나 고문으로 상해를 입은 경우는 그 상이(傷痍) 부분에 대해서 별도의 보상 방안을 마련하여 시행하고 있다. 상이로 인한 피해에 대해서는 치료비는 물론 노동력 상실 등으로 인한 경제적 피해까지 포함한 '장해보상금'을 지급하고 있다. 30일 이상 구금된 자 또는 질병을 앓고 있는 자로서 그 정도가 경미하여 장해등급을 판정할 수 없는 경우, 재직기간 1년 이상인 해직사 등에 내해서는 생활지원금을 지급하고 있다. 2021년 8월 31일 현재 부마민주항쟁 관련자 중 위원회의 심의로 보상이 결정된 상이 관련자는 59명이며, 이들에 대해서는 이미 보상 절차가 마무리되었다.

상이에 대한 보상을 위원회에 신청하여 그 피해가 인정된 부마민주항쟁 관련자 중에는 트라우마 상이 피해자 6명도 포함되어 있으며, 현재 17명의 트라우마 상이 건이 심의 진행 중에 있다. 트라우마 등의 정신질환이 인정된 피해자 대부분은 시위 도중 연행되는 과정 또는 구금 후 심문을 받는 과정에서 진압 군경이나 수사관으로부터 받은 가혹행위와 고문으로 인한 고통이 이후 트라우마로 발전한 경우이다. 이 트라우마 상이자들은 신체적 상처가 치유된 이후에도 트라우마로 인해 실직 등의 피해를 입어 경제적 활동을 제대로 못 하거나, 대인관계나 가정생활에서도 이혼, 알콜 중독 등 여러 가지 문제를 안고 있는 것으로 드러났다.

그런데 전문가라 하더라도 특정한 사건으로 인해 개인이 당한 정신적 고통 여부 및 그 정도를 측정하는 것은 쉽지 않은 일이다. 그것은 매우 주관적 현상이기 때문이다. 이 경우 '외상 후 스트레스 장애(PTSD)'는 개인의 트라우마를 측정하는 일종의 도구이다. 외상 후 스트레스 장애는 충격적인 죽음의 목격, 심각한 상해 또는 성적인 폭력 등을 경험했을 때 발생한다고 한다. 지금까지 부마민주항쟁 피해자의 상당수가 고문, 가혹행위, 진압과정의 무자비한 폭력 등으로 큰 상해를 입은 것으로 밝혀졌다. 그 밖에 수사 과정에서 자백의 강요로 인해 부득이 타인을 검거케 한 경우 죄책감 등으로도 외상 후 스트레스 장애가 발생할 수 있다.

문제는 고문이나 가혹행위가 통상 개별적으로 이루어지기 때문에 가해자의 자백이 없는 이상 이를 입증하기가 어렵다는 점이다. 그래서 위원회는 심의 과정에서 신청자의 진술뿐만 아니라 인우보증서에 기술된 동료 수감자, 가족, 친지들의 사후적 관찰 내용을 면밀하게 살펴본다. 또 대부분 신청자가 트라우마 상이에 대한 보상이 본격화된 2018년 이후에야 병원을 찾아가 진단을 받고 진단서를 발급받아 제출한 만큼 이것만으로는 신청자의 발병 시점이나 증상의 지속 기간 등을 판단하기 어렵다. 또 같은 이유로 현재 겪고 있는 증상이 부마민주항쟁과 내용상 어떤 연관이 있는지도 판단하기 어렵다.

부마민주항쟁으로 인한 PTSD가 있다고 하더라도 부마민주항쟁 관련 보상법은 노동력 상실률이라는 기준에 따라 장해를 보상하도록 되어 있다. 다만, 위원회는 신청자들의 주장을 참고하면서 이 외에 위원회가 자체적으로 마련한 판정 지침에 따라 단계적인 심의 절차를 거쳐 최종적인 판단을 내린다. 그러나 피해자들의 사건 관련 여부를 판정하고, 그들의 피해 정도를 객관적으로 등급화하는 일은 여전히 어렵다. 엄밀하고 정확하게 지침을 만든다는 것도 쉽지 않다. 피해자의 사건 관련 여부 및 트라우마 판정, 정확한 등급 부여 등은 사실에 부합해야 하며, 절차상 공정해야 한다. 현재 위원회의 트라우마 상이에 대한 보상 심의는 처음 길을 개척하는 것이나 다름없기 때문에 더 큰 어려움이 따른다. 현재로는 이 분야에서 선진적인 미국 의사협회에서 권장하는 검사 방법 등을 차용하여 우리의 현실에 맞게 활용하는 게 최선이다. 이러한 한계에도 불구하고 위원회의 심의 방식은 국가폭력 피해자들의 트라우마를 긍정적인 방향으로 처리하는 선례가 될 수 있을 것으로 보인다.

그러나 국가폭력으로 인한 트라우마로 고통받고 있는 피해자들에 대해 선별적으로 물질적 보상과 외적인 상처에 대한 치료비를 제공하는 것으로는 모든 문제가 해소되지 않는다. 트라우마로 인한 피해자들의 고통을 줄이거나 그들이 고통에서 벗어날 수 있도록 하기 위해서는 실질적이고 효율적인 방안, 즉 신체적 정신적 건강을 위한 치료 및 재활프로그램이 필요하다. 그리고 이러한 프로그램을 운용하기 위해서는 트라우마를 치유하는 전문적인 치료기관을 설립해야 한다. 현재 광주에서는 2012년 국내 최초의 국가폭력 치유기관으로 문을 연 광주트라우마센터가 그 역할 담당하고 있다. 부산과 영남 일원에도 부마민주항쟁과 기타 민주화운동 사건 관련자로서 트라우마의 고통을 겪고 있는 사람들이 적지 않을 것으로 추정된다. 이제 이러한 현실을 고려하여 부산에 '트라우마센터'를 설립 운용하는 문제를 진지하게 검토할 때가 되었다.

우리 사회의 민주화운동 참여자들에게 행해진 국가폭력은 이를 체험한 사람들에게 외상 후 스트레스 장애를 일으킬 수 있는 충격적 사건이었다. 그러함에도 불구하고 당시 많은 사람이 폭력으로부터 보호받지 못했고, 그 과정에서 생긴 심각한 장애로 고통을 호소하고 있다. 또 기존 연구에 의하면 민주화운동 참여로 유발된 트라우마는 만성화되는 경향이 있는 것으로 파악되고 있다. 위원회에 피해 신청을 낸 부마민주항쟁 관련자의 경우에도 누군가가 늘 자신을 감시하고 있다는 느낌을 받거나 잦은 불안감과 악몽에 시달리다가 심각한 정신과적 증상으로 발전한 사례가 여러 건 있다. 트라우마는 다른 질병과 같이 한 번 발병하고 끝나는 것이 아니고 사회적 조건에 따라 다시 발병할 수도 있는 정신병의 일종이라는 점에서 지속적인 치유와 적절한 관리가 필요하다.

부산에 트라우마센터가 설립된다면 그 치유 대상이 비단 부마민주항쟁 피해자들에게만 국한되는 것이 아님은 두말할 필요도 없다. 해방 이후 발생한 모든 국가폭력 피해자를 위한 트라우마 치유기관이 되어야 할 것이기 때문이다. 기존 연구에 의하면 국가폭력으로 인한 고통이 발생했을 때 피해자의 학력과 경제적 수준이 낮을수록 트라우마 발생 가능성이 크다고 한다. 그러나 이러한 계층의 피해자일수록 그 피해 사실을 잘 드러내지 않는 경향이 있다. 따라서 트라우마 문제의 실질적 해결을 위해서는 트라우마 피해자들에 대한 전반적인 실태 조사가 선행되어야 할 것이다. 더 나아가서는 트라우마로 인한 심리적 피해를 악화시키는 위험 요인은 물론 피해를 완화하거나 보호하는 요인 등 트라우마 문제 전반에 대한 체계적인 연구와 그에 대한 지원책 마련 또한 절실히 요구된다.(『민주공원』 제162호, (사)부산민주항쟁기념사업회, 2021.)

『부마민주항쟁보고서』 발간 이후
관련자 피해 구제와 후속 조치

2015년 3월 26일 대법원은 긴급조치를 "고도의 정치성을 띤 국가 행위"로 규정하면서 "대통령의 이러한 권력 행사가 국민 개개인에 대한 관계에서 민사상 불법 행위를 구성한다고 볼 수 없다."며 국가의 배상 책임을 부정하는 판결을 내린 바 있다. 이에 앞서 2013년 3월 헌법재판소가 긴급조치 1호, 2호, 9호에 대해 위헌 결정을 내렸음에도 불구하고 당시 대법원은 국가의 배상 책임을 부정했던 것이다.

그런데 2022년 8월 30일 대법원 전원합의체는 1975년 유신 헌법에 따라 발동된 긴급조치 9호 위반 혐의로 기소돼 유죄 판결을 받고 복역한 피해자와 그 가족 등이 국가를 상대로 낸 손해배상청구 소송에서 '국가 배상 책임이 인정된다'며 원고 승소 취지 판결을 했다. 이는 7년 전 대법원 판례를 대법관 13명 전원 일치로 변경한 것으로 긴급조치 9호에 의거한 수사 재판이 위법하므로 국가의 배상 책임 또한 인정된다고 판결한 것이다. 이로 인해서 긴급조치 9호 피해자는 사법적 구제 절차를 거쳐 국가로부터 배상을 받을 수 있게 되었다. 다만 이번 대법원 판결 이전에 패소한 자에 한해서는 이번 판결만으로 구제될 수는 없기에 별도의 입법 조치가 필요하다는 주장이 나오고 있다.

1972년 10월 17일 당시 대통령 박정희는 이른바 '10월 유신'을 선포하고 헌법 개정을 위한 국민투표를 거쳐 그해 12월 이른바 유신헌법을 공포하였다. 유신헌법은 민주주의제도의 기본 원리인 3권분립의 원칙을 무력화했을 뿐만 아니라 대통령에게 국회 해산권까지 부여한 유례없는 독재 헌법이었다. 특히 유신 헌법은 대통령에게 긴급조치권을 부여하여 '천재·지변 또는 중대한 재정·경제상의 위기에 처하거나 국가의 안전보장 또는 공공의 안녕질서가 중대한 위협을 받거나 받을 우려가 있어서 신속한 조치를 할 필요'가 있을 때 대통령은 긴급조치를 발령할 수 있다고 규정했다.(유신헌법 제53조 제1항, 제2항) 그러나 헌법에 명시된 명분과는 상관없이 실제로 긴급조치는 유신 독재체제에 대한 국민적 저항을 탄압하기 위한 수단으로 전가의 보도인 양 사용되었다.

　　1979년 10월 부마민주항쟁에 이어 10월 26일 박정희가 김재규의 총격으로 사망할 때까지 박정희는 유신헌법에 대한 반대와 비판을 금지하는 것을 골자로 한 긴급조치 1호를 비롯하여 이후 모두 9차례에 걸쳐 긴급조치를 발동해 수많은 사람을 감옥에 가두고 민주화운동을 탄압하였다. 이 때문에 한동안 유신시대를 '긴조시대'라 비아냥하는 신조어가 유행하기도 했다.

　　이 가운데 긴급조치 9호는 유신헌법, 대통령 및 긴급조치를 비판하는 사람들을 영장 없이 체포·구금하고, 1년 이상의 유기징역 및 10년 이하의 자격정지에 처하도록 했다. 나아가 직장에서의 해임이나 학교에서의 제적도 가능했다. 부마민주항쟁이 발생하였던 1979년 10월 16일에도 여전히 긴급조치 9호는 작동하고 있었다. 이 때문에 부마민주항쟁 관련자들 가운데는 긴급조치 9호 위반죄로 구속되는 등의 피해를 입은 사람들이 많았다.

현재 부마민주항쟁 진상규명위원회(이하 부마위원회)는 총 71명의 부마민주항쟁 관련자가 긴급조치 9호 위반 혐의로 구속되는 등 피해를 본 것으로 확인했다. 그중 40명이 부산지역의 피해자이고 31명이 마산지역의 피해자이다. 부산지역 피해자 40명 중 군검찰 송치자는 23명(유죄판결 10명, 군법회의 공소기각 13명)이고, 일반 검찰 송치자는 17명(면소판결 6명, 불기소 11명)이다. 마산지역 피해자의 경우는 군검찰 송치자가 17명(유죄판결 2명, 공소기각 15명), 일반 검찰 송치자가 14명(면소판결 5명, 불기소 9명)이다.

이번 대법원의 판례 변경 판결로 부마민주항쟁 관련자들은 '부마민주항쟁 관련자의 명예회복 및 보상 등에 관한 법률'(이하 부마민주항쟁 보상법)에 의해 이미 보상을 받았다고 하더라도, 이와는 별개로 사법적 절차를 통해 국가 배상을 청구할 수 있는 길이 열리게 되었다. '부마민주항쟁 보상법'에 따른 보상은 정신적 위자료에 해당하는 배상이 아니기 때문이라는 것이 법률가들의 대체적인 판단인 것 같다.

긴급조치 9호와 관련된 이번 대법원 판결은 국가의 배상 책임을 떠나 과거 객관적 정당성을 상실한 판례 변경을 선언한 사례로 사법 정의의 실현이라는 관점에서 볼 때 그 역사적 의미가 더욱 중요하다는 생각이 든다. 또 긴급조치 9호로 인한 피해자를 포함하여 모든 민주화운동 관련자에 대한 피해 구제는 단지 국가의 배상으로 끝날 문제가 아니다. 민주화운동 관련자들의 명예를 회복하고 피해를 보상하기 위해서는 민주화운동 관련자에 대한 적절한 예우, 재발 방지를 위한 제도적 보완 등 여러 가지 후속 조치가 또한 이루어져야 하기 때문이다.

이러한 사실에 부응하기 위해서 부마위원회가 지난해 12월 의결한 『부마민주항쟁진상조사보고서』에는 국가가 취해야 할 후속 조치로서 '권고사항'을 별도로 담았다. 그 내용을 요약하면 다음과 같다.

1. 부마민주항쟁 관련자의 사회적 명예회복을 위한 실질적 후속 조치를 권고한다. 이와 관련해서는 부마민주항쟁을 포함해 모든 민주화운동 관련자의 예우에 관한 지방 조례의 제정, 국회의 '민주유공자법' 제정 등을 통한 해결책 마련이 필요하다. 2. 국가폭력 행사의 책임이 있는 국방부와 국가정보원, 경찰청 책임자의 공식 사과와 국가폭력 가해자들의 사법적 처벌 및 서훈 박탈을 권고한다. 3. 부마민주항쟁 피해자에 대한 실질적 지원을 권고한다. 이는 구금일수와 상관없이 구금자에게 생활지원금 지급과 생활지원금 용어의 정의 및 산정 개념을 5·18 광주의 경우와 동일하게 적용할 요구한 것이다. 4. 기념사업과 학

술사업의 추진을 위한 부마민주항쟁기념재단의 지원 강화를 권고한다. 5. 부마민주항쟁 피해자들의 안정적 치유를 위한 트라우마센터의 건립을 권고한다. 6. 공교육을 통한 부마민주항쟁에 대한 역사 서술과 역사교육 실시를 권고한다. 7. 민주시민의 권리 증진을 위한 제도 개선을 권고한다. 여기에는 국가 비상사태 시 국민의 기본권 제한 최소화, 인권 침해의 소지가 있는 계엄법 일부 조항 삭제, 군의 민주주의 교육 강화 등이 포함되어 있다. 8. 고 유치준 씨 사망 사고를 계기로 신뢰성을 가질 수 있는 사인확인제도의 마련을 권고한다. 9. 헌법 개정 시 헌법 전문에 부마민주항쟁의 역사적 정신 계승을 명문화하여 삽입할 것을 권고한다.

이러한 권고사항이 실행되기 위해서는 무엇보다 부산과 경남지역 지방자치단체의 책임과 역할이 중요하다. 현재 부마위원회에는 대통령 임명의 민간인 위원 10명 이외에도 행정안전부장관, 부산광역시 시장, 경상남도 지사, 창원시 시장 등 4명이 당연직 위원으로 참여하고 있는데, 그 주요한 이유도 이와 연관되어 있다. 지금까지 부산광역시와 경상남도는 조례 제정 등을 통해 부마민주항쟁을 기념 지원해왔다. 이제 부산과 경남 외의 지역 지자체에서도 조례를 제정할 수 있도록 활동을 확대할 필요가 있다. 또 부산과 경남지역 지자체들이 함께 힘을 보탠다면, 위 권고사항에서 언급한 '부마민주항쟁보상법'의 개정을 비롯해 부마민주항쟁 진상규명 이후 각종 후속 조치에 대해 보다 실효성 있는 대책이 마련될 수 있을 것이라 생각한다.

다시 시월. 우리는 부마민주항쟁 43주기를 맞고 있다. 또 『부마민주항쟁진상조사보고서』가 의결 공표된 지도 10개월이 지났다. 지금이야말로 부마위원회가 앞서 언급한 권고사항들이 어떻게 처리 실천되고 있는지를 구체적으로 점검하고 대책 마련을 서두를 때라고 판단된다. 시민사회 또한 이러한 부마위원회의 활동에 큰 성원을 보내주었으면 하는 바람이다.(『민주공원』 제66호, (사)부산민주항쟁기념사업회, 2009.)

영화 〈남산의 부장들〉
부마민주항쟁과 김재규

춘래불사춘(春來不似春), 봄이 왔지만 봄 같지 않은 봄이다. 불청객 코로나 바이러스 때문이다. 바이러스로 인한 공포가 전국을 뒤덮으면서 시민의 일상에도 큰 변화가 생겼다. 전반적으로 경제 활동이 위축되는 가운데 사람 모이는 곳을 서로 피하다 보니 영화관마저 예상치 못한 불황을 맞고 있다. 영화 역시 흥행이 저조하다.

이러한 와중에 개봉 전부터 관심을 모았던 영화 한 편이 있다. 인기 배우 이병헌이 주연한 〈남산의 부장들〉이 그것이다. 이 영화는 1979년 박정희 대통령의 피살 사건에 초점을 맞춰 그 사건이 있기까지 수개월 동안 벌어진 권력 핵심부의 균열과 권력투쟁의 양상을 사실성 있게 그려낸 작품이다. 프랑스 파리에서 발생한

영화 〈남산의 부장들〉 포스터

전 중앙정보부장 김형욱의 죽음을 추리 기법으로 파헤친 것도 흥미롭고, 중앙정보부장 김재규에 의한 박정희의 살해 장면을 역사적 사실에 바탕을 두고 충실하게 그려낸 점도 인상적이다.

이 영화가 보여주는 여러 장면은 두 중앙정보부장에 대한 일화로 이어가고 있지만 그 정점은 단연 대통령 박정희의 죽음이다. 그러한 점에서 이 영화는 정치 누아르이면서도 역사 영화에 가깝다고 말할 수 있다. 시간을 돌이켜 보면 박정희가 피살된 것은 10월 26일이고, 부마민주항쟁은 그보다 10일 전에 일어났으니 두 사건 사이의 인과관계를 밝히는 것은 부마민주항쟁의 성격을 규명하는 데도 매우 중요한 의미를 지닌다.

유신 반대 시위가 학교 담을 넘어 대규모 시민항쟁으로 확대해 가자 정부는 18일 0시를 기해 부산시 일원에 계엄령을 선포하였다. 그러나 항쟁의 불길은 곧바로 이웃 도시 마산으로 옮겨붙어 유신체제에 대한 국민적 저항 의지를 재확인해주었다. 이에 대응하여 정부는 군대를 동원하고 마산 일대에 위수령을 선포해 무력 진압에 나섰다. 부산과 마산에서의 항쟁 과정에서 수많은 시민과 학생이 구타와 구속, 고문으로 큰 피해를 입었고, 사망자까지 발생한 것은 익히 알려진 사실이다. 그런데 박정희 유신독재에 대한 저항의 불길이 부산과 마산을 넘어 전국으로 확산될 조짐을 보이는 시점에서 이른바 '10·26 사건'이 일어난 것이다.

김재규 중앙정보부장은 계엄령이 선포된 직후 직접 부산에 내려와 현장을 살피고 돌아가 사태의 심각성을 박정희 대통령에게 보고했다. 그러나 박정희 대통령은 강경 진압 입장을 고수했고, 끝내 설득이 불가능하다고 판단한 그는 대통령을 살해했다. 나는 영화관에 들어가기에 앞서 부마민주항쟁과 10·26 사건의 인과관계 그리고 김재규의 '거사'에 대한 영화적 해석이 몹시 궁금했다. 그것이 이 영화의 개봉을 오랫동안 기다린 이유이기도 했다.

그러나 아쉽게도 영화는 재미있고 완성도 높은 작품으로 느껴졌으나 영화가 보여준 서사는 나의 앞선 기대와는 어긋났다. 영화는 10·26 사건에 초점을 맞추면서도 그 배경이 된 부마민주항쟁을 제대로 다루지는 않았다. 영화에서는 항쟁에 대한 직접적인 묘사나 김재규의 현장 방문 장면이 생략됐다. 대화 장면에서의 언급과 신문 보도 장면을 통해서 잠시 간접적으로 지적되었을 뿐이다. 영화는 두 사건의 연결고리나 유신체제가 지닌 사회구조적 모순 문제보다는 박정희 측근들 간의 권력 암투에 초점을 맞추는 방식으로 10·26 사건에 접근했다.

김재규에 대한 평가도 자유민주주의를 위해 거사를 했다고 하는 그의 주장을 드러내고는 있지만 그보다는 그와 대통령 경호실장 차지철의 불화에 더 방점이 찍혔다. 물론 사건에 대한 해석을 어느 정도는 관객의 상상력에 맡기는 것도 하나의 영화적 기법이기는 하다.

설사 그렇다고 하더라도 부산의 현장을 목격한 김재규가

박정희를 저격하기에 앞서 겪었을 내면적 갈등을 좀 더 깊게 들여다봐야 했을 것이다. 유신의 권좌에 있던 그의 말마따나 '야수의 심정으로 유신의 심장을 쏜' 역설을 헤아리기 위해서라도.

1980년 봄을 흔히 '서울의 봄'이라고 한다. 그러나 그 봄은 진정한 봄이 아니었다. 박정희의 죽음 이후 김재규가 저지했던 유혈 사태는 5월 광주의 비극으로 되풀이되었다.

지난해 부마민주항쟁 40주년에 이어 올해 2020년에는 5·18 광주민주화운동 40주년을 맞는다. 이 두 사건은 시산상 불과 7개월 두고 일어난 연속 사건이다. 그 사이에 10·26 사건이 존재한다. 봉준호 감독이 오스카상 수상 소감으로 던진 한마디가 귓전에 울린다. "가장 개인적인 것이 가장 창조적이다." 이 말은 개인적 경험에 대한 성찰이야말로 작품의 가치를 구현하는 가장 중요한 요소라는 의미로 해석될 수 있다. 이 말은 한 편의 역사 영화에도 적용해 볼 수 있다. 부마민주항쟁과 10·26 사건에 대해서 제대로 된 성찰을 담은 영화 한 편이 나오길 기대해 본다.(〈국제신문〉, 2020. 3. 4.)

부마민주항쟁의 진상규명과
헌법적 논의

지난(2020년) 5월 20일 20대 국회의 마지막 숙제로 남아 있었던 일명 '과거사법'과 '부마민주항쟁 관련법' 개정안이 국회 본회의를 통과하였다.

그중 '부마민주항쟁 관련법'은 종래 일정대로라면 2020년 6월 말 최종보고서를 제출했어야 했을 터인데, 새 개정법안의 통과로 조사 기간이 1년 연장되어 최종보고서는 2021년 12월에나 나올 수 있게 되었다.

2014년 10월 출범한 부마민주항쟁진상규명위원회가 진상규명 작업을 마무리하기에 앞서 지난해 말 국회와 협의하여 조사 기간 1년 연장을 골자로 하는 개정안 발의를 추진한 것은 그동안 관련자 및 일부 사건 조사에서 미흡한 점이 있어서이기도 했지만 부마민주항쟁의 정치사적 위상이나 성격과 관련하여 좀 더 깊이 짚어봐야 할 부분이 있었기 때문이다.

부마민주항쟁 과정에서 일어난 주목되는 사례 가운데 하나는 당시 합동수사단이 부마민주항쟁 참가자와 주동자들을 이른바 남민전(남조선민족해방전선준비위원회)과 엮으려 했던 사건이다. '남민전'은 한국사회의 민주화와 민족해방을 내걸고 조직된 비밀결사로 1979년 10월 모든 조직원이 검거되면서 유신 말기의 최대공안사건으로 기록되었다.

당시 수사당국은 부마민주항쟁의 주도 세력을 남민전 사건과 엮어 부마민주항쟁과 관련된 반정부세력을 발본색원하겠다는 야만적이면서도 야심에 찬 공작을 기획하고 있었던 것으로 보인다. 그러나 수사당국이 남민전을 부마민주항쟁의 배후 조직으로 엮으려 한 시도는 10·26 사건으로 무산되고 말았다.

즉, 당시 합동수사단은 야당 정치인과 종교계 인사까지 포함된 부마민주항쟁 배후 인물 체계도까지 만들어놓고 항쟁 참여자들을 대상으로 고문과 인권유린 등 강압 수사를 진행 중이었다. 아마 10·26 사건이 없었고 그래서 수사가 계속 진행되었더라면 얼마나 더 많은 무고한 사람이 희생되었을지 모를 일이다.

남민전 배후 조작 공작은 실패로 끝났으나 이후 5공화국 전두환 정부에서도 간첩 조작 사건 등 국가권력에 의한 유사 공안공작은 되풀이되었다. 심지어 1987년 제5공화국의 붕괴 이후에도 노태우 정부 아래서의 강기훈 유서대필 조작 사건을 비롯하여 최근 박근혜 정부하 서울시 공무원 유우성 간첩조작 사건 등 독재정권의 공안 공작으로 상징되는 유신의 그림자는 쉽게 근절되지 않았다.

이러한 와중에 며칠 전 언론 보도에 따르면 서울고법 민사 5부는 유신정권의 긴급조치가 '통치행위'라는 이유로 국가의 배상 책임 범위를 크게 좁힌 양승태 대법원의 판단과 배치되는 항소심 판결을 내놓았다고 한다.

이 판단의 요지는 '긴급조치 선포와 그에 따른 수사 및 재판, 형의 집행 등에서 불법성의 핵심은 긴급조치 자체라며 수사 과정에서의 불법 행위가 입증되지 않더라도 국가는 배상 책임을 져야 한다'는 것이었다. 이는 유신정권의 긴급조치하에서 발생한 부마민주항쟁과 관련하여 긴급조치의 불법성을 인정한 것이어서 특별히 주목된다. 사법부 내의 이러한 변화는 부마민주항쟁의 헌법적 논의와 관련해서도 새로운 해석의 가능성을 열어주고 있다.

그동안 정치권 내부에서는 1987년 이후 한국 사회의 큰 변화를 새 헌법에 어떻게 반영해야 할 것이냐를 놓고 많은 논쟁을 되풀이해왔다. 그중에는 부마민주항쟁을 포함한 한국 현대 4대 민주항쟁의 정신을 헌법 전문에 반영하는 문제도 포함되어 있다. 사실상 1987년 전후에 일어난 우리 사회의 인식 변화 중 하나는 국가권력의 부당한 폭력행사에 대한 것이라고 할 수 있다. 국가적 차원의 과거사 청산 작업을 거치면서 국가권력과 국가폭력에 관한 일반의 인식이 크게 달라졌다. 유신정권의 긴급조치에 대한 판례의 변화도 그러한 인식 변화의 연장선에 있다고 볼 수 있을 것이다.

72돌 제헌절에 때맞춰 유신시절 정치적 탄압을 받았던 인사들을 중심으로 구성된 '유신청산민주연대'가 국회에서 기자회견을 열고 유신헌법이 불법 무효임을 선언하고 '유신청산특별법'

제정을 요구했다는 소식이 들려온다. '유신청산'이야말로 부마민주항쟁 당시 시민들이 외쳤던 핵심 구호였다. 유신헌법의 불법 무효를 밝히는 것 또한 부마민주항쟁의 진상 규명 작업과 일맥상통하는 측면이 있다.

문재인 정부 출범 이후 의욕적으로 추진하던 헌법 개정 문제가 여야 간의 첨예한 이해관계 대립으로 권력구조 개편 논의만 되풀이하다가 결국 정부안마저 제대로 검토하지 못하고 무산되었다. 그러나 다행인 걸까. 지난 17일 국회의장이 제헌절 기념 연설에서 개헌 논의를 본격화해야 한다고 주장해 개헌 논의에 불을 당겼다.

이 기회에 부마민주항쟁을 포함해 이른바 4대 민주항쟁의 정신을 헌법 전문에 어떻게 담아낼 것인가에 대해서도 더욱더 활발한 논의와 성과가 있기를 기대해본다.(〈국제신문〉, 2020. 7. 22.)

부산대학교 교정의 부마민주항쟁기념관 건립 계획을 반기면서

1979년 10월 16일 오전 10시 수업 시작을 앞두고 부산대학교 교정의 분위기는 여느 때와는 사뭇 달랐다. 인문사회관 앞에 수십 명의 학생들이 모여들었고, 이들은 곧 상학관에서 도서관으로 이동하며 시위를 시작했다. 학생들은 '독재타도' 등의 구호를 외치며 교내 시위를 전개하였고, 시간이 지날수록 학생 수가 늘어나면서 걷잡을 수 없는 대규모 시위 대오가 형성되었다.

부산대 학생들의 교내 시위대는 이를 진압하기 위해서 출동한 경찰과 여러 차례 공방전 끝에 가두 진출에 성공해 도심 시위로 확장되었다. 학생들이 시내로 진출하자 시민들이 호응하고 합세하여 유신독재체제에 반대하는 거대한 항쟁의 물결을 만들어냈다. 급기야 18일에는 부산 시민들의 항쟁에 호응하여 마산 시민과 학생들도 유신체제에 저항하는 대규모 반독재투쟁을 전개했다.

부마민주항쟁은 유신체제하에서 일어난 최대 규모의 반독재 민주화 투쟁이다. 그것은 집회 결사의 자유를 비롯하여 국민의 기본권을 억압하고 언론을 강력히 통제하고 있던 유신독재체제하의 이른바 긴급조치하에서 일어난 일이었기 때문에 충격적이면서도 특별한 의미의 역사적 사건이다. 결국 부마민주항쟁은 군 병력을 동원하고 계엄령과 위수령을 선포한 정부의 강경 진압으로 일시 수그러들었지만 항쟁 발생 열흘 뒤 중앙정보부장 김재규의 총격에 의한 대통령 박정희의 사망이라는 10·26 사건으로 유신체제는 막을 내리고 말았다.

오늘날 한국 민주화운동사에서 4대 민주항쟁의 하나로 일컫는 부마민주항쟁은 오랫동안 대중의 기억 속에 잊어져왔다. 그렇게 억압되어온 기억이 민중의 집합기억으로 복원된 것은 불과 10년 안팎의 일이다. 부마민주항쟁 관련 단체와 부산과 마산의 시민사회가 벌인 부마민주항쟁 진상규명을 위한 입법 활동이 결실을 맺은 것이 2013년이고 그 이듬해 비로소 정부 기구로 부마민주항쟁진상규명위원회(이하 부마위원회)가 구성되었다. 그러나 구색만 갖춘 위원회의 활동은 오랫동안 지지부진했다.

그러다가 2016년 가을 이른바 '촛불혁명'으로 박근혜 대통령이 탄핵당하고, 이듬해 5월 새 정부가 들어서고 나서야 비로소 부마위원회의 활동이 정상화되기 시작했다. 이와 동시에 부마민주항쟁의 역사적 위상을 재정립하려는 여러 시도가 함께 진행되었다. 그 가운데 대표적인 사례라 할 수 있는 것이 2018년 9월에 정부 지원 기관으로 설립된 부마민주항쟁기념재단이다. 부마민주항쟁기념재단의 설립에 이어서 부마민주항쟁 40년이 되는 해인 작년 10월 16일 부마민주항쟁기념일이 국가기념일로 지정되고, 처음으로 정부 주도하의 기념식이 창원 경남대학교 교정에서 치러졌다.

억압된 기억이 재생되면서 그러한 기억을 유지하기 위한 여러 가지 방법들이 모색되었다. 부마민주항쟁기념관 건립 논의도 그중 하나이다. 이와 관련하여 기념관을 건립한다면 어디에 건립할 것인가가 중요한 쟁점이 되어 왔다. 그런데 이 문제의 해결 실마리가 이제야 풀려서 부마민주항쟁기념관 건립이 가시권에 들어오게 되었다. 부산대학교 당국의 적극적인 협력과 여당을 비롯한 정치권의 뒷받침으로 부마민주항쟁재단과 부산대학교가 주체가 되어 부산대학교 교정에 기념관이 들어설 수 있게 되었다. 또 이 일에는 정부도 적극적인 지원을 약속했다. 지난 10월 16일 부마민주항쟁 41주년 기념식 행사에 참석한 정세균 국무총리가 기념관 예산 문제도 총리실이 적극적인 조정 역할을 하여 해결하겠다는 의사를 표시하였으니, 기념관 설립에 더 이상의 난관은 없을 듯싶다.

유신체제하에서 일어난 부마민주항쟁이 시민들이 참여한 민중항쟁의 성격을 지닌다는 점에 대해서 이견을 제시할 사람은 없을 것이다. 또 부마민주항쟁은 앞서 일어난 4월 혁명과 마찬가지로 종전의 학생운동의 수준을 뛰어넘는, 주권자인 시민들의 정당한 저항권 행사이었다는 점에서도 이의가 있을 수 없다. 그렇다면 기념관 건립 공간으로 부산이나 마산의 중심가나 도심의 상징적 장소를 선택하는 것도 고려해볼 만한 일이다. 그러나 부마민주항쟁은 어느 특정한 장소에서만 특별히 의미 있게 전개된 것은 아니기 때문에 대표성 있는 상징적 장소를 찾기가 쉽지 않다. 40여 년이 지난 지금의 시가지 여건상 새로운 건축물을 세우는 일도 쉽지 않은 문제일 것이다. 이처럼 여러 측면을 고려했을 때 부마민주항쟁기념관이 그 항쟁의 발화 지점이었던 부산대학교 교정에 세워진다는 것은 나름대로 역사적 상징성과 현실성을 고려한 합리적 판단이라는 생각이 든다.

　기념관은 기본적으로 기념물의 전시 공간으로서 기억을 위한 공간이다. 따라서 건축물이 들어서는 공간의 장소성과 역사적 사건의 의미를 표상하는 기념관의 정체성을 모두 중요시해야 한다. 하나의 기억 공간으로서 기념관의 외관과 공간 내부 구성을 어떻게 설계하고 무엇으로 그 내용을 채울 것인가 등에 대해서는 앞으로 많은 고민과 연구가 요구될 것이다. 역사적 공간으로서의 장소성 문제는 이제 해결된 터이지만, 기념관의 정체성을 어떻게 표현하고 거기에 어떠한 역할을 부여할 것인가는 폭넓은 시민들의 참여와 토론을 통해서 해결해나가야 할 과제이다.

　그러한 점에서 이제부터 관계자는 물론 보다 많은 시민이 기념관의 기능과 운영 방향 등에 관심을 가질 필요가 있다. 이와 관련하여 사업 주체 측은 부마민주항쟁 정신을 기념하고 계승하는 개방적 시민 소통 공간으로서 (1) 역사적 가치의 올곧은 정립을 위한 학술연구, 사료 사업, (2) 시민의 참여와 공감의 확산을 위한 기념계승 문화, 교육 사업, (3) 사회적 교류와 연대의 강화를 위한 연대, 홍보 사업을 내세우고 있다. 기본적으로는 기념

전시 공간으로서의 성격을 지니지만, 홍보와 교육, 연구의 기능도 함께 겸할 수 있도록 한 것이다. 특히 사료관으로서의 기능도 겸한다는 점이 주목된다. 대체로 요즈음의 기념관은 기존의 박물관이나 도서관의 개념을 공유하는 복합 기능으로서 '라키비움'의 개념으로 발전해가고 있다. 아마 부마민주항쟁기념관도 예외가 될 수는 없을 것이다.

이제 기념관 건립을 위한 예산 확보가 당면 과제가 되겠지만 앞으로 기념관을 건립해가는 과정에서 시민과의 더 많은 소통과 논의가 있어야 할 것이다. 그 가운데 제4차 산업혁명으로 이행하는 IT 기술 혁명의 시대적 변화에 어떻게 조응할 것인가도 고민해야 할 과제 중 하나일 것이다. 부디 부마민주항쟁의 정신을 제대로 계승하고 기념하는 명품 기념관이 들어서서 길이길이 지역사회의 자랑거리가 되기를 바란다.(『시월』 제6호, 부마민주항쟁기념재단, 2020.)

시월
그날의 기억법

추석과 개천절로 이어진 긴 연휴와 함께 시월이 왔다. 개천절 연휴가 끝나기 무섭게 또 한글날이 코앞이다. 이래저래 시월에는 공휴일도 많고 기념일도 많다. 공휴일은 아니지만 국군의 날과 독도의 날도 있다.

게다가 부마민주항쟁 기념일인 10월 16일이 지난해(2019년)부터 국가기념일이 되었다. 그러니 시월은 역사적 사건으로 점철된 기억의 달이라고 부름 직도 하다.

지난해는 부마민주항쟁이 국가기념일로 지정된 첫해였다. 그래서 대통령이 직접 기념식에 참가하는 등 각종 기념행사가 부산과 마산에서 성대하게 치러졌다. 이후 기념식 행사를 마산과 부산에서 번갈아 치르기로 정하면서 올해 치러질 부산 기념식 행사에 일찍부터 관심이 모아졌다. 그러나 좀처럼 꺾일 줄 모르는 코로나19 사태의 여파로 이번 기념식 행사는 최대한 축소하여 간소하게 진행할 예정이라고 한다. 상황이 상황인 만큼 판을 크게 벌일 형편은 아닌 것이다.

1979년 10월 16일 부마민주항쟁이 일어나기 꼭 7년 전 1972년 10월 17일 계엄령을 선포하고 국회를 해산한 박정희 대통령은 종신 대통령을 꿈꾸며 유신을 선포했다. 부산에서 시작된 반유신 항쟁은 마산으로 번져 전국적 항쟁으로 발전되기 일보 직전 이른바 10·26 사건과 함께 유신체제의 붕괴로 마무리되었다. 2014년 10월 조사 활동을 개시한 부마민주항쟁진상규명위원회는 그동안 부마민주항쟁 관련자에 대한 보상 심의와 함께 부마민주항쟁과 관련된 진상조사 작업을 다방면으로 추진해왔다.

그 결과 항쟁 당시 진압 과정에서 일어난 각종 고문과 가혹 행위 등 다수의 인권침해 사례 사건들이 규명되고 군 병력의 불법적 동원 등이 공식적으로 확인되었다. 그중에는 마산에서 발생한 유치준 씨 사망 사건도 포함되어 있다. 물론 전체적으로 보면 여전히 미흡한 점이 없지 않지만 진상규명된 사실 또한 적지 않은 것으로 보인다.

그러나 진상 규명 작업이 제대로 마무리되기 위해서는 부산과 마산에서 일어난 항쟁의 진행과 진압 과정만 살피는 데 그쳐서는 안 된다. 무엇보다 부마민주항쟁이 지역사회뿐만 아니라 외부에 미친 영향에 대해서 세심히 살펴볼 필요가 있다. 물론 당시 유신독재체제하에서 언론 또한 극심한 통제를 받고 있었던 상황이어서 부마민주항쟁의 온전한 모습이 국민들에게 제대로 전달되지는 못했다.

당시 대부분 언론은 유신독재에 대한 시민들의 정당한 저항권 행사를 그저 불순분자들의 난동 정도로 치부했다. 그러함에도 불구하고 유신체제의 철권통치 아래서 4월 혁명의 데자뷔와도 같은 사건을 목격했거나 언론을 통해 소식을 전해 들은 국민들의 충격은 컸다. 이와 관련하여 최근 알려진 흥미로운 사례가 하나가 있다.

당시 광주 전남대학교에 다니던 모 씨는 부산에서 시위가 발행했다는 언론 보도를 접하고 큰 충격을 받았다. 그는 광주에서도 시민이 들고일어나야 한다는 생각으로 10월 17일 일찍 등교하여 강의실 칠판에 '전남대인은 각성하라'는 문구를 작성하였다. 이것이 빌미가 되어 그는 이튿날 경찰관에게 연행되어 온갖 고문을 받으며 조사를 받다가 열흘 만에 풀려났다. 10·26 사건이 일어난 지 이틀 만에 훈방된 것이다. 당시 전남대생이었던 모 씨는 지난 9월 부마민주항쟁진상규명위원회에서 부마항쟁관련자로 심의 결정되었다.

그동안 부마민주항쟁을 연구하는 이들도 주로 부산과 마산에서 일어난 부마민주항쟁 자체에만 집중하다 보니 당시 이 사건이 전국적으로 어떠한 영향을 주었는지에 대해서 제대로 평가하지 못한 측면이 있다. 그러나 항쟁이 발생하자 경남의 여러 도시를 비롯하여 전국 각지에서 이에 호응하려는 움직임이 있었던 사실이 당시 정보기관에서 생산한 여러 문건과 일부 언론을 통해 확인되고 있다.

마침 부마민주항쟁기념재단에서 올해 학술행사 주제로 '부마민주항쟁 이후 지역 민주화운동과 민주정치의 과제'를 선택하여 10월 29일과 30일, 이틀에 걸쳐 부산과 마산에서 토론회를 개최하기로 하였다는 소식이 들린다. 사실 유신체제하의 부마민주항쟁은 1980년대의 민주화운동과 불가분의 연속성을 지니고 있다.

부마민주항쟁의 여파로 10·26 정변이 일어났고, 이 10·26 사건으로 인한 권력 공백을 틈타 등장한 신군부의 권력 장악 과정에서 1980년 5·18 광주민주화운동이 일어났으니 부마와 광주의 인연 그렇게 먼 것이 아니다. 1980년대 민주화운동은 5·18 광주민주화운동의 직접적인 영향을 받았지만, 부마민주항쟁이 미친 영향 또한 적지 않다고 보아야 한다.

이번 학술회의는 바로 그러한 사실관계를 학술적으로 해명하는 데 역점을 둔 것으로 보인다. 이를 계기로 1979년 시월의 부마민주항쟁에 대한 국민적 인식이 한 단계 제고되었으면 하는 바람이다.(〈국제신문〉, 2020. 10. 7.)

지역사회의 정체성과 민주화운동

되돌아보는
독립운동의 지역 기반

올해(2019년)는 3·1운동 100주년이 되는 해이다. 3·1운동은 일제의 가혹한 식민통치 아래서 우리 민족의 독립 의지를 세계만방에 보여주었다는 사실만으로 큰 역사적 의미를 지니지만 실제로 일제의 무단통치를 이른바 문화정치로 바꾸고 민족운동의 새 지평을 연 정치적 변혁이기도 하다. 3·1운동은 이후 독립운동의 전개 과정에도 결정적인 영향을 미쳤다. 무엇보다 3·1운동의 영향으로 그해 4월 중국 상해에서 민주공화제를 채택한 대한민국임시정부가 세워졌다. 최근 국내외에서 정명(正名)운동의 일환으로 일고 있는, '3·1운동'을 '3·1혁명'으로 고쳐 불러야 한다는 주장도 3·1운동의 이러한 역사성에 그 논거를 두고 있다.

3·1운동은 서울과 평양에서 시작하여 전국적으로 확산해 2개월 이상 지속됨으로써 지역사회에도 큰 영향을 미쳤다. 특히 부산 경남지역의 3·1운동은 다른 지역과 비교해 볼 때 상대적으로 더 격렬했고, 지역사회에 미친 파급 효과 또한 컸다. 3·1운동 이후 우리 민족의 독립운동은 다양한 방식으로 펼쳐졌으며, 각기 다른 지역적 기반과 특성을 가지고 발전한 측면이 있다. 1920년대 초부터 시작된 의열투쟁 또한 3·1운동의 직접적인 영향 아래 일어난 것으로 주로 부산과 경남지역의 인사들이 주도했다.

　밀양 출신 김원봉을 단장으로 1920년 결성된 의열단 운동은 밀양, 부산 등지 경남지역 각계 인사들이 주축이 되어 전개됐다. 그러한 연고로 의열단 투쟁 또한 국내 거점인 부산과 밀양 등지에서부터 시작됐다. 1920년 9월 박재혁의 부산경찰서 폭탄 투척 의거와 최수봉의 밀양 폭탄 투척 의거가 대표적인 사례이다. 의열단 운동에 이어 1938년 10월 김원봉은 항일무장조직인 조선의용대를 결성했고, 그 일부는 1942년 5월 한국광복군으로 편입되었다. 김원봉은 영화 〈암살〉과 〈밀정〉의 등장인물로 등장하여 일제강점기 그의 항일투쟁과 활동이 대중적으로 재조명되기도 했다. 근래에는 친일파의 박해로 월북한 행적을 두고 그를 독립유공자로 인정할 것인지 말 것인지가 논란거리로 지면에 등장하고 있다.

　3·1운동 이후 경남지역 인사들은 또한 대종교운동에 적극

적이었다. 대종교 3대 교주 윤세복은 밀양 태생이다. 의령 출신
으로 백산상회를 경영했던 백산 안희제 또한 일찍이 대종교에
관여했는데, 1930년대 만주로 건너가 발해농장을 건설하고 독
립운동을 꾀하는 한편으로 대종교 활동도 적극적으로 하였다.

1942년 조선어학회사건과 때를 같이하여 만주에서는 일제
의 대종교 탄압사건인 임오교변이 터졌다. 이 사건은 서울 조선
어학회에서 활동하던 이극로가 대종교 교주 윤세복에게 보낸
편지가 발각된 것이 빌미가 되었다. 임오교변으로 교주 윤세복,
안희제, 이용태 등 수많은 대종교 간부가 검거되었으며, 이때
'치안유지법 위반'으로 체포된 백산은 일제의 고문과 악형을 받
고 병보석으로 풀려났으나 출감한 지 얼마 되지 않아 1943년 8
월 병세 악화로 순국하였다.

한글학자 이극로는 조선어학회사건의 주역으로 몰려 징역
6년을 선고받았다. 그런데 우연의 일치일지는 모르나 조선어학
회에 연루된 인사들 가운데는 안희제와 가까운 경남 인사들이
많았다. 이극로 역시 안희제와 동향인 의령 사람이다. 또 동 사
건의 핵심으로 몰려 실형을 선고받은 이우식도 의령 사람으로
안희제와 함께 백산무역주식회사를 설립 경영하였고 중외일보
사장까지 지낸 인물이다.

아무튼 3·1운동 100주년을 맞아 독립운동을 주제로 한 영
화들이 여러 편 제작되어 이미 개봉되었거나 개봉을 기다리고
있다. 그중 눈길을 끄는 작품 가운데 하나가 영화 〈말모이〉이다.

일제강점기 조선어학회의 활동을 소재로 다룬 말모이의 주인공이 바로 이극로이다. 베를린대학 철학부를 졸업한 이극로는 당시로서는 보기 드물게 유럽 유학까지 마친 엘리트였다. 유학에서 돌아온 뒤 우리말 사전 편찬 운동에 전념하다가 조선어학회 사건으로 투옥된 이극로는 함흥 형무소에서 해방을 맞았다. 이후 연안파 영수로 북한 인민위원회 상임위원장을 역임한 김두봉의 제안으로 북에 남아 '문화어 운동'을 이끌었다. 한글학자이면서 김원봉과는 인척 관계이기도 한 김두봉 또한 기장 사람이다. 이밖에 한글학자인 울산의 최현배와 김해의 이윤재도 조선어학회사건의 핵심 인물이었다. 이렇게 연결해보면 일제강점기 부산 경남의 인사들은 유독 의열단과 대종교, 한글운동에 깊이 투신했음을 알게 된다. 지역사적 차원에서 이 세 가지 독립운동이 서로 어떠한 연결고리를 맺고 있는지 매우 흥미로운 일이 아닐 수 없다. 그 연원을 천착하는 것은 앞으로 지역사 연구의 주요 과제이기도 하다.

올해 3·1운동 100주년을 기념하기 위해서 정부와 학회는 물론 각 사회단체에서도 여러 가지 행사를 준비하고 있다. 그러면서 한편으로는 민족분단으로 그동안 잊어져야 했던 독립운동의 주역들이 역사 앞에 새롭게 호명되고 있다. 이들에 대한 역사적 재평가가 결코 판문점 선언 이후 진전되고 있는 동아시아 정세 변화와 무관하다고만은 할 수 없을 것이다.(《국제신문》, 2019. 2. 13.)

강제징용 노동자상의
부산 건립

2년 전(2017년) 광복절을 앞두고 한수산 원작의 영화 〈군함
도〉가 개봉되어 큰 화제가 된 적이 있다. 이 영화는 일제의 침략
전쟁 시기 일본 군함도(하시마 탄광)로 징용된 조선인 노동자들
이 겪었어야 했던 강제노역의 실상을 사실적으로 그린 작품이
다. 군함 모양의 섬, 하시마섬은 1945년 8월 원폭이 투하되었던
나가사키항에서 18km 떨어져 있다. 19세기 중엽 이래 탄광으로
개발된 이 섬은 1974년 폐광이 되었다. 영화 말고도 이 섬에 대
해서 우리가 더욱 관심을 가지게 된 이유는 마침 일본이 이 섬을
메이지 시기 일본 산업혁명의 문화유산으로 지정하여 유네스코
세계문화유산에 등재하려 하기 때문이다. 일본은 이 사업을 추
진하면서 정작 침략전쟁 시기 자신들이 저지른 강제노역의 만행
은 기억에서 지워버렸다. 이로 인해 한때 한일 간의 역사 갈등은
이른바 '기억 투쟁'을 넘어 '기억 전쟁'으로까지 확대되는 양상
을 보였다.

군함도를 마주 바라보는 항구 도시 나가사키에는 나가사키
평화공원 등 원폭 희생자의 넋을 애도하며 평화를 염원하는 여
러 기념 시설이 있다. 그 대부분은 원폭 피해 당사자로서 일본의
과거사를 기억하기 위한 시설들이다. 그런데 나가사키에는 이러

한 시설들과는 결을 달리하는 기념 시설이 하나 있어 주목받는다. 이름하여 '오카 마사하루 기념 나가사키 평화 자료관'이 그것이다. 이 자료관은 일본 해군 출신으로 평생을 실천적 평화운동가로서 살다 세상을 떠난 오카 마사하루 목사의 뜻을 잇고자 지역 평화운동가와 시민들이 힘을 모아 세운 것이다. 비록 4층의 작은 건물이지만, 그 안에는 조선인 원폭 피해자와 조선인·중국인 강제동원 피해자에 대한 각종 문헌 자료를 비롯하여 일제 침략전쟁의 실상과 평화의 염원을 담은 많은 역사 자료가 전시되어 있다. 얼핏 보기에 부산에 있는 일제강제동원역사관의 축소판 같은 느낌이 든다. 2년 전 내가 이 자료관을 방문했을 때는 하시마 탄광의 조선인 사망자 명단 자료(조사 기간은 불명)가 전시되어 있어서 유심히 살펴보았다. 이 자료에 실린 사망 조선인 노동자 138명의 출신지 중 경상남도 노동자가 절반 이상인 것을 보고 놀라지 않을 수 없었다. 물론 이 수치는 사망자만을 집계한 것이기 때문에 군함도에 동원된 전체 조선인 노동자의 도별 분포 상황을 그대로 반영한다고 볼 수는 없다. 그래도 일제가 다수 노동자를 지리적으로 가까운 한반도 경상도 일대에서 동원했음을 추론해 볼 수 있다.

아무튼 오카 마사하루 기념 나가사키 평화 자료관이 말해 주는 것은 강제징용을 둘러싼 기억 투쟁의 주체가 비단 한국인에게 국한될 문제가 아니라는 것이다. 일제의 강제징용 문제를 단순히 민족적 갈등에서 비롯된 외교 문제로서가 아니라 인류의 보편적 가치인 평화와 인권의 차원에서 바라볼 때 오늘날 한일 양국 간의 역사 갈등의 본질을 더 잘 이해할 수 있다는 사실을 지적하고 싶다.

최근 부산에서는 강제징용 노동자상의 설치 장소 문제를 둘러싸고 건립 주체 측과 부산시 당국 간의 갈등이 온전히 풀리지 않고 있다. 강제징용 노동자상은 2017년 8월 광복절을 앞두고 서울 용산에 국내 처음 세워졌다. 이후 부산에서도 소녀상 설치에 이어 강제징용 노동자상을 건립하자는 여론이 일어나 강제징용 노동자상을 건립하기 위한 시민단체 주도의 모금 운동이 벌어졌다. 그런데 성공적인 모금 운동으로 노동자상을 제작하고 나서도 노동자상의 설치 장소를 확정하지 못한 지가 벌써 1년이나 되었다. 지난 4월 17일에는 이러한 상황을 해소하기 위해 '강제징용 노동자상 건립을 위한 시민원탁 100인회의'까지 구성하였다. 그러나 여기에서도 끝내 원만한 합의를 이루어 내지 못했다니 정말 아쉬운 일이다.

부산에 강제징용 노동자상이 건립된다는 것은 그 자체로서 특별한 의미가 있다. 일제시기 관부연락선의 터미널이었던 부산항은 강제징용 노동자들에게는 잊을 수 없는 회한의 장소이다. 당시 수많은 노동자가 관부연락선을 통해서 일본으로 강제 이송되었고, 일부는 다시 대만과 남양 등지로 끌려가기도 했다. 그들이 천신만고 끝에 살아남아 조국으로 돌아올 때 첫발을 내디딘 곳 또한 부산항이었다. 2004년 발족한 일제강점하강제동원 피해진상규명위원회가 2010년 폐지됨에 따라 2015년 개관한 국립일제강제동원역사관이 다른 곳이 아닌 부산에 건립된 연유도 여기에 있다.

이처럼 부산은 일제강제동원 역사와 관련하여 공인된 기억의 장소이다. 그러니 부산에 강제징용 노동자상이 세워진다는 것은 너무나 당연하고 자연스러운 일이다. 그것은 비단 부산만의 관심사가 아니다. 지난 4월 12일 부산시가 강제징용 노동자상을 임의 철거하자 전국 각지의 많은 시민단체가 일거에 일어나 문제 해결을 촉구하고 나선 것은 부산의 강제징용 노동자상 건립에 대한 국민적 공감이 그만큼 크다는 것을 방증한다. 물론 한일 간의 외교 현실을 감안한 당국의 고민을 이해하지 못할 바는 아니다. 그러나 대승적 견지에서 저들을 설득해야 하는 것 또한 당국이 마땅히 해야 할 몫이다. 하루속히 강제징용 노동자상이 제자리를 찾아 부산시민의 '미래유산'으로 오래 기억되기를 소망한다.(〈국제신문〉, 2019. 5. 1.)

5월 그날의 광주와
시민의식

우연찮게 찾아낸 1907년 일본인이 제작한 부산항 옛 지도
를 보니 지금의 충무동 보수천 해안가에 전염병 전문 치료 병
원인 피병원이 표시되어 있다. 피할 피(避)자의 이 피병원은 부
산을 강제 개항한 일본인들이 이 땅에 들어서면서 세운 병원이
다. 19세기는 콜레라 등의 전염병이 각국에서 창궐하였고 국제
무역항이었던 개항장을 중심으로 각종 전염병이 유행하였으니
피병원은 나름 서양식 근대 의료시설의 본보기와 같았다고 할
수 있다.

20세기에 들어서도 전염병의 유행은 세계 각지에서 오래도
록 지속되었다. 지금은 사라졌지만 기성세대에게는 매년 행사
처럼 다가왔던 결핵 퇴치 기금 모금을 위한 크리스마스 씰 강제
판매가 학창 시절의 추억으로 눈에 선하게 남아 있을 것이다. 그
러고 보면 전염병은 분명코 근대 서구 문명의 전파와 함께 본격
적으로 세계화의 바람을 탄 것이라 할 수 있다.

게다가 인구가 밀집된 도시 생활이 보편화되고 교통수단
이 고도로 발달한 현대 사회는 역설적으로 전염병 병원체의 최
적 환경이 아닐까도 생각해 본다. 다만 현대 의학의 발달로 과거
공포의 대상이었던 콜레라, 결핵, 장티푸스 등과 같은 수많은 전

염병이 정복되는 과정에서 경계심이 약해진 인간의 안일한 대처가 오늘날 코로나19의 팬데믹을 키웠는지도 모른다.

과거 전염병 치료 병원을 피병원이라 했듯이 전염병 예방의 기본은 피하는 것, 즉 거리두기이다. 현대 의료기술에 대한 인간의 과신과 오만으로 이 기본이 무시되어 오늘날 미국과 유럽 등 여러 나라에서 최악의 코로나19 팬데믹 사태가 유발되었음이 여러 경로로 확인되고 있다. 세계 각국이 코로나19 팬데믹으로 대혼란과 공황 상태를 겪는 동안 우리는 그래도 이 위기를 잘 버텨냈다. 방역 모범국으로서 위기에 강한 나라라는 칭송도 들리고, 그 덕분에 K드라마, K팝 등에 이어 K방역이라는 신조어까지 생겨났다.

K방역이 성공적이었다는 데 많은 나라 사람이 공감하면서도 그 원인 분석에 대해서는 평자에 따라서 간혹 부정적인 시선도 없지 않다. 특히 언필칭 선진국에서 방역에 실패하는 사례가 속출하자 이와 비교되는 한국의 사례를 한국의 사회문화적 특성과 연관 지어 해석하려는 이들도 나타났다. 프랑스의 모 유명 변호사는 한국이 비민주적인 감시국가이기 때문에 방역에 성공한 것이라며 한국은 사생활 침해로 개인의 자유가 무시되고 있다고 비판하였다.

또 외국의 어느 셀럽은 K방역의 성공 이유를 권위에 순종하는 가부장적 유교문화 때문이라는 해석을 내놓기도 했다. 어느 경우이든 한국의 민주적 시민의식을 폄훼하는 이러한 시선은 한국현대사에 무지한 서구인들의 오랜 편견인 오리엔탈리즘의 속성을 보여준다.

올해는 작년 부마민주항쟁 40주년에 이어 5·18 민주화운동 40주년이 되는 해이다. 코로나19와 관련해서 40년 전 광주의 5월을 기억하면서 특히 떠오르는 것은 시민군들이 공수부대의 학살 만행을 저지한 뒤 일시적으로 맞이한 해방 광주의 모습이다.

공수부대가 퇴각한 이튿날인 5월 22일 아침 일찍부터 광주 시민들은 거리로 나섰다. 시민들은 누가 먼저랄 것 없이 난장판이 된 거리를 청소하기 시작했다. 말라붙은 핏자국을 물로 씻어내고 불탄 차와 바리케이드로 썼던 전화박스, 대형화분들을 치웠다. 계엄군의 봉쇄 작전으로 광주는 외부와 통하는 통신과 교통이 완전히 두절된 상태였다. 이러한 상황에서도 광주에서는 매점매석 같은 사재기가 없었다. 큰 도로 주변에서 주부들이 가마솥을 걸어놓고 주먹밥을 만들어 시민군에게 제공했고 슈퍼나 구멍가게에서도 빵, 우유, 드링크제 등을 아낌없이 무상으로 내놓았다.

부상자를 너나없이 간호했으며 혈액이 부족하다는 소식을 들은 시민들은 병원으로 달려가 헌혈을 했다. 아직 많은 총기가 시민들의 손에 있었지만, 약탈이나 폭력 사례는 단 한 건도 발생하지 않았다. '광주는 치안 부재 상태'라거나 '폭도들에 의해 장악되었다'라는 식의 당시 정부의 선전과는 전혀 다른 모습이었다. 이렇게 5월 광주에서는 '믿음의 공동체'가 만들어졌다. 이러한 해방 광주에 대한 집단기억은 이후 1987년 6·10 민주항쟁에서, 그리고 2016년 가을 시작된 '촛불혁명'에서 재현되었다. 해방 광주의 집단기억 속에 각인된 민주적 시민의식의 기본은 배려였다.

올해 40주년을 맞은 5·18 광주민주화운동 기념행사는 코로나19로 인한 '생활 속 거리두기'를 준수하며 온라인 등을 중심으로 내실 있게 준비되고 있고, 외부 행사는 매우 조용히 치러질 예정이라고 한다. 그러함에도 불구하고 광주민주화운동에 대한 기억이 그 어느 때보다 새롭게 다가오는 올 5월이다. 위기 속에서 빛을 발하는 한국의 시민정신은 민주화운동의 오랜 역사 속에서 일찍부터 잉태되어온 것이다. K방역이 예상치 못한 이태원 클럽발 감염 사태로 위기를 맞고 있는 지금 해방 광주의 시민정신이 더 각별하게 느껴진다. 배려가 없는 자유는 오히려 폭력이 될 수도 있다는 사실을 동시에 상기해본다.(〈국제신문〉, 2020. 5. 13.)

부산의 민주운동사를
기억해야 하는 까닭

부마민주항쟁기념재단의 주관으로 편찬 작업을 진행해왔던 『부산민주운동사』 2021년판이 지난달 새롭게 출간되있다. 1998년 『부산민주운동사』가 처음 출간된 지 23년 만의 일이다. 새로 출간된 『부산민주운동사』는 1987년 6·10 민주항쟁 때까지를 제1권으로 그 이후를 제2권에 나누어 기술하였다. 대체로 제1권의 내용은 1998년판 민주운동사의 서술 내용을 보완 수정하는 데 중점을 두었고, 제2권은 1987년 6·10 민주항쟁 이후 시민운동을 중심으로 민주화 시대의 민주주의 과제에 대한 성과와 한계를 밝히는 데 중점을 두었다.

1987년 6·10 민주항쟁에 이어 이른바 6·29 민주화선언과 동시에 우리 사회는 민주화 시대의 새 문을 활짝 열어젖혔지만 이후에도 한국 민주주의의 발전 과정은 순탄치만은 않았다. 이른바 '역진적 민주화'가 진행되는 속에서 '최순실 게이트'로 한국 민주주의가 큰 위기를 맞았다. 결국 한국 민중들은 '촛불혁명'을 통해서 이 위기를 극복하였다. 촛불혁명은 우리 사회의 민주주의를 다시 한번 성찰하는 계기를 마련하였고, 그것이 이번

2021년 7월 간행된 『부산민주운동사(1·2)』

에 『부산민주운동사』를 다시 발간하게 된 주요한 동기라고 말
할 수 있을 것이다. 그러나 꼭 그것만이 아니다.

세계사적 견지에서 볼 때 한국 민주화운동의 역사는 매우
특별한 점이 있다. 2차 세계대전 이후 식민지로부터 독립한 많
은 국가 가운데 한국처럼 민주화에 성공한 나라는 드물다. 무엇
보다 4월 혁명을 기점으로 잡더라도 수십 년에 걸쳐 민주화운동
이 지속적으로 전개되었다는 점 또한 세계사적으로 독특한 일
이다. 그러면서도 한국 민주화운동이 지닌 또 하나의 특이점은
민주화운동 과정에서 일어난 주요 사건의 시발점이 지방이라

는 사실이다. 4월 혁명은 대구의 2·28 학생민주의거와 마산의 3·15 부정선거 항의 시위로부터 발단하였고 부산과 마산, 광주에서 일어난 지역 민주화운동이 중앙의 정국 변화와 민주화운동의 전국화를 초래했다.

특히 한국 민주화운동사에 있어서 부산의 지역성을 주목하지 않을 수 없는데 바로 부산이 4대 민주항쟁 중 하나인 부마민주항쟁의 진원지이기 때문이다. 적어도 1980년대까지 부산은 한국 민주화운동의 중심축이었다. 이 짐을 제대로 해명하지 않고는 한국의 민주화운동이 왜 그렇게 혹독한 탄압 속에서도 끈질기게 이어져 왔는가를 온전하게 설명할 수 없다. 1998년에 이어 2021년 『부산민주운동사』를 재차 발간해야 했던 진짜 중요한 이유이기도 하다. 한국 민주화운동사에서 부산은 어떠한 위상을 지니는 것일까? 왜 부산은 민주화운동의 중심적 역할을 하게 된 것일까?

서울을 제외하고 보면 1876년 개항 이후 한반도에서 가장 빠른 도시적 성장을 보인 곳이 바로 부산이다. 서구의 근대화 과정을 보더라도 도시의 발달과 민주 시민의 성장은 밀접한 관계가 있다. 개항기와 식민지 시기를 거치면서 부산은 토착 주민보다는 일본인과 주변 농촌 인구를 포함한 외부 인구의 유입으로 인해 급속한 인구 성장과 함께 국제성과 개방성을 지닌 도시로 발전했다. 해방 이후에도 부산은 급속한 산업화 과정을 거치면서 1960, 70년대 대규모 임해공업단지를 품은 공업도시이자 세계적 무역항으로 발전했다.

특히 전쟁과 산업화는 부산이 근대적 시민사회로 성장하는 데 큰 영향을 미쳤고 그와 함께 근대적 시민의식이 성장해갔음도 분명하다. 특히 한국전쟁 기간 중 거대도시로 급격히 성장한 부산은 약 3년간 임시수도로서 정치적 중심지였으며, 이때 이승만 독재에 대한 직접적인 경험은 이후 민주화운동의 정신적 밑거름이 되었다. 게다가 부산은 1960년대 이미 대학이 밀집해 있는 서울에 버금가는 교육도시로 발전해 있었다. 이를 배경으로 4월 혁명에 이어 부마민주항쟁 또한 학생들의 시위로 촉발되었다. 1980년대까지 지역의 민주화운동에 있어서 학생들이 선구적 역할을 하였다는 것은 전국적으로 공통된 현상이지만 그중에서도 부산의 경우는 특별히 주목할 가치가 있다.

지역사적 맥락에서 볼 때 한국전쟁 기간 부산인들이 겪은 정치적 경험은 1960년대 이후 한국 민주화운동 연구에 있어서 간과할 수 없는 요소이다. 4월 혁명만을 예로 들어도 인접 도시 마산에서 일어난 3·15 의거가 4월 혁명의 기폭제가 된 것은 누구나 익히 아는 사실이다. 부산 또한 4월 혁명 당시 어느 도시보다 강경한 투쟁을 벌였고, 상대적으로 많은 희생자가 발생하였다. 이러한 4월 혁명의 경험과 혁명 정신이 다시 부마민주항쟁에 어떤 방식으로든 전승되었다는 것은 명백한 일이다.

최근 케이팝, 드라마 등을 필두로 한류가 해외로 급속히 확산하면서 이제 한류는 '글로벌한' 현상으로 자리 잡아가고 있다. 그런 와중 2021년 2월 쿠데타 발생 이후 지속되고 있는 미얀마 민중의 군부에 대한 저항 속에서 1980년대 전후 한국의 민주화 투쟁 때 불렸던 민중가요가 호명되고 있다고 한다. 이처럼 한국 민주화운동 또한 글로벌한 현상이 되어가고 있지만, 그 한국 민주화운동은 지역 민주주의의 지속적인 성장 과정에 대한 이해 없이는 제대로 설명되기 어렵다. 새로 발간된 『부산민주운동사』가 '민주주의와 인권'으로 상징되는 부산의 지역적 정체성을 회복하는 디딤돌이 될 것으로 기대해본다.(〈국제신문〉, 2021. 9. 8.)

5월에 돌이켜 보는
민주주의와 지방분권

이른바 신군부 세력이 광주를 피로 물들였던 그때로부터 42년의 세월이 흘렀지만, 5월 광주에 대한 역사적 진실 규명작업은 현재도 진행 중이다. 그만큼 왜곡된 과거사를 바로잡는 것은 지난한 일에 속한다. 최근(2022년) 5·18민주화운동진상규명위원회는 그동안 논란이 되어왔던 5·18 항쟁 당시 광주역 앞 민간인 사망과 관련 발포 명령과 명령권자가 담긴 군 보안사령부 문건을 처음 확인하였다고 언론을 통해 밝혔다. 또 헬기 총격으로 인한 사망 가능성에 대한 첫 증언도 이제야 확보된 상태이다. 진실 공방만 계속되어 오던 역사적 진실에 대한 부인할 수 없는 증거들이 뒤늦게나마 드러나고 있는 것은 다행스러운 일이다. 그러나 5·18 광주의 진상을 밝혀야 할 과제들은 이 외에도 산적해 있다.

과거사에 대한 진상규명이 어려운 것은 1980년 5월의 광주 민주화운동에만 해당되는 것은 아니다. 1979년 10월 부산과 마산에서 일어난 부마민주항쟁의 경우도 정도의 차이는 있으나 별반 다르지 않다. 마침 지난해 12월 부마민주항쟁진상규명위원회(이하 위원회)가 7년에 걸친 진상조사의 결과를 종합 정리한 『부마민주항쟁진상조사보고서』(이하 보고서)를 공개하였다. 관보에 먼저 게재된 이 보고서는 지난 3월 공식 출간되었다.

이로써 부마민주항쟁의 발생 원인과 발단, 시위의 진행 과정과 당시 일어난 국가폭력과 공권력의 불법 행위 등 사건의 진상과 성격이 공식적으로 규명되었다. 그러나 법정 시한에 맞춰 진상조사를 마무리하고 보고서를 내놓았으나 부마민주항쟁의 진상규명이 완전히 이뤄졌다고 말하기는 어렵다. 관련자 조사도 여전히 미진한 부분이 있고, 가해자 또는 진압 주체에 대한 추가적인 조사도 필요하다.

특히 마산 시위 과정에서 발생한 유치준 씨 사망 사건의 경우 사망 원인과 부마민주항쟁의 관련성은 밝혀냈지만 사망 이후 시신 처리 과정 등은 여전히 의문으로 남아 있어 재조사가 필요하다. 이처럼 과거사에 대한 진상규명이 어려운 것은 사건 발생 시점으로부터 오랜 시간이 지나 사실 확인이 어려운 탓도 있지만 핵심적인 것은 사건 관련 관계기관이나 가해자 측의 자료 은폐와 증언 거부 때문이다.

이와는 별개 문제로 부마민주항쟁과 광주 5·18 민주화운동과의 연관성을 밝히는 것도 부마민주항쟁의 진상조사 과정에서 제기된 주요 쟁점 사항이다. 실제로 두 사건은 시위 과정이나 계엄령의 선포, 시위 진압 목적의 공수부대 투입 등 진압 방식에 있어서 여러 가지 유사한 측면이 발견된다. 두 사건은 1980년 서울의 봄을 사이에 두고 7개월간 지속된 민주화운동의 연쇄적 고리로 연결되어 있다.

두 사건이 지닌 또 하나의 공통점은 서울이 아닌 지방에서 대규모 민중항쟁이 발생했다는 점이다. 돌이켜 보면 4월 혁명도 그 직접적 발단은 3·15 마산의거였고, 부마민주항쟁과 5·18 광주민주화운동 또한 유신정권과 신군부에 대한 지방 시민의 저항이었다.

이와 관련하여 한 연구자가 일본 외무성에서 찾아낸 흥미로운 자료 하나가 눈길을 끈다. 그것은 1979년 재부산일본영사관이 부마민주항쟁과 관련하여 작성한 「관내정세보고」라는 제목의 문건인데 거기에는 '한국은 중앙집권이 철저하며 이에 대한 불만으로 최근 지역 지식인이 지방자치와 함께 민주화를 염원하고 있다'는 지적이 있다.

사람을 낳으면 서울로 보내라는 말이 생겼을 만큼 한국은 중앙집권의 오랜 전통을 지닌 나라이다. 그러나 그러한 중앙집권의 폐단이 오히려 봉건체제의 위기를 가져와 민중의 봉기가 끊이지 않았던 역사를 우리는 기억한다. 19세기 초 조선왕실을 위협했던 홍경래의 난을 비롯하여 1894년 동학농민전쟁으로 이어지는 19세기 농민봉기(민란)의 대부분이 중앙권력의 지방 민중에 대한 수탈과 그에 대한 저항에서 비롯되었다. 불의에 대한 지방민의 저항은 1945년 해방 이후에도 반복되었다. 민주화 이전 굴곡진 한국현대사의 주요 사건들 또한 지방에서 발생했다.

중앙으로의 과도한 권력 집중이 사회 발전의 장애 요인임은 이미 역사적으로 입증된 것이나 다름없다. 그것은 우리 사회가 지금 안고 있는 빈부격차만큼이나 미래의 불안 요소가 될 수 있다. 어쨌든 과도한 중앙집권체제가 우리 사회의 발전을 위해서 선택해야 할 불가피한 전략은 아닐 것이다.

지난 대선을 뜨겁게 달구었던 부동산 문제 역시 이러한 관점에서 볼 수는 없을까. 부동산 가격의 급등이 일부 투기 세력의 그릇된 욕망에서 비롯되었다는 진단도 단기적으로 틀렸다고는 할 수 없지만 장기적 거시적 관점에서 보면 과도한 중앙집권체제의 부산물인 인구의 수도권 집중에 눈을 돌릴 필요가 있다. 즉, 과도한 중앙집권화가 초래한 중앙의 지나친 경제력 집중과 이에 따른 수도권의 지속적인 인구집중이 부동산 투기와 가격 급등의 근본 원인이 아니겠는가. 한정된 재화에 수요가 몰리면 가격이 상승하는 것은 시장경제의 기본 원리이다.

그러나 과도한 중앙집권의 폐해에 대한 정치권의 문제 인식이 부족해서인지 언제부터인가 민주화의 핵심과제인 지방분권 문제는 현실 정치 현안에서 뒤로 멀찍이 밀려나 있다. 중앙권력을 향한 한국 정치의 소용돌이는 여전히 강력해 보인다.(《국제신문》, 2022. 5. 18.)

부산에 '항일독립운동기념공원'을
건립한다면

요즈음 들어 독립운동에 관한 기념사업이 중앙정부 차원이 아닌 지자체를 중심으로 활발하게 논의되거나 실행에 옮겨지는 일이 잦아지고 있다. 지난 1월 18일 서울시의회 서소문청사에서 열린 '독립운동 기념사업과 지자체의 역할'이란 이름의 토론회도 그러한 추세를 반영한 것으로 보인다. 물론 이 토론회는 서울시와 관련된 독립운동 사건이나 인물의 기념사업이 주된 토론 내용이었지만 부산시에서도 독립운동 기념사업과 관련된 대규모 프로젝트를 추진하고 있어 이 행사를 유심히 지켜보았다. 내가 직접 참여한 것은 아니지만 독립운동사 연구자와 서울시의회 관계자들이 함께 모여 서울시 역내 독립운동 사적지와 독립운동 관련 콘텐츠에 관한 토론 내용을 담은 자료집을 살펴보고 깊은 인상을 받았다.

독립운동 기념사업은 총괄적으로는 국가보훈처를 중심으로 중앙정부가 주관하는 것이 마땅한 일이지만 독립운동의 현장성이나 독립운동가들의 출신 지역 등을 고려하면 지자체의 역할 또한 과소평가할 일이 아니다. 더구나 1987년 민주화 이후 지방자치제의 실시에 따라 지자체마다 자기 지역의 정체성을 살리고 이를 지역 발전의 동력으로 활용하려는 시도는 너무나 당연한 일로 받아들여지고 있다. 그러한 실천 활동의 일환으로 진작부터 여러 지역에서 지자체 주도의 독립운동기념관 건립이나 독립운동사연구소 설립 등과 같은 독립운동 기념사업이 활발하게 이루어지고 있다.

그런데 그동안 전국 각지에서 벌어진 독립운동 기념사업을 되돌아보면 각 지자체가 경쟁적으로 사업을 추진하는 과정에서 과시적인 효과에만 치중하거나 임기응변적으로 사업을 추진한 나머지 사업의 성과로 내놓은 전시의 구성과 내용이 체계적이고 충실하지 못해 이른바 '외화내빈'으로 귀착되는 경우도 더러 있었다. 이는 독립운동 기념사업이 독립운동의 지역적 배경이나 특성에 대한 심층적 연구와 검토 없이 개별 독립운동가의 현창(顯彰) 사업에만 치우쳐 생긴 결과라고 할 수 있다.

한국 근대사를 관통하는 일제 침략기 한국의 독립운동은 지역에 따라 매우 다양한 방식으로 전개되었다. 따라서 이러한 문제에 접근할 때는 일제강점기의 지방제도가 오늘날의 행정구획과 달랐다는 점과 함께 지역마다 상이한 사회문화적 배경을 고려해야 한다. 한국 사회의 민족운동이 다양한 모습을 띠게 되는 것은 기본적으로는 한반도의 자연지리적 환경과 지정학적 조건이 지역별로 다른 데서 비롯된다. 남부와 북부, 도시와 농촌, 그리고 중앙과의 거리 등 각 지역의 지리적 환경과 사회경제적 조건이 민족운동 또는 독립운동의 양식적 차이를 만들어 낸다. 이러한 점에서 각 지역의 민족운동은 그 지역의 문화적 정체성과 매우 밀접하다고 말할 수 있다.

한일강제병합 직전 한말 의병항쟁은 주로 농업이 발달한 삼남지방에서 크게 일어났다. 그중에서도 기호 일부 지역과 경북, 호남 등지에서 의병투쟁이 거세게 일어났다. 이에 비해서 호남과 인접한 서부지역을 제외하면 경상남도에서는 상대적으로 의병투쟁이 약했다. 반면에 부산과 마산 등 2개의 개항장 도시가 인접해 있었던 경남지역에서는 신식학교 설립운동이나 국채보상운동과 같은 계몽운동이 크게 일어났다. 한말 민족운동의 이러한 지역적 특성은 일제강점기에까지 이어져 3·1운동은 물론 이후 독립운동의 전개에도 다양한 영향을 미치게 된다.

특히 부산은 개항 이후 경남지역의 거점 도시로 성장하면서 1920년대 이후로 경상남도의 도청소재지이기도 했다. 의열단 투쟁으로 시작하여 조선의용대 창설과 한국광복군으로 이어지는 중국 관내 독립운동에서 부산과 경남지역 인사들의 활약이 절대적으로 중요했다. 또 만주지역에서 활발했던 대종교 운동과 1942년 조선어학회사건 등에도 부산과 경남지역 인사들이 주도적으로 간여했다. 이처럼 부산을 중심으로 한 경남지역 인사들의 독립운동 네트워크는 부산지역 독립운동 기념사업의 추진 과정에서 깊이 천착해야 할 핵심적 과제이다.

현재 부산시의 독립운동 기념사업은 타 지역에 비해 크게 뒤처져 있는 형편이다. 시민사회나 민간에서 주관하는 개별적 기념사업 외에는 부산시 당국이 독자적으로 추진하고 있는 독립운동 기념사업은 눈에 띄는 것이 별로 없다. 그러한 와중에 뒤늦게나마 부산시 주도의 독립운동 기념사업 추진되고 있어 관심이 모아지고 있다. 부산시가 발주한 '(가칭)부산항일독립운동 기념공원 건립 타당성 조사 및 기본계획에 관한 연구용역사업'도 마무리되었고 공원 조성을 위한 부지 선정도 거의 마무리 단계에 이르렀다고 한다.

그러나 본격적인 사업은 이제부터 시작이라 할 수 있다. 이 시점에서 중요한 섯은 외관에만 치중한 기념사업보다는 기념 시설을 제대로 운영할 수 있는 전문 연구인력의 양성과 다양하고 깊이 있는 콘텐츠의 개발을 위해 고민하고 준비하는 일일 것이다. 더불어 이 사업에 대한 대시민 홍보를 비롯하여 더욱 많은 시민이 사업에 동참할 수 있도록 다양한 방안들 또한 강구되어야 할 것이다.(〈국제신문〉, 2023. 2. 1.)

3
민주화를 향한 또 다른 시선

어제의 개혁 담론,
『북학의(北學議)』

훌륭한 고전은 시대를 초월해서 특히 변화의 시대에 더욱 진가를 발한다. 최근 우리 사회에서 고전에 대한 관심이 고조되고 있는 것도 시대적 변화와 무관한 것은 아니라는 생각이 든다. 근래 안대회 교수가 옮긴 초정 박제가의 『북학의』가 주목된다. 이 번역본은 성실한 주석도 돋보이지만 고전에 대한 새로운 이해와 더불어 오늘의 시대정신을 음미할 수 있어 더욱 의미가 있다.

북학의는 '북방 중국에서 배운다'는 취지에서 붙여진 이름이다. 그러면 박제가가 '북학'을 주창하던 때의 시대 상황은 어떠했는가. 당시 지배층으로 주자학을 신봉하던 많은 유학자가 명이 멸망한 지 이미 백수십 년이 지났음에도 당시 청의 중국을 오랑캐라 멸시하면서 이들의 발달된 기술과 문화를 배척하고 있었다. 박제가는 이처럼 인순고식하여 변화와 개혁을 거부하던 주류적 지식층과 기득권 세력에 대한 통렬한 비판을 이 책에 담았다.

박제가가 변화와 개혁을 꿈꾸던 18세기 후반, 이른바 정조 시대는 우리 역사상 하나의 전환기였다. 왜란과 호란 이후 1~2세기를 거치면서 전쟁으로 피폐해진 경제가 어느 정도 회복되고, 정치적으로도 다소 안정을 찾아가던 시기였다. 양란의 참화에 대한 뼈저린 반성 위에서 자주의식도 높아져 갔다. 그리하여 실학자들을 중심으로 우리 민족의 역사와 지리에 대한 연구가 활기를 띠었고, 이른바 진경산수화의 시대가 열리는 등 문예부흥의 새 기운이 일어난 것도 이러한 시대적 자신감의 반영이라고 할 수 있다.

그러나 이러한 발전이 곧 봉건적 질곡에서의 해방을 의미하는 것은 아니었고, 여전히 낡은 제도가 앞으로의 진전을 가로막고 있었다. 특히 당시의 기득권층은 낡은 체제의 옹호자로 변화에 대해 강한 거부감을 지니고 있었다. 이 때문에 박제가 등은 진정한 변화와 새로운 도약을 위해서는 수구세력의 청산과 함께 선진 문물의 도입과 내부의 혁신이 필요하며 개혁 군주인 정조가 집권한 지금이 바로 그 절호의 기회라고 인식하였다.

물론 『북학의』에 표시된 개혁사상은 그 혼자만의 견해가 아니었다. 그것은 당시 진보적 지식인의 일반적 견해이기도 하였다. 예컨대, 연암 박지원도『북학의』를 읽고 이에 공감할 수밖에 없었던 이유를 설명하면서 "아! 한갓 우리 두 사람이 눈으로 직접 확인했다고 해서 그런 것이겠는가? 일찍이 비 내리는 지붕 아래 눈 오는 처마 밑에서 연구하고, 술기운이 거나하고 등심지가 가물거릴 때까지 맞장구를 치면서 토론하던 내용을 한눈으로 확인한 것이기 때문이다."라고 했던 것이다.

『북학의』는 단순히 중국의 우수한 문물을 소개한 글이 아니다. 그것은 '북학'을 빌려 저자 나름의 역사에 대한 성찰과 현실 비판을 담은 말하자면, 그 시대 나름의 '개혁담론'이다. 그러나 이러한 개혁담론도 한 시대를 이끌던 정조의 죽음과 함께 종말을 고하였다.

이후 우리 역사는 '세도정치기'라는 반동의 시대로 들어섰다. 한 사회의 명운을 군주에게 절대적으로 의존하였던 시대의 불운이라고도 말할 수 있다. 역사에서 개혁의 적기란 무엇인가. 요즈음 이 책을 읽는 독자라면 이러한 자문이 절로 들지 않을 수 없을 것이다.(〈부산일보〉, 2004. 10. 24.)

주술에 포획되었던
대한민국

"잘못된 역사를 배우면 혼이 없는 인간이 되거나 혼이 비정상이 될 수밖에 없다."이 뜬금없는 소리는 2015년 말 박근혜 대통령이 역사 교과서 국정화의 당위성을 강조하여 한 말이다. 정부가 역사 교과서 국정화 방침을 미리 정해놓고 역사학계와 시민사회의 거센 반발을 무릅쓰고 이를 강행하려 할 때의 일이다.

당시 새누리당을 비롯하여 보수단체 일각에서는 마치 주술에라도 걸린 듯 '구성원의 90%가 좌파인 역사학계에 역사 교과서 서술을 맡길 수 없다'는 등 터무니없는 논리로 대통령의 주장에 맞장구쳤다. 그 당시는 정확히 인지하기 어려웠지만, 아마도 지난날의 광기와 주술의 정치는 이때 이미 극에 달하고 있었는지도 모른다.

역사 교과서 국정화 방침은 그 시동을 걸자마자 정부가 위촉한 집필위원 중 한 명이 여기자 성희롱 사건으로 중도 사퇴하는 등 그 시발부터가 불길한 징조를 보였다. 이후 역사 교과서 집필위원은 철저히 비밀에 붙여진 채 국정교과서 집필 작업이 추진되어 그 실행을 눈앞에 두었으나 '박근혜·최순실 게이트'의 문이 열려 그 주술적 효과가 떨어진 지금 교육부가 역사 교과서 국정화 방침을 계속 밀어붙이는 일도 쉽지는 않아 보인다.

한 해 전만 해도 역사 교과서 국정화 문제를 놓고 대통령이 마법을 행하는 주술사 같은 소리를 되뇐 이유가 무엇인지 사람들은 이해하지 못했다. 물론 대통령 주변에는 이 문제의 핵심을 파악하고 있었던 사람도 있었겠지만 이미 주술사와 한 몸이 된 사람들은 상황을 파악하고도 입을 다물었을 것이다. 그 의문의 수수께끼는 '박근혜·최진실 게이트'라는 비밀의 문이 열리고서야 비로소 풀리기 시작했다.

이른바 '박근혜·최순실 게이트'의 핵심은 한마디로 대통령에게 위임된 국민주권이 '주술사'에게 넘어가 사유화되고 농락당하였다는 것으로 요약된다. 그 어떤 작가의 상상력으로도 따라갈 수 없는, 드라마보다 더 드라마틱한 대한민국의 은폐되었던 민낯이 어둠 밖으로 드러나자 대한민국은 비로소 주술에서 깨어나기 시작하였다.

사전적 의미로 주술이란 초자연적인 존재나 신비한 힘을 빌리어 여러 가지 현상을 일으켜 인간의 길흉화복을 해결하려고 하는 기술, 즉 영매라는 언어적 수단을 통해 사람의 영혼을 포획하는 기술이다. 따라서 일단 주술에 포획된 자는 자신의 자유의지를 상실한 채 오로지 주술사의 의지대로 움직이는 꼭두각시 신세가 된다. 설사 순간적으로 주술에서 빠져나오려는 생각이 들어도 자신의 몸이 마음대로 움직여주지 않는다.

그동안 우리 사회의 모습을 돌이켜 보면 주술의 정치에 연루된 자가 어찌 박 대통령과 최순실뿐이었겠는가? 우리 사회가 온통 불의한 주술사들의 마법에 빠져 있었던 것은 아닐까? 한번 깊이 자성할 필요가 있다.

우선 '우리가 남이가'라는 주문으로 시작되는 지역주의라는 주술은 무능하고 부패한 인물에게도 정치권력을 안겨주는 특별한 효능을 지니고 있다. 이 지역주의 주술에 걸린 유권자들은 '우리가 남이가'라는 한마디에 최면이 걸려 묻지도 따지지도 않고 후보자에게 표를 던진다. 우리 사회에 만연해진 정치적 부패와 지역 갈등 또한 이러한 주술사의 주문으로 부추겨진 것은 아닐까?

또 하나 우리 사회에 만연한 주술은 '종북'이라는 딱지를 붙이는 것이다. 이 주술 또한 만능의 효과를 지니고 있다. 한때 제3당으로 10% 이상의 국민적 지지율을 보였던 진보정당이 이 주술 하나로 순식간에 훅 가버렸고, 또 멀쩡한 서울시 공무원이 하루아침에 간첩으로 둔갑한 것도 이 주술의 효과이다. 정치적 반대파를 제거하고 정치적 불만에 재갈을 물리는 데는 이만한 주술이 없다. 주술사들은 세월호 사건도 사드 문제도 이 주술로 해결 가능하다고 철석같이 믿고 있을 것이다.

'기업 하기 좋은 나라 만들기'라고 불리는 주술은 또 어떤가? 이 주술은 저임금 노동자들의 불만을 잠재우고 노동운동을 탄압하기에 안성맞춤이다. 이 주술의 마법에 걸려든 사람은 헬조선이나 경제 불황의 모든 원인을 그저 노동자의 탓으로만 돌릴 뿐이다. 박 대통령의 K스포츠, 미르재단 모금 직접 지시,

재벌들과의 독대 등의 보도가 나오는 것을 보면 이러한 주술은 정치권력과 재벌이 결탁할 때 그 힘의 진가를 발휘함을 알 수 있다.

　대한민국에 횡행하는 이러한 주술의 배후에는 주술사의 주문을 대중에게 전파하는 것을 언론의 사명으로 삼는 '기레기'가 있다. 이들 또한 주술사와 한 무리라고 할 수 있다. 지난 12일 서울 광화문 앞과 부산 서면을 비롯하여 전국 여러 도시의 광장에는 백수십만 명의 시민이 모여들어 '이게 나라냐'며 '주술'로 망가진 정치 현실을 규탄하고 민주주의와 정의의 회복을 외쳤다. 그 함성 속에는 주술로 대중을 지배해온 위정자들에 대한 분노도 함께 어우러져 있었다.

　이날의 함성은 주술 세력에 대한 발본색원의 심판을 통해 민주공화국의 새 질서를 수립하려는 국민적 결의였다고 나는 생각한다. 국민주권을 주술사에게 내준 대통령의 하야가 그 국민적 결의를 실천으로 옮기는 첫 단추가 될 것이다.(《국제신문》, 2016. 11. 17.)

'대장부'가
아쉬운 시대

근래 한 일간지가 보도한 여론 조사 결과에 의하면 문재인 정부가 공약으로 내세운 적폐 청산에 대해 국민 10명 중 7명이 '의혹을 철저히 밝히고, 불법이 있다면 처벌해야 한다'고 생각하는 것으로 조사됐다. 문재인 대통령 취임 후 가장 잘하고 있는 분야로도 적폐 청산이 꼽혔다. 적폐 청산을 정치보복이라고 생각하는 여론은 소수에 불과했다. 이를 놓고 보면 최근 고공행진 중인 문재인 대통령의 지지율도 사실상 적폐 청산에 대한 국민적 기대가 큰 몫을 한 것이라는 해석도 가능하다.

정권이 교체되어 새 정부가 들어서면 변화란 으레 따르는 것이고, 그래야 마땅한 것이다. 하여 역대로 정권 교체 때마다 늘 개혁과 혁신이라는 구호가 따라붙었다. 따지고 보면 현 정부가 외치는 적폐 청산도 외견상 그와 다를 바 없을지도 모른다. 어떠한 명분이든 변화를 위해서도, 새 정치를 위해서도 구태와 적폐의 청산은 불가피한 것이다. 그래서인지 어느 정치세력도 적폐 청산의 당위성을 전적으로 부정하지는 않는다.

그러함에도 불구하고 이번 정권이 들어서 제기된 적폐 청산의 과제는 종전의 그것과는 다른 측면이 있다. 그것은 적폐 청산의 과제가 단순히 정치권의 집권 플랜 과정에서 제기된 것이 아니라 '촛불혁명'이라는 아래부터의 국민적 변화 요구로 촉발되었기 때문이다. 적폐 청산에 대한 국민적 기대가 높은 것도 이 때문이지만 거기에는 진정한 적폐 청산 없이는 새로운 미래의 약속도 실현되기 어렵다는 공통된 인식이 깔려 있다고 보아야 한다.

적폐란 제도적 결함 때문에 생겨난 것일 수도 있지만, 개인이나 집단의 불법적 관행이 누적된 결과일 수도 있고 양자 모두가 원인일 수도 있다. 이 때문에 개혁을 이야기할 때 흔히 제도 개혁이 먼저냐 인적 청산이 먼저냐를 놓고 논쟁이 벌어지기도 한다.

해방 이후 우리 현대사를 돌이켜 보면, 제도적 측면에서는 비록 일시적 퇴행이 있기는 했지만, 여러 차례 개혁이 진행됐다. 특히 1987년 6월 민주항쟁 이후 제도적 측면에서는 개혁이 꾸준히 진행되어 거의 선진국 수준의 민주적 제도를 갖추었다고 자부할 정도가 됐다. 그렇다고 해서 제도의 개혁만큼 민주주의가 진전된 것은 아니다. 과거 정권에서 행해진 일이지만 최근 불거진 '블랙리스트' 사건이나 '국정원 선거 개입' 사건이 이를 말해준다. 블랙리스트와 국정원 선거 개입은 일부 사례일 뿐이다. 이는 개인과 집단의 법적 일탈이 구조화되어 있었다는 증좌이고, 그 때문에 적폐 청산이 그 어느 때보다 절실하고 시급할 수밖에 없다.

그러나 제도 개선과 인적 청산보다 더 근본적이고 심각한 문제는 사회적으로 만연한 '공적 의식'의 부재이다. 공직사회 전 반에 걸쳐 의식 변화가 요구되는 이유이다. 언필칭 '국정농단'이 라고 하는 전 박 대통령 탄핵 사유도 따지고 보면 권력의 사유 화가 그 핵심이다. 그 속을 살펴보면 문제의 심각성이 더욱 절 감하게 된다. 장관도 그 이상도 이하도 국고 횡령의 유혹에 무 력하고, 권력의 지시라면 그것이 불법 불의한 것임을 알면서도 거부하는 공직자가 없었다. '정의'가 부재했다. 그러다 보니 안 으로 부패가 만연해도 이른바 '대장부'는 눈을 씻고도 찾기 힘 든 공직사회가 되었다. 잠시 중국 주석 시진핑이 외교무대에서 인용했다고 하여 한때 화제가 되기도 했던 '맹자의 대장부론'을 떠올려본다.

> 천하의 넓은 곳에 거처하고, 천하의 바른 곳에 자리하며
> 그 큰 도를 행하되, 기회를 얻으면 백성과 더불어 그 도를 행하고
> 기회를 얻지 못하더라도 홀로 그 도를 행하여,
> 부귀로도 그의 마음을 더럽히지 못하며
> 빈천도 그의 뜻을 바꾸지 못하며
> 위세와 힘으로도 그를 굴복시킬 수 없다면,
> 그러한 사람을 일러 대장부라 이른다.

얼마 전 비록 먼 나라의 이야기이지만 우리 공직사회가 경 청해야 할 만한 제법 '신선한 소식'이 하나 전달되었다. 언론 보

도에 따르면 지난 11월 존 하이튼 미 전략 사령관(공군 대장)이 "위법적이라고 판단되면 도널드 트럼프 대통령으로부터 핵 공격 지시를 받더라도 거부할 것"이라고 말했다는 것이다. 핵 문제의 민감성 때문인지 대통령의 명령도 위법하면 거부할 수 있다는 발언 때문인지 국내 언론도 이를 '빅 뉴스'로 다루었다. 이도 저도 아니라면 최근 미 의회 내에서 트럼프 대통령의 핵무기 사용 권한에 제동을 가하려는 움직임이 확산하는 가운데 나온 발언이기 때문인지도 모른다.

만일 불법적 명령을 거부한 대장부가 박 전 대통령의 측근 중에 단 한 사람이라도 있었다면 그 결과가 어떠했을까 생각해 본다. '대장부'가 득세하는 세상이라면 적폐 청산을 다시 들먹일 까닭도 없지 않을까?(〈국제신문〉, 2017. 12. 13.)

반유신 시위 현장을 목격했던
어떤 경찰관 이야기

1979년 10월 18일 오후 5시경 반원 3명과 함께 형사반장의 직책으로 근무 명을 받고 시위 현장을 살펴보던 이 모 경관은 구 부산시청(현 롯데백화점) 건너 대로변 광복동 입구 앞 노상을 지나던 중 공수부대 계엄군으로 보이는 군인들이 시민을 무릎 꿇리어놓고 진압봉으로 구타하는 것을 목격하였다. 경찰관으로서 이를 결코 묵과할 수 없다고 판단한 그는 스스로 경찰관임을 밝히고 "왜 무고한 시민을 구타하느냐. 당장 그만두라."고 제지했다. 그러나 그 순간 지휘관으로 보이는 장교가 경찰관 신분증을 낚아채어 빼앗고 군 트럭 안에 대기 중이던 10여 명의 군인들에게 "야! 조져, 저 새끼들 필요 없어. 조져." 하고 명령했다. 그러자 전원이 뛰어내려 각자 소지하고 있던 참나무 몽둥이로 경찰관 4명의 머리 등을 무자비하게 내려치고 쓰러진 경관들을 군홧발로 짓밟는 등 약 10여 분간 집단폭행을 가했다. 이 모 경관은 구타를 당하던 중 정신을 차리고 다른 경관들에게 도망치라고 소리치고 자신도 필사적으로 그곳을 벗어나 몸을 숨겼다가 날이 어두워진 뒤 택시를 타고 직장으로 돌아갔다.

본서로 돌아간 그는 계엄군으로부터 상황을 통보받은 서장에게 불려 가 위로는커녕 호된 질책을 받았다. 동시에 자신들이

겪은 사건에 대해 일체 함구할 것을 명령받았다. 그 후 이 사건
은 40년 동안 침묵 속에 갇히고 말았다. 피해 당사자인 4명의 경
관은 이 사건으로 몸에 큰 상처를 입어 병원 치료를 받았을 뿐
만 아니라 오랫동안 정신적 고통에 시달려야 했다. 4명 중 1명은
이미 사망하였고, 나머지 세 명의 피해 경찰들은 지난해(2018년)
11월 부마민주항쟁진상규명위원회에 부마민주항쟁 관련자로
인정받기 위해 진실규명을 신청하였다. 지난 3월 이들은 부마민
주항쟁 관련자로 공식 인정되었다. 40년의 세월이 흐르고 나서
야 이들은 '시위 진압 훼방꾼'이라는 누명을 벗고 명예를 회복할
수 있었다.

이 이야기에서 일자와 장소를 음영으로 처리하고 이 사건의
발생 일자와 장소를 말해 보라고 하면 이 글의 독자 중 십중팔
구는 아마도 1980년 5월 광주의 모습을 머리에 떠올릴 것이다.
그러나 이 사건은 1980년 5월 광주의 모습이 아니라 그보다 7개
월 앞서 부산에서 일어난 사건이다. 시간적으로도 그리 멀지 않
은 광주와 부산에서 벌어진 별개의 두 사건은 사실상 여러모로
닮은 점이 많다. 광주에서 일어났던 살인적 진압 방식에 대한 의
문의 단초는 이미 부산과 마산에서 시민들에 의해 목격되었던
일이다. 단지 부마민주항쟁으로 촉발된 반유신 반독재항쟁의
열기가 이른바 10·26 사건으로 일시 종식되어 그 잔혹성이 상
대적으로 기억에서 멀어졌던 것뿐이다. 이러한 상황을 놓고 보
면 최근 언론 보도를 통해 새로 밝혀진 바대로, 광주 학살의 최

고 책임자로 지목된 전두환이 광주에 앞서 보안사령관 자격으로 부산을 먼저 방문했다는 것은 결코 우연한 일이 아닐지도 모른다.

1979년 10월 16일 이후 부산 시내 전역은 연일 '유신독재 타도'를 외치는 시민들의 함성으로 가득 차 있었다. 이로 인하여 유신정권이 파견한 군 부대원과 시민들 사이에 격렬한 충돌이 곳곳에서 일어났다. 부산에서 시작된 반유신 항쟁의 불길은 10월 18일, 부산 인근 도시 마산으로 옮겨붙었다. 당시 유신정권은 부산과 마산 시민들의 예상치 못한 거센 저항에 부딪히자 두 도시에 각각 계엄령과 위수령을 선포하고 유례없는 폭력적인 방법으로 이를 진압했다. 그러나 그들에게 돌아온 후과 또한 컸다. 결국 권력 내부에 큰 균열이 일어나 박정희의 유신독재는 10월 26일 이른바 '대통령 유고' 사태로 막을 내렸다. 결과적으로 부마민주항쟁이 유신체제의 종말에 결정타를 날렸다고 할 수 있다. 그만큼 부마민주항쟁은 한국현대사의 흐름을 바꾼 대사건이며, 한국 민주화운동사에 있어서도 새로운 전환점을 마련한 중대한 사건이었다.

지난 6월 25일 정부는 부마민주항쟁 발생일인 10월 16일을 국가기념일로 지정하는 내용의 '각종 기념일 등에 관한 규정'의 일부 개정령안을 입법예고 한다고 밝혔다. 만시지탄의 감이 없지 않으나 이제 부마민주항쟁은 4·19 혁명, 5·18 광주민주화운동, 6·10 민주항쟁에 이어 한국 현대 4대 민주화운동의 하나

로 공식적으로 자리매김하게 되었다. 이와 더불어 지난 7월 4일
에는 서대문형무소 역사관에서 '부마 1979, 유신의 심장을 쏘다'
란 제목으로 부마민주항쟁 40주년 기념전시 개막식이 열렸다.
부마민주항쟁기념재단이 주최한 이번 기념전시는 광주, 창원을
거쳐 10월 중에는 부산에서도 열릴 예정이다.

올해는 3·1운동 100주년과 함께 부마민주항쟁 40주년이
되는 해이다. 특히 부산과 마산을 중심으로 부마민주항쟁 40주
년을 기념하기 위한 각종 행사가 진행되고 있거나 예정되어 있
다. 그 어느 때보다 부마민주항쟁의 역사적 의의를 되새겨 볼 많
은 기회가 마련되어 있다. 이제 부마민주항쟁은 응당 국가적 기
념 대상이 되겠지만, 그 누구보다 부산과 마산 시민들의 관심과
참여가 각별히 기대되는 상황이다.(〈국제신문〉, 2019. 7. 17.)

'정의'를 곱씹어보기

박근혜·최순실 게이트가 터지고 주말 촛불 시위가 시작된 지 벌써 석 달이 지났고, 박근혜 대통령의 탄핵안이 국회에서 가결되어 헌법재판소의 대통령 탄핵 심판이 시작된 지도 7주가 지났다. 또 특검팀의 수사가 본격화되면서 박·최와 연루된 각종 비리가 날마다 터져 나오고 있다. 아직 헌법재판소의 탄핵 심판 결과를 예단하기 이를지 모르나, 대통령 탄핵을 전제로 대선 고지를 향한 정계 인사들의 발걸음도 분주하다.

상황이 상황인 만큼 설 전후 유력한 대선 예비후보들과 정당이 내놓은 화두가 부패 청산과 공정사회의 실현이다. 한마디로 우리 사회의 핵심 과제가 정의를 세우는 일이라는 데 정치권이 공감하고 있다는 말로 들린다.

정치권의 이러한 반향은 우리 사회에 만연한 부정의를 규탄하는 촛불 민심에 대한 정치적 응답으로서 당연한 일이다. 지난 2012년 대선 당시의 화두가 경제에 집중되었던 것에 비하면 격세지감마저 느껴진다. 그만큼 우리 사회가 도덕적 위기에 빠져 있다는 것이고, 또 그만큼 개혁이 초미의 정치적 과제가 되었음을 말해 준다. 언필칭 '헬조선'의 역설이며, 동시에 경제민주화를 대선 공약으로 내세웠던 현 박근혜 정부가 빚어낸 정치적 아이러니이기도 하다.

수년 전 베스트셀러에 오른 책의 제목이기도 한 '정의란 무엇인가'를 한번 자문해본다. 한자로 정의(正義)의 뜻이 그렇고 영어 justice의 축자적 의미가 그렇듯이 정의의 핵심 가치는 '올바름'에 있다고 할 것이다. 또 공자가 정치란 무엇이냐는 물음에 대해 '정(正)'이라는 한마디로 답한 사실로 유추컨대, 정의는 정치가 지양해야 할 최고의 덕목이라고도 할 수 있다. 올바름이란 정상적인 상황에서만 가능한 것이니 결국 정의란 다름 아닌 정상으로의 회복을 뜻한다고도 할 수 있다. 공자는 그 출발이 정명(正名), 즉 이름을 바르게 하는 데에 있다고 하였다. 대통령이 대통령다워야 하고, 국회의원은 국회의원다워야 한다. 그렇지 못하면 그것은 곧 정치의 제 모습을 잃은 이른바 '난세'의 모습이라 할 수 있다.

문제는 왜 오늘날 정의가 바로 서지 못하게 된 까닭을 제대로 성찰하고 있지 못하느냐이다. 말로만 정의를 강조하는 것과 부정의한 오늘의 현실을 근원적으로 성찰하는 것은 전혀 다른 문제이다. 그러나 대선을 코앞에 둔 정치권의 모습을 보면 말로는 정의를 강조하면서도 저들의 진짜 관심은 권력구조의 개편과 연관된 헌법 개정에 집중되어 있는 느낌이다. 권력구조 개편은 정치 운영의 효율성을 위해 당연히 숙고해야 할 과제이기는 하나, 그것이 사회적 정의 실현의 결정적이거나 직접적인 해결책일 수는 없다. 실제로 대통령제와 내각제 또는 단임제와 중

임제 중 어느 쪽이 정의 실현에 더 적합한 제도인지는 입증된 바 없다.

『국부론』의 저자인 아담 스미스는 그의 또 다른 저서인 『도덕감정론』에서 "정의란 합리적 계산의 산물이 아니라 사회를 이루고 살아가는 인간의 본성에 내재된 원리"라고 말하며 정의가 무너지면 사회는 곧 붕괴될 것이라고 말하였다. '보이지 않는 손'도 정의가 무너진 비정상의 사회에서는 정상적으로 작동할 수 없다는 의미로 해석되는 대목이다.

즉, 정의의 문제는 제도 이전의 보다 근원적인 해법이 요구되는 '사회적 경험과 인간의 본성'에 관한 것이다. 이미 정의가 무너진 상황에서 그 부정의의 뿌리를 제대로 규명하지 못한 채 임시방편으로 제도 개혁에만 손을 댄다면, 그것은 근원적 해결책이 될 수 없다. 세월호 사건과 박·최게이트에서 드러난 정경유착은 그 뿌리가 다르지 않다. '헬조선'의 부정의한 현실을 극복하기 위해서 세월호 사건의 진실 규명이 반드시 필요한 이유도 여기에 있다. 근래 한·일 양국 간에 논란이 되고 있는 '일본군 성노예(일본군 위안부)' 문제도 마찬가지다.

박·최게이트로 귀결된 우리 사회의 부정의와 부조리는 어제오늘의 일이 아니다. 멀리는 일제강점기 이래 청산되지 못한 과거사의 누적된 결과이며, 가깝게는 해방 이후 독재정권에 의해 왜곡 주조된 반인권적 반민주적 적폐에서 연유한다. 한국현대사에서 이러한 적폐를 청산할 수 있는 기회가 여러 차례 있었다. 해방 직후 제1공화국 시기에 친일파 청산 시도, 1960년 4월 혁명 직후 짧은 기간 동안이었지만 한국전쟁 전후 양민학살에 관한 진상 규명 등에 관한 사회적 논의가 있었다. 또 1987년 민주화 이후 여러 차례의 과거사 청산 작업이 진행되었다. 그러나 적폐를 걷어내기 위한 과거사 청산 작업은 번번이 반대 세력의 도전으로 중단되거나 그들의 방해로 인해 철저하게 이루어지지 못했다. 그로 인해 누적된 불완전한 과거사 청산이 오늘날 우리 사회의 도덕적 위기를 초래하기에 이른 것은 아닌지 자문해본다.

불의한 세력도 늘 '정의'를 집권 명분으로 내세웠다. 1980년 광주민주항쟁을 무력으로 진압하고 들어선 제5공화국의 집권당은 그 이름조차 '민주정의당'이었다. 제5공화국의 신군부 세력은 '정의 사회의 실현'을 구호로 내세웠지만, 한 번도 과거사 청산에 관심을 가져본 적이 없다. 그들이 내세운 정의란 권력의 그럴듯한 치장막이었을 뿐 과거를 성찰하는 도덕적 잣대가 아니었다. 앞으로 다가올 새 시대의 청사진에 '정의'를 포함하려 한다면 과거사 청산은 피할 수 없는 과제이다.(〈국제신문〉, 2017. 2. 1.)

4부

동아시아 평화와
인권의 길

1

한일관계와 동아시아 과거사

'경술국치' 100년,
의병항쟁과 안중근의 순국

올해(2010년)는 특별히 기념하고 기억해야 할 역사적 사건
들이 많다. 굵직한 사건들만 해도 6·15 남북공동선언 10주년,
5·18 광주민주화운동 30주년, 4월 혁명 50주년, 한국전쟁 60주
년이 되는 해이다. 별개인 것처럼 보이지만 긴밀히 결속되어 있
는 이 한국현대사의 굴곡진 사건들은 더 멀리는 일제의 식민지
배에 닿아 있다. 올해는 일본제국주의에게 조선이 나라를 빼앗
기고 식민지가 된 이른바 '한일강제병합' 100주년이 되는 해이
니 그동안 논란이 많았던 과거사 청산의 책임이 더욱 무겁게 느
껴진다. 그리고 이 '국치'의 일이 일어나기 10개월 전 만주 하얼
빈역에서 대한제국의 초대 통감을 지낸 이토 히로부미를 저격
하여 숨지게 한 안중근 의사가 순국하였다. 이 두 사건이야말로

올해 주요 한국근대사 기념 목록에서 빠트릴 수 없는 것들이다. 현장에서 체포된 안중근은 일본영사관으로 인계되어 1910년 2월 14일 관동도독부 지방법원에서 사형 언도를 받고 그해 3월 26일 여순 감옥에서 처형당했다.

우리가 안중근의 순국을 새삼스럽게 되새겨야 하는 것은 그의 순국이 던진 역사적 메시지가 오늘 우리에게도 여전히 유의미하기 때문이다. 1910년 조선을 강제로 병합하고 시작된 일제의 식민지 지배는 36년 뒤 제2차 세계대전에서 일본의 패망으로 종식되었다. 그러나 최근 '친일진상규명'에 관한 논의 과정에서 드러났듯이 우리 사회 내부에는 아직도 일제 식민지배의 상흔이 깊숙이 남아 있다. 이러한 현실은 안중근의 순국이 어떠한 역사적 함의를 갖는지 그리고 그것의 현재적 의미가 무엇인지를 자문케 한다.

1879년 황해도 해주의 토착 향반 집안에서 태어난 안중근은 16세가 되는 해인 1894년 농민전쟁이 일어나자 그의 부친 안태훈을 도와 동학농민군을 진압하는 데 공을 세웠다고 한다. 안태훈은 일찍 개화사상에 눈을 뜬 인물이었지만 농민군에 대해서는 일반 양반층과 마찬가지로 보수적 사상 경향을 지녔던 것으로 보인다. 이후 안중근은 부친을 따라 천주교에 입교하여 종교 활동에 힘썼으며, 사회운동에 참여하기 시작하였다. 그의 자서전인『안응칠역사』에 의하면 안중근은 '을사늑약'을 전후하여 전개된 지식인 중심의 계몽운동에 투신하였다. 그는 28세가 되

214

던 해인 1906년 봄 진남포로 이사하여 삼홍학교와 돈의학교를 세워 청년 교육에 힘썼으며, 또 계몽운동의 대표적인 단체인 서우학회에서 활동하고, 당시 전국적으로 전개되었던 국채보상운동에도 참여했다.

그러나 지식인 중심의 계몽운동에 한계를 느낀 안중근은 마침내 무장투쟁을 결심하고 국외 망명을 결행하였다. 1907년 7월 정미7조약의 강제 체결에 이어 일제가 대한제국 군대를 강제 해산한 것이 결정적 계기였다. 이후 러시아령 블라디보스토크로 망명한 안중근은 거기서 한인청년회 임시사찰에 뽑혀 의병부대 창설을 주도하였으며, 총독 김두성·대장 이범윤의 의병부대에서 대한의군 참모중장의 직책을 맡았다. 실제로 안중근은 법정에서 자신의 이토 저격은 개인 자격이 아니라 대한의군 참모중장의 자격으로서 한 것이기 때문에 자신을 만국공법에 따라 처리해 줄 것을 요구했다. 이처럼 안중근의 이토 저격은 역사의 큰 줄기로 보면 러일전쟁 이후 일본의 조선 침략과 그에 저항한 의병투쟁(의병전쟁)을 배경으로 일어난 사건이었다.

1876년 조선에 개항을 강제한 이후 일본은 호시탐탐 조선 침략의 기회를 엿보았다. 그러한 와중에서 1894년 청일전쟁을 계기로 조선을 무단 침탈한 일본은 민씨정권을 몰아내고 대신 친일개화파 정권을 앉혔다. 이듬해에는 조선에 대한 침략야욕을 더욱 노골화하여 반일적 성향의 명성황후를 시해하고 또 개화파 정권을 앞세워 단발령을 감행하여 민중들의 반일감정을 촉발시켰다. 이때 일어난 반일의병운동이 '초기 의병운동'으로 알려진 '을미의병운동'이다.

친일개화파 정권의 붕괴로 일본의 조선 침략은 일시 좌절되었으나 이후에도 일본은 한반도의 지배권을 둘러싸고 러시아와 끊임없이 각축하였다. 1903년 이른바 용암포사건을 계기로 전쟁 구실을 찾던 일본은 1904년 2월 러시아에 선전포고를 하였다. 미국과 영국의 지원으로 러일전쟁에서 승리한 일본은 이듬해 이른바 '을사조약', 즉 을사늑약을 강요하여 대한제국의 외교권을 박탈하고, 1906년에는 통감부를 설치하였다. 이때 초대 통감으로 부임한 이가 바로 이토 히로부미였다.

러일전쟁의 발발에 앞서 당시 대한제국 정부는 중립을 선언했으나, 일본은 이에 아랑곳하지 않고 멋대로 군대를 조선에 파병하고 우리 국토를 유린했다. 이러한 일본의 주권 침탈과 제국주의적 군사 만행에 항의하여 곳곳에서 다시 의병들이 일어났다. '후기 의병운동'으로도 불리는 이 의병투쟁은 1905년 11월 일제가 친일 매국세력인 이른바 '을사오적'을 앞세워 '을사늑약'을 강요한 이후 전국 각지로 확산되었다.

을사늑약으로 외교권을 박탈한 일제의 국권 침탈이 절정에 달한 것은 1907년 7월 고종의 강제 폐위에 이은 대한제국 군대의 강제 해산이었다. 이러한 민족적 위기 속에서 일부 해산 군인들이 의병부대에 가담함으로써 일제의 국권 침탈에 저항하는 의병투쟁은 더욱 열기를 더해갔다. 기껏해야 화승총 따위로 무장한 사실상 맨주먹이나 다름없었던 의병들은 일본 군대의 야만적인 침략에 대항하여 목숨을 건 투쟁을 끈질기게 이어갔다. 의병들의 저항이 얼마나 집요했는지, 그리고 이들에 대한 일본군의 진압이 얼마나 잔혹했는가는 일본군 스스로가 밝힌 전과 기록을 통해서도 알 수 있다. 당시 의병 진압 작전을 수행한 조선주차군사령부가 발간한 통계에 의하면, 1907년부터 1911년까지 일본군이 살해한 의병들은 무려 1만 7천여 명에 달하고, 그 대부분이 군대해산 이후 2년여 기간에 죽임을 당하였다. 비무장이었거나 원시적 무기로 무장한 의병이 대부분이었다는 사실을 감안한다면, 이는 '전투'라고 하기보다는 일본군이 일방적으로 저지른 사실상 제노사이드의 만행에 가깝다.

마침내 일본은 1909년 가을, 당시 의병들의 최대 저항 거점이었던 호남지역을 대상으로 일본군 보병 2개 연대와 함정을 동원한 대규모 군사작전(남한대토벌작전)을 전개하였다. 이 군사작전으로 인해 호남지역의 의병 세력은 거의 전멸되다시피 했으며, 국내에서 의병 활동은 더 이상 유지하기 어려운 상황으로 내몰렸다. 당시 일본군은 이른바 '교반적 방법'으로 의병을 밀집 수색하는 한편 의병 근거지를 소각하고 주민을 이주시키는 방식의 소탕 작전을 감행하였다. 이러한 방식의 '토벌작전'은 1930년대 만주의 집단부락과 베트남전쟁에서 미군이 취한 전략촌의 원형이 되는 전술로 평가되기도 한다.

안중근이 하얼빈역 앞에서 초대 통감을 지낸 이토 히로부미
를 한국 침략의 원흉으로 지목하여 저격한 것은 바로 일본군의
'남한대토벌'이 막바지에 이른 1909년 10월 26일이었다. 안중근
의 하얼빈 투쟁은 일제의 침략에 맞선 의병투쟁과 조선 민중의
무고한 희생에도 불구하고 국권 회복의 실현은 거의 절망적이
었던 상황에서 행한 절박한 선택이었다.

잘 알려진 사실로 안중근은 감옥에 있으면서 자신의 행동
과 사상을 '동양 평화론'으로 체계화하려 하였다. 그가 말하는
동양 평화의 핵심적 요체가 일본 극우파의 동아연대론과 근본
적으로 다른 점은 조선 민족의 자주와 독립을 동양 평화의 절대
적 전제로서 내세운 점에 있다. 100년 전과 비교하여 오늘날 동
아시아 국제정세가 크게 달라졌음에도 변하지 않는 사실은 우
리 민족의 자주성이 절대적으로 보장되지 않는 한 동아시아 질
서의 안정과 평화를 기대할 수 없다는 점이다. 오늘의 남북관계
를 이러한 각도에서 해석한다면, 식민주의의 유산으로서의 과거
사 청산과 오늘날 남북관계의 해결이 별개의 문제일 수가 없음
을 이해하지 못할 바 아닐 것이다.(『민주공원』 제10호, (사)부산민주
항쟁기념사업회, 2010.)

대법원의 강제징용
소송 판결

지난달(2018년 11월) 29일 미쓰비시 징용공 사건(2000년 제소)과 미쓰비시 근로정신대 사건(2012년 제소)에 대한 대법원의 원고 승소 판결이 마침내 나왔다. 미쓰비시 징용공 사건은 19년 전 한국에서 처음으로 강제동원 피해자들이 제기한 소송이었고, 2018년 12월 현재 원고 5명은 모두 작고하였다. 미쓰비시 근로정신대 사건의 경우 '미성년자에 대한 강제동원, 강제노동 문제 등' 근로정신대 피해에 대한 국내 최초의 대법원 판결이라는 점에서 그 의미가 크다. 지난 10월 30일 고 여운택 씨 등 강제징용 피해자 4명이 신일철주금을 상대로 낸 손해배상 청구 소송(2005년 제소)에 대법원이 원고 승소 판결을 내린 지 한 달 만에 다른 일제강점기 징용 피해자에 대해 거의 같은 취지의 판결이 이어진 것이다.

이는 일제강점기 강제징용 피해자들의 손해배상 소송이 처음 제소된 지 13~15년 만의 일이고, 대법원에 사건이 접수된 시점으로부터 5년여 만의 일이다. 대법원 판결이 늦어진 이유는 어처구니없게도 지난 정부 때 저질러진 이른바 '사법 적폐' 때문이었음이 근래에야 밝혀졌다. 당시 상고심에서 승소한 사건이 대법원에 접수되자 대법원은 놀랍게도 일본과의 외교적 마찰을 우려했던 박근혜 정부와 상의하여 의도적으로 재판을 지연시켰다. 그렇게 판결이 지연되는 동안 강제 징용 소송 당사자 대부분이 작고하고 이제 생존한 소송 청구인은 얼마 남지 않게 되었다. 승소로 정의가 바로 세워졌지만, 너무 때늦은 일이 되고 말았다. 하여 세간에는 '지연된 정의는 정의가 아니다'라는 법언이 회자하고 있다.

일본의 반응은 박근혜 정부가 예상한 대로였다. 일본 정부 측에서는 청구권 문제는 이미 1965년 양국 간의 청구권 협정으로 해결된 사안이기 때문에 일본 기업의 배상 책임이 없다고 확언하는 한편으로, 국제사법재판소에 제소하겠다고 으름장까지 놓고 있다. 그러나 일본이 1965년 한일 협정으로 청구권 문제가 해결되었다는 주장을 내세우려면, 먼저 일본이 한국 식민지 지배에 대한 불법성과 책임을 인정한다는 것이 전제되어야 한다. 그러나 일본 정부는 1965년 협정 당시 식민지 지배의 불법성을 명시적으로 인정하지 않았을 뿐 아니라(당시 일본 측은 '청구권'이라는 표현 대신 '경제협력 자금'이라는 용어를 즐겨 사용하였다.) 지금의 아베 정부의 입장 또한 그때 일본 정부의 입장과 조금도 달라진 것이 없다. 한국 대법원이 일본 전범기업에 대해 징용 피해자들의 개인 청구권을 인정한 핵심 논리도 여기에 근거하고 있다.

한국 대법원 판결에 대해서 일본 정부뿐만 아니라 일본의 극우 세력을 비롯하여 일본 사회 일각에서도 극도의 불만을 드러냈다. 자신들의 요청으로 예정되어 있던 아이돌 그룹 방탄소

년단의 NHK 방송프로그램 출연을 갑자기 취소한 사건이 그 일례이다. 겉으로는 방탄소년단의 한 멤버가 입었던 1945년 일본에서의 원폭 투하 모습이 그려진 티셔츠가 일본에 대한 조롱이라는 이유를 들었지만, 그 좁은 속내를 들여다보면 한국 대법원의 강제징용 판결에 대한 일종의 보복 심리가 깔려 있다는 것이 지배적인 해석이다.

그런데 이처럼 한일 양국이 과거사 문제를 놓고 외교적 갈등을 벌이는 것과는 사뭇 다르게 유럽의 경우는 과거사에 대한 반성과 과거청산이 오히려 국제적 평화의 모멘텀으로 활용되고 있다. 강제징용 소송 판결을 둘러싸고 일본 조야가 시끄럽던 지난 11월 10일 독일의 메르켈 총리는 100년 전 독일이 항복 서명을 했던 프랑스 콩피에뉴 숲을 찾아 적국이었던 프랑스 정상과 함께 전사자를 추모하고, 그곳 기념관을 찾아 방명록에 서명하면서 평화를 다짐했다. 이를 두고 국내외 언론은 1970년 12월 7일 당시 서독의 빌리 브란트 총리가 폴란드 수도 바르샤바의 유대인 위령탑 앞에서 무릎을 꿇고 사죄한 일을 되새기며 독일 정상들의 과거사에 대한 성찰을 의미 있게 해석하였다.

과거사 문제를 대하는 독일과 일본의 태도가 이처럼 다른 이유는 어디에 있을까? 그것은 무엇보다 일본이 역사적으로 실재했던 사실 자체를 인정하지 않으려는 데 근본적인 문제가 있는 것으로 보인다. 일본 정부는 1965년 협정으로 과거사 문제가 해결되었음을 주장하면서도, 정작 과거사에 대한 구체성 있는 사죄 표명은 말할 것도 없고, 징용 피해자의 유해 발굴조사 및 송환 문제 등 그와 관련된 여러 문제를 방치해놓은 채 문제 해결의 적극적인 의지를 내보인 적이 없다. 더구나 피해 사실을 확인하려는 우리 측의 관련 자료 제공 및 공개 요청에 대해서도 매우 소극적이다.

다만, 이번 대법원 판결에 대해서 일본 사회 일각의 양식 있는 변호사 등 법조인들이 한국 대법원 판결의 수용을 촉구하는 성명을 보면서 일본 시민사회에 일말의 희망을 걸어본다. 그러나 어느 경우이든 형식적인 유감 표명 이상으로 중요한 것은 역사적 진실을 인정하는 일일 것이다. 지금 일본의 아베 정부가 역사적 진실을 회피하면서까지 강행코자 하는 평화헌법 개정 시도를 주변국들이 우려하는 까닭도 이와 다르지 않다.(〈국제신문〉, 2018. 12. 5.)

3·1운동 100주년,
한 해를 보내면서

한 해가 저물어간다. 한국의 근대 민족운동사적 견지에서 보면 올해(2019년)는 3·1운동 100년을 맞는, 그래서 좀 더 특별한 한 해였다. 우리 근대 역사에서 3·1운동이 특별하고 중요한 의미를 지니는 것은 언필칭 일제 식민통치하에서 일어난 거족적 독립운동이었다는 사실뿐만 아니라, 1919년 4월 중국 상해에서 대한민국 임시정부가 세워지는 직접적인 원인이 되었던 사건이기도 하기 때문이다. 따라서 3·1운동 100주년은 대한민국 건국 100주년의 의미도 함께 지니고 있다.

또 상해 대한민국 임시정부가 민주공화제를 표방했다는 점에서 3·1운동은 단순한 독립운동의 차원을 넘어서 주권재민 원칙을 확인한 민족사적 일대 변혁 사건이기도 했다. 이러한 이유로 3·1운동을 3·1혁명으로 고쳐 불러야 한다는 주장이 학계 내외에서 설득력 있게 제기되고 있다. 올해로 40주년을 맞은 1979년 10월 부마민주항쟁 당시의 '민주투쟁선언문'에서 '3·1운동의 정신'이 언급된 것만 보아도, 3·1운동에 내재해 있는 민주적 자주정신이 해방 이후 민주화운동으로 이어졌음을 엿볼 수 있다.

3·1운동이 지닌 역사의 무게만큼이나 올해는 그 정신을 기

리는 많은 기념행사가 열렸다. 서울은 물론 각 지방에서도 많은 학술행사가 열려 1919년 일어난 3·1운동의 역사성과 그 의미를 새롭게 조명하는 많은 연구성과가 쏟아져 나왔다. 특히 전국적인 통계 분석이나 개별 인물 중심으로 진행되어 오던 종래의 연구 경향과는 달리 각 지역에서 일어난 3·1운동과 이후 독립운동사나 지역사회에 미친 영향을 재평가하는 작업도 이루어졌다. 아울러 여성 독립운동가에 대한 관심과 연구열이 높아진 것도 100주년 기념을 전후해서 일어난 새롭고 바람직한 현상이라고 할 수 있다.

3·1운동 100주년을 계기로 독립운동가의 공훈 심사에 대한 관심이 크게 높아진 것 또한 주목할 만한 현상이다. 이와 관련하여 올해 특별히 주목받은 인물은 단연코 의열단과 조선의용대의 창설자였던 밀양 출신 독립운동가 약산 김원봉이었다. 영화 〈밀정〉, 〈암살〉 등을 통해 이미 대중에게도 잘 알려진 김원봉은 한일강제병합 직후인 1916년 중국으로 망명하여 1945년 일제가 패망할 때까지 중국에서 민족의 독립을 위해 온 힘을 쏟다가 그해 12월 임정 요인의 자격으로 귀국했다. 그러나 친일파들로부터 심한 박해를 받았던 그는 1948년 4월 평양에서 열린 정당사회단체연석회의에 참석하기 위해 월북한 이후 그대로 북한에 눌러앉고 말았다. 그는 북한 정권에 참여하여 국가검열상 등의 고위직을 지냈으나 1958년께 실각한 것으로 알려졌다.

김원봉의 처로 그와 함께 독립운동에 가담했다가 항일전장에서 입은 부상의 후유증으로 1944년 5월 사망한 부산 출신의 독립운동가 박차정은 독립유공자로 인정되어 현재 그녀의 동래 생가는 국가보훈처의 현충시설로 지정되어 보존되고 있다. 이에 비해 김원봉은 해방 이후 북한 정권에 참여하였다는 이유로 독립유공자로 인정받지 못하고 있다. 일각에서는 그가 북한 정권에 참여하였다 하더라도 독립운동 과정에서 그가 이룩한 높은 공적을 인정하여 독립유공자로 포상해야 한다는 주장이 제기되고 있고 이에 대한 지지 여론도 만만치 않다. 그러나 현행법상으로는 실현되기 어려운 일이다. 비록 문제 제기에 그쳤지만 김원봉의 서훈을 둘러싼 문제는 우리 민족 분단의 현실과 독립운동사에 내재하는 역사 분단의 현실을 새롭게 인식하는 계기가 되었다.

3·1운동 100주년을 맞아 그동안 소홀히 다루어왔던 독립운동의 정신을 계승하기 위한 다양한 사업들이 각 지역 차원에서도 추진될 전망이다. 지난 10월 29일 경남 창원에서는 창원시 주관으로 3·1독립운동 100주년 기념 학술 심포지엄을 열고 향후 일제강점기 창원지역 독립운동 기념사업의 방향에 대한 토론회를 진행했다. 그리고 그 실천 방안의 하나로 가칭 '창원시 독립운동기념관' 설립을 의제로 올렸다. 지자체 차원에서의 독립운동기념관 설립 논의는 창원시가 처음은 아니다. 이미 경북 안동에는 2007년 개관한 '경상북도독립운동기념관'(개관 당시의 명칭은 안동독립운동기념관)이 있고, 전국 각지에 이름을 달리하는

기념관이 여럿 있다. 물론 지역 차원에서 독립운동을 기념하는 일로 기념관 설립만이 능사는 아닐 것이다. 그러나 부산은 일제 강점기 동안 다른 어느 곳보다 항일민족운동이 활발히 일어났던 지역이고, 다른 어느 지역에 못지않게 많은 독립운동가를 배출한 고장이다. 그러다 보니 이웃 창원에서 독립운동기념관의 건립을 추진하고 있다는 소식을 그냥 남의 일이라고 흘려 넘기기에는 아쉬운 구석이 없지 않다.

올해는 3·1운동 100주년에 이어 공교롭게도 부마민주항쟁 40주년이 되는 해이기도 했다. 부산은 다른 어느 때보다 기념행사 준비로 숨 가쁜 한 해를 보냈다. 과거의 사건들을 기억하거나 기념하는 것은 그 사건들을 통해 얻은 경험과 교훈적 가치가 현재에도 미래에도 소중하기 때문일 것이다. 3·1운동과 부마민주항쟁의 정신과 가치를 어떻게 계승하고 활용해 나아갈 것인가는 앞으로 우리 세대가 고민하고 풀어나가야 할 과제이다.(〈국제신문〉, 2019. 12. 18.)

국립일제강제동원역사관의
정상 운영을 위하여

코로나19 한파로 모든 사람이 힘든 시간을 보내고 있는 가운데 뜻밖의 희소식이 하나 날아들었다. 독일 베를린 미테구 의회가 지난(2020년) 12월 1일 전체회의에서 녹색당 등이 공동 발의한 평화의 소녀상 영구 존치안을 의결했다고 한다. 지난 9월 미테구 공원에 평화의 소녀상이 설치되자, 일본 정부가 독일 정부에 압력을 가했다. 이에 굴복한 미테구청이 소녀상을 철거하기로 결정하면서 이 문제가 국제적인 이슈로 불거졌다. 소녀상 철거에 대해 한국과 독일의 시민단체들이 항의하고 독일 내 여론이 악화하자 미테구청은 철거 방침을 일시적으로 보류했다. 이런 상황에서 미테구 의회가 내린 결단은 우리로서 다행이 아닐 수 없다.

미테구 의회의 결의안으로 일본 정부의 소녀상 철거 주장은 일단 힘을 잃게 되었다. 그러나 이에 대한 일본의 반응이 심상치 않다. 일본 의회 의원 82명이 '베를린 소녀상은 일본의 존엄에 상처'라는 취지의 성명을 발표하는가 하면 또 일본 사회 일각에서는 '깨끗한 싸움만 해서는 안 된다'고 하면서 일본 정부의 대응 방식을 비판하며 전의를 불태우고 있다는 소식도 들린다. 이쯤 되면 저들이 만들어낸 한일 간 '역사 전쟁'의 시나리오가 점입가경이어서 말문이 막힐 지경이다.

동아시아 과거사 문제가 한일 간 외교 갈등으로 노정된 것은 이미 오래된 일이다. 2018년 10월 대법원이 일본 전범 기업의 강제동원에 대한 손해 배상 청구 소송에서 징용 피해자 승소 판결을 내리자 일본 정부는 1965년 한일 청구권 협정으로 이미 해결된 문제이고 국제법에 어긋나는 판결이라며 크게 반발하였다. 이후 대법원 판결에 대한 일본 정부와 관련 기업의 불복으로 국내 일본 기업의 자산 압류 조치가 취해지고 이어서 법적 절차가 진행되자 양국 간의 갈등은 최고조에 달했다. 급기야 일본이 보복 조치로 한국에 대한 수출 규제를 감행했고 이 때문에 우리나라의 주력 수출 상품인 반도체 산업에 심각한 타격이 우려되기까지 했다. 다행히 이후 사태가 일본의 의도대로 전개되지는 않았지만, 얼음장처럼 굳어진 한일 간의 긴장 관계는 코로나19 사태가 끝나도 쉽게 풀릴 것 같지 않아 보인다.

일제의 침략전쟁 중 일어난 강제동원 문제는 한일 간 풀어야 할 외교적 난제이기도 하지만 그에 앞서 우리 스스로 그 뼈아픈 역사의 진상을 제대로 아는 것이 중요하다. 이런 취지에서 2004년 11월 출범한 '일제강점하 강제동원피해 진상규명위원회'가 2012년 말까지 활동을 마치고 노무동원은 물론 '일본군 위안부', 군속 등 한국인 강제동원의 모든 실상을 알리고자 건립한 것이 국립일제강제동원역사관이다.

부산시 남구 당곡 근린공원 부지에 위치해 있는 이 강제동원역사관은 2015년 12월 개관하였다. 동 역사관은 앞서 강제동원 진상규명 과정에서 수집한 자료들을 수장 전시하고 일제강점기 강제동원을 기억하는 전시 교육 기능을 담당하며 피해자를 추모하는 공간이다. 일제하 강제동원과 관련된 전국 유일의 국립 역사박물관이기도 하다.

그러나 개관 이후 벌써 5년이 지났는데 아직도 강제동원역사관이 인권과 평화를 위한 시민교육의 공간으로서 제 자리를 찾지 못하고 있다는 이야기가 들려온다. 건립 당시에는 국립 역사관(박물관)으로 제법 큰 규모에 걸맞은 활동이 기대됐지만, 어떻게 된 일인지 막상 개관되고 나서는 정부 스스로 역사관에 별다른 관심과 애착을 보이지 않고 있다.

이는 다른 국립박물관과 비교해서도 너무나 형평성이 맞지 않는 모습이다. 턱없이 부족한 예산과 전문 인력의 부재 등으로 역사박물관으로서 기본적인 기능조차 수행하기 어려운 형편이다. 그러다 보니 필요한 관련 유물 및 자료 수집은 물론 시의성 있는 전시 행사 등 '박물관'의 일상적 사업조차 엄두를 내지 못하고 있다. 명색만 겨우 유지하는 정도의 최소한의 운영에 그치고 있는 실정이다.

강제동원역사관의 운영 실태가 이 지경에 이른 것은 역사관 예산 문제도 있지만, 애당초 부산에 역사관을 건립하면서 정작 역사관의 운영 책임을 맡은 '일제강제동원피해자지원재단'을 서울에 둔 탓도 있다. 재단을 서울에 두다 보니 역사관 운영도 부

실해질 수밖에 없는 터. 재단 사무실 임대료만으로 매년 6억 원
씩의 국고를 낭비하고 있다고 한다. 이에 반해 역사관 순수 사
업비는 그간 연평균 고작 2억 원 남짓이었다고 하니 배보다 배
꼽이 크다는 소리는 이런 경우를 두고 하는 말일 것이다.

국립박물관인 강제동원역사관을 이대로 방치하는 것은 곤
란하다. 역사관 운영 주체인 재단과 정부는 재단 사무실을 부산
으로 옮기고 역사관이 제 기능을 할 수 있도록 예산을 뒷받침해
야 할 것이다. 이를 위해서 필요하다면 강제동원역사관 정상화
와 지원을 위한 특별법 제정도 서둘러야 할 것이다. 물론 이 모
든 것이 지역사회의 관심과 여론이 뒷받침되어야 실현 가능한
일임은 두말할 필요가 없다.(〈국제신문〉, 2020. 12. 23.)

과학의 이름으로 포장한
램지어의 망언

일제강점기 일본군 위안부의 강제동원 사실을 부정하는 램지어 교수의 논문 「태평양전쟁에서의 성 계약」이 하버드대학에서 발행하는 학술지 『국제법경제리뷰』에 실린다는 소식이 국내에 알려져 큰 충격을 준 지 벌써 두 달 가까운 시간이 지났다. 이 소식을 듣고 분노한 하버드대 로스쿨 한인학생회를 필두로 램지어 교수에 대한 대내외적 비난이 줄을 이었고 그 논문 내용에 대한 구체적인 비판과 함께 이 논문을 싣기로 한 학술지 편집자에게 논문 게재를 취소해달라는 청원이 미국을 비롯하여 국내외 학계 안팎에서 계속되었다. 이에 해당 학술지 편집자도 문제점을 심각하게 인식하여 게재 여부에 대한 재검토 작업에 들어갔다. 램지어 교수도 이러한 학계의 항의에 자신 논문의 일부 오류를 인정했지만, 논문의 완전한 취소는 아직 이루어지지 않고 있다. 램지어 논문에 대한 비판에는 미국 내 많은 교수가 동참하고 있고 점차 세계 각국으로 확산되어 가는 추세이다. 특히 램지어 논문에 대한 경제학자들의 비판 성명서 서명운동에는 비단 역사학뿐만 아니라 법학 등 다른 분야의 저명한 학자들과 교수들도 동참하고 있다.

램지어 논문이 이처럼 국제적으로 큰 파장을 일으키고 있는 것은 그가 일본의 전쟁 범죄인 군 위안부 강제동원의 역사를 왜곡 부정했다는 사실에 더해서 망언이나 다름없는 주장을 과학과 학문이라는 이름으로 포장하고 있기 때문이다. 그만큼 램지어 논문이 지닌 위험성이 더욱 심각한 것으로 받아들여지고 있다. 미국 학계에서 발표된 성명서에서도 학술적 관점에서 램지어의 논문이 지닌 가장 큰 문제점으로 증거가 없는 역사적 주장을 하기 위해 경제학 이론과 경제학적 언어를 사용하고 있다는 점을 지적하고 있다. '게임이론'으로 노벨 경제학상을 받은 미국의 경제학자 2명(폴 밀그럼과 앨빈 로스)이 램지어 논문의 비판에 앞장선 것도 이 때문이다.

역사란 사실을 바탕으로 기록하는 것이고 역사학 또한 사실을 근거로 하는 학문이라는 것쯤은 누구나 알고 있는 사실이다. 역사가 과학의 영역에서 다루어질 수 있는 것도 그 연구 대상이 과거에 실재했던 사실을 근거로 하기 때문이다. 따라서 사실에 근거하지 않은 역사 연구는 과학이 아닐뿐더러 학문으로도 성립할 수가 없다. 그러한 점에서 '사실'은 역사 연구의 출발점이라고 할 수 있다. 그러나 램지어 교수는 일본군 위안부 문제를 다루면서 역사적 사실에 기초하기보다는 경제학적 방법론을 앞세워 접근하고 있다. 아무래도 경제학은 이론을 중시하는 학문이다 보니 일본군 위안부 문제를 다루는 데 있어서 사실관계의 분석을 중시하는 역사학보다 경제학 이론을 이용하는 것이 유리하다고 생각했을지 모른다.

역사는 과학이면서 인문학의 영역이기도 하다. 역사는 과거의 사실에 대한 성찰을 통해서 인류의 보편적 가치를 추구한다. 근대적 세계관과 인권에 대한 새로운 인식도 이러한 역사적 성찰을 통해서 가능했다. 그러한 의미에서 과학의 진보와 마찬가지로 도덕도 역사적 성찰을 통해서 진보한다고 말할 수 있다. 영국의 역사학자 E. H. 카가 『역사란 무엇인가』라는 저서에서 역사란 과학인가 도덕인가란 질문을 던진 이유이기도 하다.

램지어의 주장이나 일본의 자유주의사관, 그리고 그에 동조하는 국내 일부 극우 인사들이 보여주고 있는 역사수정주의의 공통점은 일본군 위안부 문제를 인류 보편적 가치인 인권의 관점에서가 아니라 한일 양국 간 민족주의적 갈등으로 야기된 정치적 문제로만 접근하는 데 있다. 따라서 이들은 일본군 위안부의 강제동원 사실은 말할 것도 없고 일본군이 군위안소에서 행한 반인륜적 전쟁 범죄에 대해서도 사실상 눈을 감고 있다. 이러한 측면에서 보면 그들의 주장은 과학적 분석을 통한 학문적 연구 결과라기보다는 정치적 입장을 앞세운 편향적 견해에 가깝다.

21세기에 이르러서까지 국제적 이슈로 등장하고 있는 일본군 위안부 문제의 핵심은 단순한 한일 양국 간의 정치적 갈등 문제가 아니다. 그것은 일본군국주의의 침략전쟁으로 야기된 20세기 동아시아의 모순구조로부터 생성된 청산되어야 할 과거사 문제이다. 뉴라이트 학자들의 '반일종족주의' 운운하는 주장 또한 이러한 역사적 모순구조를 직시하지 못했거나 외면한 결과이다. 그러하기에 이들의 연구에서는 과거 전쟁 범죄에 대한 성찰은 찾기 어렵다. 오히려 그것을 은폐하고 있음이 확인될 뿐이다.

역사는 반복된다. 특히 과거를 성찰하지 않는 역사는 비극적으로 반복된다. 지금 미얀마에서 벌어지고 있는 군부 쿠데타의 비극처럼. 20세기 한국의 군부독재나 21세기 미얀마의 군부 쿠데타 모두 본질적으로는 군국주의의 연장선에 있다. 과거사를 성찰하지 않는 역사수정주의는 하루 속히 청산되어야 할 인류의 도덕적 퇴보임을 램지어의 논문은 다시 한번 환기시켜주고 있다.(〈국제신문〉, 2021. 3. 23.)

경제와 과학의 발전과
역사인식의 상관성

　며칠 전 영국 콘월에서 열린 G7 정상회의에 한국 정상이 초청되었다는 뉴스를 접하면서 새삼스럽게 한국의 국제적 위상이 높아졌음을 실감한다. 굳이 G7 정상회의에 한국이 초청된 사실이 아니라 하더라도 세계적인 코로나19 팬데믹 사태 속에서 이에 대처하는 능력이 다른 선진국들과 비교되면서 IT 산업의 강국으로서 이룩한 경제적 성과 또한 세계 각국의 주목을 받아오던 터이다.

　한국의 경제적 발전이 세계적으로 주목받은 것은 어제오늘의 일은 아니다. 1960년대 이후 한국의 급속한 경제 성장은 세계적 관심사였다. 그 결과로 생겨난 '한강의 기적'이라는 말이 1960~70년대 한국의 높은 경제성장률과 산업화의 성공을 일컫는 것임은 잘 알려진 사실이다. 당시 국내외 학계에서도 이러한 현상을 이론적으로 설명하기 위한 구구한 해석들이 나왔다. 고도경제성장을 이룩하여 동아시아 네 마리의 작은 용으로 비유되었던 한국, 대만, 홍콩, 싱가포르의 경제 발전의 배경을 설명하는 개념으로 창안된 것 가운데는 유교 자본주의나 아시아적 가치 등의 개념도 있다.

　그런데 특히 한국의 경제 성장에 대한 해석으로 등장하여 논란을 일으켰던 것이 1980년대 들어 일본의 경제사가 나카무라 사토루 등이 주장한 '중진자본주의론'이었다. 이는 한국이 일본의 식민통치 기간의 학습 효과로 인한 경제 성장을 통해 중진국으로 도약했다는 이론이다. 이러한 주장은 사실상 식민주의에 근거한 '식민지근대화론'과 크게 다를 바 없었지만 일본은 물론 일부 국내 학자들에게도 받아들여졌다. 이른바 뉴라이트 계열에 속한 연구자들이 그들이다. 얼마 전 한국 법정의 강제징용 피해자 손해 배상 소송에서 이들의 견해와 유사한 주장이 차용되어 원고 패소 판결이 내려지는 충격적인 사태가 벌어졌다. 이러한 판결은 종전의 대법원 판례까지 뒤집는 것이어서 소송을 제기했던 피해자들이 받은 충격은 더욱 컸던 것으로 보인다.

역사 연구는 시기구분에서 시작하여 시기구분으로 끝난다는 말이 있다. 그만큼 시기를 이해하는 것이 역사인식의 관건이라는 말이다. 역사의 시기를 구분하여 인식한다는 것은 사회적 변화를 전제로 각 시대의 성격을 차별적으로 이해한다는 말로도 해석될 수 있다. 그렇다면 사회적 변화를 추동하는 원동력은 무엇일까? 그것은 인간의 사상 또는 인식능력의 발전 결과일 수도 있고, 정치나 경제 제도의 혁신에서 그 근거를 찾을 수도 있을 것이다. 그러나 장기적 관점에서 보면 사회체제의 근본적 변화를 일으키는 힘은 과학기술의 발전과 그로 인한 경제체계의 변화에서 찾을 수 있다. 과학사가인 토마스 쿤은 과학기술의 발전 과정에서 일어나는 과학혁명을 패러다임의 변화로 설명하고 있다.

한때 인문사회과학 분야에서 포스트모더니즘이란 말이 유행하면서 그 개념의 유효성에 관한 논란이 일어난 적이 있다. 포스트모더니즘은 한마디로 근대적 사유인 모더니즘과 그 이후 시대의 사조를 구분하면서 탄생한 개념이다. 대체로 포스트모더니즘은 그 변화의 원동력을 사상의 변화에서 찾는다. 근대적 사유의 핵심을 이성으로 파악하고 그 이성의 해체가 포스트모더니즘으로의 전환을 가능케 하는 요인으로 보았다. 이러한 포스트모더니즘의 사유 방식은 제2차 세계대전 이후의 탈식민주의적 인식과도 깊은 연관성이 있다. 20세기 후반기 등장한 포스트모더니즘을 대체하면서 21세기에는 시대적 전환을 함축하는 새로운 용어가 등장하였는데 그것이 요즈음 자주 듣는 '4차 산업혁명'이다. 그것이 혁명인 까닭은 IT 등의 새로운 기술적 변화가 사회 전반에 미치는 영향이 근본적이고 그 변화의 폭이 크기 때문이다. 그로 인해서 우리의 일상은 물론 우리의 사회적 인식 자체에도 큰 변화가 예고되어 있다.

사회적 인식의 발전과 과학적 진보 중 어느 것이 먼저라고 말하기는 어렵다. 그러나 양자가 서로 밀접히 연관되어 있다는 사실만큼은 누구나 쉽게 인정할 것이다. 그런 측면에서 볼 때 사유의 후진성이 과학기술의 후진성은 물론 사회적 발전의 지체를 낳는다고 말하는 것은 논리적으로 자연스러운 유추이다. 탈식민주의를 역행하는 후진적 인권 인식 역시 '약육강식'의 아날로그적 사유에 기반해 있다고 볼 수 있다. 그 때문에 '일본은 다른 아시아 민족과는 다르다'고 하는 일본 우익세력의 탈아론적(脫亞論的) 역사인식은 아날로그적 시대 인식의 유산이라 하지 않을 수 없을 것이다. 얼마 전의 일제 강제징용 피해자의 손해배상 소송 판결을 보면서 우리 사회에 이식된 저들의 청산되지 않은 아날로그적 역사인식의 유산이 매우 강고함을 새삼 확인하게 된 것 같아 왠지 쓸쓸한 마음을 금할 수 없다.(《국제신문》, 2021. 6. 16.)

소설『파친코』의 주인공, 순자의 고향에서 맞는 광복 77주년

지난 5월(2022년 5월) 새 정부가 들어서고 난 이후 외교 현안과 관련해 세간의 주요 관심사 중 하나는 장차 한일 양국 관계가 어떻게 변화할 것인가이다. 아직 이렇다 할 변화의 조짐이 나타나고 있는 것은 아니지만 77번째 맞는 광복절을 전후로 이 문제가 양국 언론의 주요 이슈로 다루어질 가능성이 높다. 한일 간의 외교적 갈등은 오랫동안 간헐적으로 지속되어온 해묵은 문제이지만, 특히 이 때문에 양국 관계가 결정적으로 악화된 것은 2019년 7월 한국을 대상으로 일본 정부가 취한 수출 품목에 대한 규제 조치이다. 이 사건 이후 3년의 시간이 흘렀지만 양국 간의 관계는 종전 수준을 회복하지 못하고 있다.

한일 양국 간 갈등의 근본 원인은 외견상의 경제나 안보 문제에 앞서 한국 사법부의 일본 전범 기업에 대한 전시 강제징용 배상 판결, 일본군 위안부 강제동원 문제의 해법을 둘러싼 양국 정부 간 대립, 그리고 더 근본적으로는 일본제국주의의 식민지 지배에 대한 양국 간 역사인식의 괴리이다. 즉 근대 동아시아 과거사 문제에 대한 인식의 차이에서 비롯된 것임은 두말할 필요가 없다. 따라서 수출 규제를 단행한 아베 정권이 물러났다고 해서 또 한국에서 정권이 교체되었다고 해서 문제의 해결 방안이 쉽게 마련될 것 같지는 않다. 무엇보다 일본 정부의 동아시아 과거사 문제에 대한 태도 변화가 전혀 감지되고 있지 않기 때문이다. 오히려 일본 정부는 이 문제에 대해서 종전의 입장을 확고히 견지하고 있는 모습을 보여주고 있다. 최근 일본 정부가 공들여온 사도광산의 유네스코 세계문화유산 등재 시도가 그 일례일 것이다.

수년 전 일본이 근대 산업유산의 하나로 군함도를 유네스코 세계문화유산으로 등재 신청하는 과정에서 한국인 등 동아시아 민중을 강제징용한 역사적 사실을 은폐하려 하자 우리 정부와 시민사회가 이에 강력히 반대하고 나섰다. 결국 2015년 유네스코 자문기구인 국제기념물유적협의회는 일부 시설에 한국인 등의 강제노역이 있었다는 사실을 군함도 문화유산 안내문에 반드시 적시하는 것을 등재 조건으로 제시했고 일본도 이 제안을 수용했다. 그러나 등재 이후 일본 정부는 자신들이 한 약속을 지키지 않아 세계인들로부터 비난 대상이 되었다. 이러했던 일본 정부가 식민지 시기 또 하나의 강제징용 현장이었던 사도광산을 유네스코 세계문화유산으로 등재 신청하면서 논란의 여지가 있어 보이는 근대 부분은 빼고 16~19세기만을 대상으로 하는 꼼수를 보였다. 그러나 이러한 꼼수가 국제사회에서는 통하지 않고 있다. 군함도에 이어 사도광산의 강제징용 역사를 은폐하려는 일본 정부의 노력이 무산되었다고 하니 다행스러운 일이다. 물론 그렇다고 해서 일본이 사도광산의 유네스코 세계문화유산 등재라는 꿈을 완전히 접은 것은 아닌 모양이다.

　과거사를 대하는 일본의 이러한 태도와 사뭇 달리 지난달 캐나다를 방문한 교황은 과거 100여 년 전 가톨릭교회가 캐나다 인디언 원주민 어린이에게 자행했던 과거사를 사죄하였다. 외신에 의하면 교황은 7월 25일 캐나다 중부 앨버타주 머스쿼치스 마을의 기숙학교 부지를 찾아 과거 이곳에서 행해진 원주민 강제 동화 정책에 가톨릭이 협조한 사실을 사과했다고 한다. 캐나다 원주민 자녀 15만 명 이상을 고유문화로부터 분리하기 위한 정부 정책을 시행하는 과정에서 광범위한 폭력, 인권 유린, 성적 학대 등이 이루어졌다는 사실이 지난 2015년 캐나다 진실·화해위원회의 조사를 통해서 세상에 공개되었다. 교황의 사과로 인디언 원주민 관련 과거사 문제가 최종 해결된 것은 아니지만, 진실을 정면으로 마주하고 진솔한 사과와 용서를 구하며 새로운 미래를 약속하는 캐나다 정부와 가톨릭교회의 노력을 일본 정부도 눈여겨 보아야 할 것이다.

　한일 간 역사 갈등이 지속되는 동안 일본 정부의 태도는 거의 변하지 않은 반면 동아시아 과거사에 대한 국제사회의 인식에는 적지 않은 변화가 감지된다. 독일 베를린시 미테구의 소녀상 설치 문제를 두고 한일 양국 간 갈등이 첨예화되었을 때 독일 시민사회가 보인 반응이 그러하다. 최근 한국인의 디아스포라 자이니치의 가족사를 그린 이민진의 원작 소설『파친코』가 애플 TV+에서 드라마로 방영되어 미국에서 선풍적인 인기를 끌었다는 소식도 이러한 국제사회의 인식 변화와 결코 무관하다고만 말할 수는 없을 것이다.

마침 올해로 열아홉 번째 맞는 '일본군위안부 해원상생 한마당' 행사가 8월 12일과 13일 이틀간 부산에서 열린다. 특히 아미르공원에서 열리는 '해원상생굿'은 코로나19 사태로 중단되었다가 3년 만에 열리는 옥외 행사라서 기대가 크다. 아미르공원이 있는 부산 영도는 소설 『파친코』의 주인공 순자의 고향이자 순자네 하숙집 하녀로 일하다가 매춘업자의 꾀임에 빠져 일본군 위안소로 끌려간 것으로 추정되는 동희 복희 자매의 보금자리이다. 광복절을 앞두고 치러지는 이번 행사에의 참여는 동아시아 과거사 청산의 의미를 되새겨보는 좋은 기회가 될 것 같다.(〈국제신문〉, 2022. 8. 3.)

일본의 동아시아 과거사 인식의
어제와 오늘

77번째 광복절을 맞으면서도 일제의 한국 식민지 지배에 대한 한일 양국 간 인식에는 여전히 큰 괴리가 있다. 한일 과거사 문제를 거론할 때 많은 사람이 던지는 질문 중 하나가 왜 일본은 독일과 달리 과거사 문제에 소극적인 태도를 보이며 자신들의 잘못을 진심으로 반성하지 않느냐는 것이다. 즉 같은 제2차 세계대전의 패전국이면서도 독일은 자신들이 저지른 침략전쟁에 대해 철저히 반성하는 태도를 보이는 데 반해 일본은 전혀 그렇지 않다는 것이다. 이는 곧 양국이 과거사를 대하는 자세가 너무 다르다는 것을 보여주는 말이기도 하다. 그러면 양국 간 이러한 인식의 차이는 어디에서 비롯된 것일까?

우선 국제정치사적 관점에서 보면 양국에 대한 연합국의 전후 처리 방식이 달랐다는 점을 지적할 수 있다. 독일의 전후 처리는 매우 철저히 이루어졌던 반면, 일본의 경우는 국왕 히로히토가 사실상 최고 전범자임에도 일본의 천황제 유지를 항복 조건으로 받아들이는 등 상당히 타협적이고 미온적인 방식으로 이루어졌다. 이는 과거사 문제에 대해 일종의 면죄부를 부여했다는 착각을 불러일으켜 일본 우익으로 하여금 일본의 식민지 지배와 침략전쟁을 정당화하는 데 큰 심리적 영향을 주었다. 여기에 패전 과정에서 미국이 투하한 원폭의 피해자라는 인식도 더해져 있다. 더구나 전후 냉전체제하에서 지속되어온 미국 주도의 한미일 군사협력도 일본의 그와 같은 그릇된 인식을 강화하는 데 일조한 측면이 있다.

물론 전후 일본 정부의 과거사 인식이 시종일관했던 것만은 아니다. 1995년 자민당과 연립정권을 꾸린 사회당 소속 무라야마 총리 시절에는 식민지 지배의 강제성과 폭력성을 인정하는 보다 진진된 견해가 정부의 공식 성명으로 나오기도 했다. 이른바 무라야마담화와 고노담화가 그것이다. 무라야마담화나 고노담화의 내용은 한일 과거사 문제에 대한 완벽한 해답을 제시한 것이라고까지는 말할 수 없어도 그 이후 일본 자민당과 우익세력이 보여준 행태와는 차이가 크다.

무라야마 총리가 물러나고 다시 일본 우익세력이 정권을 장악하자 일본 정부의 과거사 인식은 갈수록 퇴행하기 시작했다. 특히 일본의 극우세력인 '새로운 역사교과서를 만드는 모임'(새역모)이 기존의 역사관을 자학사관으로 비판하는 동시에 수정주의 역사관에 기초한 교과서 개정 운동을 주도하면서 그들의 퇴행적 과거사 인식은 절정으로 치달았다. 일본의 자민당 정권 또한 이들의 행동을 직·간접적으로 지지해왔다. 이러한 일본 우익의 역사 인식이 지닌 가장 큰 맹점은 역사를 오로지 국가주의의 관점에서 자의적으로 해석한다는 데 있다. 그들은 자신들의 역사를 합리화하기 위해서는 '역사적 사실'의 수정과 왜곡도 마

244

다하지 않는 경향을 보여왔다. 최근 일본 정부가 총력을 기울여 시도한 사도광산의 유네스코 세계문화유산 등재가 좌절된 사례에서도 그러한 일본의 모습을 엿볼 수 있다.

그러나 오늘날 대다수 민주국가에서 과거사를 다루는 방식은 일본의 경우와 매우 다르다. 오늘날 과거사 문제는 단순한 민족주의적 또는 국가주의적 가치 지향이 아니라 인류 보편적 가치인 인권 문제에 더 큰 무게를 두고 있다. 독일이 자신들이 과거에 저지른 홀로코스트 범죄에 대해 반복적인 사죄와 용서를 구하는 것도, 또 지난 7월 교황이 캐나다를 방문하여 가톨릭 교회가 과거 인디언 원주민에게 행한 반인륜적 범죄 행위에 대해 사죄를 한 것도 이러한 인류 보편적 가치인 인권의 회복이 오늘날 시대정신임을 분명히 인식하고 있기 때문이다. 현재 한일 간 역사 갈등의 쟁점인 일제강점하 조선인 노동자 강제동원과 일본군 위안부 강제동원 문제 또한 이러한 인권적 가치의 회복 차원에서 접근해야 한다. 이에 대한 철저한 인식 없이는 과거사 청산을 위한 실질적 해결책 마련이 어려울 것이다.(〈부경대학보〉, 2022. 8. 22.)

한일 간 과거사에 대한 침묵 이후
생길 수 있는 일들

전사불망(前事不忘) 후사지사(後事之師). 지난 일을 잊지 말고 뒷날 일의 스승으로 삼으라는 중국 고사의 명구를 수년 전 중국 남경을 방문했을 때 남경대학살기념관 출구 큰 벽에서 본 기억이 새삼스럽게 떠오른다.

올해(2023년) 들어 일본과의 관계 개선에 공을 들여온 윤석열 대통령이 지난 3월 일제강점하 강제동원 노동자들의 피해 보상 문제와 관련하여 제3자 변제안을 공식 발표하여 정치권 안팎으로 큰 파장을 불러일으켰다. 또 5월 7일 서울에서 열린 일본 기시다 총리와의 정상회담에서는 "과거사 정리 없는 미래를 위해 한 발자국도 나아갈 수 없다는 인식에서 벗어나야 한다"고 발언을 해 다시 한번 우리 사회에 큰 충격을 안겨주었다. 윤 대통령의 이 발언은 일제강점기 과거사 문제만 덮으면 양국 관계가 획기적으로 개선되어 동맹 수준으로까지 회복될 수 있다는 낙관적인 인식을 대변하는 것으로 보인다. 그러나 윤 정부의 이러한 과거사 인식은 국내 학계를 포함해 지금까지 이 문제를 접해온 국민 다수의 인식과 크게 상충하는 것이어서 마냥 지나쳐 버릴 수 없는 심각한 문제이다.

한일 간 과거사 문제에 대해서 우리에게는 이미 오랜 갈등의 역사가 있다. 양국 정부 레벨에서 첫 설전을 벌인 것은 1953년 한일회담이다. 당시 일본 대표 구보다 간이치로는 조선 식민 통치는 일본이 은혜를 베푼 것이라는 망언을 하였는데, 이후 오랫동안 일본의 한국에 대한 과거사 인식은 거의 바뀌지 않았다. 그러한 일본 정부의 역사인식에 첫 변화가 나타난 것은 1993년 8월 일본 관방장관 고노 요헤이의 담화였다. 이 담화를 통해 일본 정부는 '위안부' 동원 과정에서 일본군의 개입과 강제성을 처음으로 인정했다. 이어서 1995년 8월에는 일본 무라야마 도미이치 수상이 과거 일본의 침략 행위와 식민지 지배에 대해 깊이 반성하고 사죄한다고 하는 담화를 발표했다. 이러한 흐름은 1998년 김대중-오부치 선언으로 이어져 동아시아 과거사 청산과 한일관계에 발전적 전망을 낳기도 했다.

이처럼 1990년대 들어서 일본이 과거사 문제에 전향적인 태도를 보였던 것은 일본 내의 정국 변화 때문이기도 했지만 외부적 영향도 적지 않았다. 1991년 8월 일본군 위안부 강제동원 피해자였던 김학순 할머니의 증언 이후 한국에서는 '정대협(한국정신대문제대책협의회)'을 위시하여 일본군 위안부 문제의 해결을 위한 시민운동이 본격화되었다. 이 동아시아 과거사 청산운동에 참가한 활동가와 연구자들은 국내 활동뿐만 아니라 국제적 활동에도 주목하여 유엔에서 관련 인권 보고서를 채택하게 하는 등 큰 성과를 거두었다. 급기야 2000년에는 도쿄에서 민간 법정인 '여성 국제법정'을 열어 일본군의 반인도적 범죄 행위를 단죄하기에 이르렀다.

　그러나 이러한 흐름과는 정반대로 1997년 일본 우익이 만든
이른바 '새역모(새로운 역사 교과서를 만드는 모임)'가 등장하면서
일본 정부의 태도는 점차 퇴행적으로 바뀌어 갔다. 후소샤 역사
교과서류의 일본 자유주의사관과 역사수정주의가 득세하기 시
작했고, 이러한 퇴행적 흐름에 맞춰 일본 정부의 인식을 대변하
는 역사 교과서 서술 또한 식민지배의 불법성과 침략전쟁 등에
관한 내용이 축소 왜곡되거나 삭제되는 방향으로 수정되어갔
다. 이 와중에 2년 전에는 미국 하버드대학 램지어 교수가 일본
의 침략전쟁 시기 조선 여성의 일본군 위안부 강제동원을 부정
하는 논문을 발표하여 큰 파문을 일으켰다. 일본 전범기업 미쓰
비시 교수의 타이틀도 함께 지닌 그의 논문은 오늘날 일본 정부
의 입장을 대변한 것임은 두말할 나위 없다. 이 때문에 국내 학
계는 물론 미국을 비롯한 여러 나라의 학자들이 이 논문의 철회
를 요구하는 국제적 운동을 벌이기도 했다.

　결과적으로 논문은 철회되지는 않았지만, 그 운동의 여파인
지 몰라도 종래 일본의 식민주의 역사관을 그대로 반영했던 하
버드대 경영대학원 필수 교재에 실린 한국사 기술이 반크 등의
항의를 받아들여 최근 수정되었다는 소식이 들린다.

　일제의 침략전쟁 수행 과정에서 동원된 노동자들에 대한 강
제성과 범죄 행위를 삭제하고 나면 일제의 전쟁 행위는 어떻게
기억되고 기술될까. 아마도 일본의 침략전쟁은 다시 '대동아전

쟁'이나 '아시아 해방전쟁'으로 미화될 것이며 일제 식민통치는 일본이 조선에 베푼 은혜로 기술될 것이고 일본 정부의 독도 영유권 주장 또한 강화될 것이다. 이러한 우려는 현재 일본 국방백서나 역사 교과서 서술에 이미 나타나고 있다.

돌이킬 수 없는 과거사에 얽매여 앞으로 나아가지 못한다고 말하는 것과 과거사의 진실을 밝혀 새로운 미래를 도모해야 한다고 말하는 것은 앞뒤 맥락이 전혀 다르다. 과거사를 청산하는 진정한 목적은 잘못된 과거사를 반복하지 않기 위함이다. 일본의 과거사 인식에 전혀 변화가 없는 마당에 우리만 일방적으로 과거사에 대해서 침묵한다면 저들은 오히려 조선 식민통치를 합리화하고 군국주의의 영광을 추억하며 이를 현실로 소환할 것이다. 전범자를 안치한 야스쿠니신사를 향한 일본 각료들의 참배 행렬은 더욱 길어질 것이다. '미래는 앞이 아니라 뒤에 있다'라고 하는 남미 인디언의 속담처럼.(《국제신문》, 2023. 5. 18.)

일본 관동대지진과
조선인 대학살

1923년 9월 1일 일본 관동지역에서 규모 7.9의 지진이 일어났다. 이 지진으로 인한 사망자와 행불자만 10만 5천여 명인데다 수십만 호의 가옥과 건물이 붕괴되는 일본재해사상 최악의 피해를 기록했다. 관동대지진 발생 100주년을 맞아 일본 방송과 신문 등은 연일 당시 상황을 되새기는 프로그램과 관련 기사를 쏟아내고 있다. 우리나라의 일부 언론에서도 이와 관련한 특집 방송을 편성하거나 해설 기사를 내보내는 등 큰 관심을 내보이고 있다. 다만 우리나라 언론은 관동대지진의 전체적 피해 상황보다는 당시 일어났던 조선인 대학살 사건에 초점을 두고 있다는 점이 일본과 다르다.

관동대지진에 대해서 우리가 특별히 관심을 가져야 하는 이유는 지진 발생 직후 지진의 직접 피해자가 아닌 6천 명 이상(물론 이는 추정치에 불과하고 정확한 희생자 수는 아직 밝혀지지 않고 있다.)의 조선인이 일본인들에 의해 무고하게 살해되었기 때문이다. 당시 학살은 군경 외에 각 마을의 청장년들로 구성된 자경단에 의해 주로 이루어졌다. 이들은 치안을 명분으로 칼, 죽창, 낫 등으로 무장을 하고 다니면서 조선인을 만나면 무참하게 학살을 자행했다. 지진이 발생한 당일부터 도쿄와 요코하마에서는 '조선인

들이 불을 지른다', '우물에 독을 탔다'는 등의 유언비어가 퍼졌
는데 이것이 학살 행위를 부추겼다. 당시 일본 정부는 재난지역
을 중심으로 계엄령을 선포했으나 아이러니하게도 계엄령하에서
오히려 조선인에 대한 학살이 광범위하고 공공연하게 행해졌다.

이 학살 사건에 대해서는 당시 상해의 대한민국 임시정부가
일본 정부에 항의한 기록도 남아 있다. 지금까지의 학술적인 연
구 성과 또한 적지 않지만, 여전히 일본 정부나 일본 극우 세력
은 이러한 사실에 대해서 침묵하거나 사실 자체를 부정하고 있
다. 1922년 일본 도쿄로 유학을 떠났다가 1923년 관동대지진으
로 고향으로 돌아온 작가 이기영이 1961년 내놓은 대하소설 『두
만강』에는 당시 그가 겪었던 조선인 대학살의 참상을 실감 나게
묘사한 대목이 있다. 즉, 가족을 잃은 일본인으로 위장하고 도
쿄 히비야 공원에 숨어 들어간 주인공 창복이가 전율하며 엿들
은 대목은 이렇다.

글쎄 '부정선인'들이 지진이 일어나자 즉시로 저희들끼리 연락
을 취하는 암호로써 구역마다 분필로 표를 해놓고 있다가 지진
이 일어나자 일시에 각처에서 불을 질렀다 하고 우물에다 독약
을 처넣었다 하니 그런 악독한 놈들이 어데 있어요. 지금 이 자
리에도 '조센징'이 있다면 나는 이 철장대로 그놈을 보기 좋게
때려죽이겠소.

당시 일어났던 학살 만행은 아무리 감추거나 부정해도 그 진실을 완전히 은폐하거나 지워버릴 수는 없는 노릇이다. 당시 조선인 학살 상황을 증언하는 수많은 구술 기록이 남아 있고, 심지어 당시 그 학살 장면을 생생하게 그려 기록으로 남긴 화가들도 여럿이 있다. 그들이 그린 그림 중 일부가 지금 도쿄 고려박물관에서 전시 중이라고 한다. 이와 관련해서 도쿄 고려박물관 관장을 역임했던 아라이 가츠히로는 이미 1년 전에 관동대지진 그림에 담긴 학살 장면을 분석한 책을 발간하면서 그 이유를 재일한국인에 대한 차별의식, 즉 혐한 의식이 어디에서 생겨난 것일까를 밝히기 위해서라고 했다. 그래서일까? 2011년 후쿠시마 대지진 때도 그랬고 일본에서 큰 지진이 발생할 때면 일본인들의 SNS에는 조선인 또는 재일한국인이 우물이나 수돗물에 독을 탔다는 류의 괴담이 유포된다는 이야기를 듣곤 한다.

그런데 한 걸음 더 나아가 들여다보면, 대지진 발생 이후 약 2주일간 일본 관동지방 전역에서 일어난 학살의 희생자는 비단 조선인만은 아니었다. 피해 규모는 조선인에 미치지 못하나 일본어가 서툰 중국인과 오키나와인 그리고 일본인 사회주의자들 또한 사회적 광기의 희생물이 되었다. 그러고 보면 관동대지진 당시의 학살은 사회적 약자를 대상으로 자행한 야만적인 '제노사이드' 범죄의 한 전형임이 더욱 분명해진다.

지난 2월 지인 몇 사람과 일본 여행을 떠났는데 도쿄를 방문한 김에 도쿄 교외의 아라카와 하천변을 찾았다. 그곳은 1982

년 9월 관동대지진 때 학살된 조선인 유골을 발굴했던 장소로 알려진 곳이다. 그 천변 부지 주택가의 한 구석 빈 공간에 조선인 희생자를 위해 세워진 작은 추도비가 있었다. 도쿄의 시민단체가 사유지 공간을 모금 활동을 통해 사들여 추도비를 설치했다고 한다. 지금 이곳은 '호센카(봉선화)'라는 스미다구의 시민단체가 관리하고 있는데, 이처럼 진실을 잊지 않기 위해서 애쓰는 시민단체가 있다는 사실이 나에겐 작은 위안이 되었다. 역사를 부정하는 시대의 권력에 맞서 싸울 수 있는 유일한 무기는 기억이라는 사실을 상기하면서.

관동대지진 100주년을 계기로 당시 일어났던 조선인 대학살에 대한 일본 정부와 일본 사회의 자성을 촉구해본다. 그러면서도 관동대지진 100주년을 맞는 올해 광복절을 전후하여 그리고 관동대지진 추모일을 전후해서 우리 정부가 조선인 대학살에 대해서 단 한마디의 언급조차 없었다는 사실로 마음 한 구석 허탈하기 그지없다. 도대체 무슨 곡절이 있기에 침묵하는 것인지 그 까닭이 너무나 궁금할 따름이다.(〈국제신문〉, 2023. 9. 6.)

2

남북관계와 역사교류

개성 만월대 1일 답사기[*]

2014년 8월 13일. 부산역에서 첫 새벽 기차를 타고 서울역에 도착하니 오전 7시 30분이었다. 서둘러 서부역 출구를 빠져나와 대기 중인 개성공단행 전세버스에 올랐다. 가까스로 시간에 맞추어 도착했으므로 마지막 일행 한 명을 더 태우고 나서 버스는 곧장 출발하였다.

행사명은 '개성 만월대 남북공동 발굴조사 조사위원회'로 일행은 모두 22명이었다. 일행에는 고려사 전공자로 이번 행사의 대표를 맡은 한신대 안병우 교수를 비롯하여 주관 단체인

---

[*]　남북역사학자협의회는 2003년 8월 남북 역사학자의 상설조직체로서 결성된 이후 남북학술공동토론회, 각종 전시회, 유적보존사업, 남북공동연구사업 등을 진행해왔다. 필자는 2018년 3월~2020년 3월 이 단체의 남측 위원장을 맡은 바 있다. 이 글은 원래 역사연구소에서 발행하는 학술지 『역사연구』에 게재하려 작성했던 것이나 사정상 실리지는 못했다.

만월대 남북공동 발굴 현장

남북역사학자협의회 소속의 교수 및 임원, 국립문화재연구소 등 각급 연구기관 대표들이 포함되어 있었다. 특히 참석자 가운데는 지기인 창원대 남재우 교수가 있어서 간만에 길동무가 되었다.

내게 만월대 답사는 이번으로 두 번째이다. 첫 번째 답사는 개성 만월대 남북공동발굴조사가 시작되고 얼마 안 되었던 2007년 5월 말이었고, 이때 처음으로 개성도 방문했다. 그 이듬해 6월 남북역사용어연구를 위한 학술회의가 개성 시내에서 열려 한 차례 더 개성을 방문하였으니 개성 방문으로 치면 이번이 세 번째이다. 세계문화유산 등재를 위한 개성 만월대 남북공동

만월대 계단의 현재 모습. 개성 만월대는 2013년 유네스코 세계문화유산으로 지정된 개성역사유적지구에 포함된 주요 유적 중 하나이다.

발굴조사는 남북관계의 경색 속에서도 지속되어 지난해 6월 만월대를 비롯하여 개성역사지구의 12곳 역사유적이 마침내 유네스코 세계문화유산으로 등재되는 결실을 맺었다.

박근혜 정부가 들어선 이후 처음 재개된 개성 고려궁성 만월대 제6차 남북공동발굴조사는 2014년 7월 22일부터 8월 16일까지 26일간 진행되었다. 그동안 다섯 차례에 걸쳐 회경전을 중심으로 한 중심건축군의 발굴조사가 완료되었고, 이번 조사로 서부 건축군에 대한 첫 발굴이 이루어졌다. 이번 발굴조사 과정에서 제1정전인 회경전 지역과 제2정전인 건덕전 지역을 연결하는 통행 시설인 대형 계단(계단1: 폭 13.4m, 길이 10.7m / 계단2: 폭

5.8m, 길이 12.4m)과 이와 연결된 전편 3칸의 문지(門址)가 발견되었으며, 자기 등 다수의 유물이 출토되었다.

1시간 남짓 달려 도라산 남측출입사무소(CIQ)에 도착한 우리 일행은 간단한 출경 심사를 마치고 9시 30분경 분계선을 넘어섰다. 이곳에서 북측사무소의 입경 심사와 세관 검사를 마친 우리 일행은 마침내 북측이 준비한 마중 차량에 승차하여 만월대로 이동하였다.

이번 북녘 방문에서 새롭게 알게 된 사실은 우리 측 승용차가 직접 북측으로 들어갈 수 있다는 것이었다. 마침 이러한 사실을 미리 알았던 연세대 하일식 교수가 손수 차량을 몰고 와 일행 중 몇 명은 승용차로 이동할 계획이었다. 승용차를 몰고 직접 북녘땅을 답사할 수 있게 되다니 꿈만 같았고, 생각만으로 신나는 일이 아닐 수 없었다. 그러나 이러한 기대는 한낱 해프닝으로 끝나고 말았다. 승용차의 입경은 가능하지만 네비게이션 장착은 허용되지 않았다. 하여 차주는 차에 고정식으로 부착된 네비게이션을 제거해보려 했지만 허사였다. 일행 중에도 승용차의 네비게이션 제거 방법을 아는 사람은 없었다.

우리 일행은 송악산 기슭에 자리 잡은 만월대 발굴 현장에 도착하여 현장 책임자로부터 그동안 진행해왔던 발굴 현황 및 성과에 대한 간단한 설명을 듣고, 바로 현장을 둘러보았다. 발굴조사가 완료된 회경전을 비롯한 중심 건축군은 현장을 원 상태로 복원하여 주춧돌의 잔해만 드러나 있었고, 작업이 진행 중인 서부 건축군은 여기저기 땅이 파헤쳐진 채 남북 일꾼들의 일손이 바쁘게 움직이고 있었다. 이번 발굴조사에 참여한 전문가들은 새로 발견된 계단석 이외에도 새로 드러난 왕궁 하수로 등을 가리키며 이번 발굴조사로 고려시대 건축술을 보다 구체적으로 파악할 수 있는 계기가 마련되었다며 큰 의미를 부여하였다.

이곳저곳을 둘러보고, 기념사진을 찍느라 시간을 보내다 보니 어느덧 예정 시간이 다 되었다. 12시경 북측이 준비한 차량을 타고 개성 시내 전통 한옥마을에 있는 '민속려관'으로 이동하여 점심 식사를 하였다. 여관 마당으로 들어서니 막 버스에서 내리는 중국 관광객들이 눈에 들어왔다. 식사는 북측 대표단과 함께 하였다. 양측의 대표가 번갈아 발굴조사사업의 성과에 대한 덕담으로 인사말을 주고받은 다음 남북의 참가자들은 서로 뒤섞여 앉아 담소를 나누며 점심을 즐겼다.

점심을 마친 우리 일행은 북측의 안내에 따라 지난해 만월대와 더불어 유네스코 세계문화유산으로 지정된 남대문, 성균관, 선죽교 등을 둘러보며 오후 일정을 채웠다. 개성 시내 답사를 마치고 돌아오는 길에 잠시 개성공단에 들려 공단 내 최고층 건물의 관망대에 올라가 남북경협의 상징인 개성공업지구 일대를 관망하면서 북측 안내원으로부터 현재 공단의 운영 상황에 대한 간단한 설명을 들었다.

오후 5시 이전에 남측으로 입경해야 했으므로 우리는 서둘러 북측 출경사무소로 향했다. 단 하루의 너무나 짧고 아쉬운 일정이었지만 최근 한반도 정세에 비추어볼 때 이번 만월대와 개성 방문길은 방문 그 자체만으로도 학술조사 이상의 의미가 있었다. 귀경버스에 오른 나는 조속한 남북관계의 회복을 소망하며 멀어져 가는 북녘 산하에 눈길을 돌렸다.

평창에서 열리는
만월대 공동발굴 특별전

일각의 우려를 불식하고 평창동계올림픽이 성공리에 개막되어 이제 폐막을 눈앞에 앞두고 있다. 우리나라에서 열리는 30년 만의 올림픽이니 그 감회가 새롭기도 하지만, 우리나라 안방에서 펼치는 세계 선수들의 기량을 한눈에 볼 수 있으니 그 재미 또한 만만치 않다. 동시에 아이스하키 팀에서 남북 단일팀이 구성되고 개막식에서 한반도기를 앞세운 남북 선수들의 공동 입장으로 막을 연 이번 평창올림픽은 '평화올림픽'이라는 또 다른 선물을 안겨주었다. 북한의 응원단과 특사 파견, 예술단의 방남 공연 등으로 남북 간 대화 분위기가 조성되면서 남북관계 개선에 대한 기대가 한층 높아졌다.

남북관계의 개선과 평화에 대한 열망은 올림픽 경기장에서만 엿볼 수 있는 것은 아니다. 때마침 올림픽 개·폐막식장 인근에서 색다른 문화행사가 열리면서 경기 관람객의 눈길을 끌고 있다.

올림픽 스타디움 바로 인근 상지대관령고등학교 운동장의 가설 전시장에서는 올림픽 기간 중 '고려건국 1100년 고려황도 개성 만월대 남북공동 발굴 평창특별전'이 평창동계올림픽 및 패럴림픽조직위원회에 의해 문화올림픽 공식 행사로 지정되어

만월대 특별전을 찾은 평창올림픽 북한선수 응원단 일행

열리고 있다. 지난 9일 평창에서 개막식을 치른 이번 특별전은
이 행사를 주관한 남북역사학자협의회가 중심이 되어 지난 10
년간 일곱 차례에 걸쳐 북측 역사학자들과 공동 발굴한 개성 만
월대의 출토 유물과 그 발굴 성과를 기획 전시하고 있다. 이 전
시는 패럴림픽이 끝나는 3월 18일까지 이어진다.

　만월대는 개성 송악산 자락에 자리 잡았던 500년 고려의 황
궁을 일컫는 이름이다. 1361년 홍건적의 난으로 불에 타 잿더미
가 된 뒤 오랫동안 방초로 덮여 있었다. 1930년대 초 가수 이애
리사가 불러 히트한 〈황성(荒城) 옛터〉의 자리가 바로 그 자리이
다. 일제는 우리 민족이 〈황성 옛터〉를 부르는 것을 금기시했지

만, 망국민의 한을 담은 이 노래는 듣고 부르는 이의 심금을 울리며 오랫동안 대중의 사랑을 받아왔다.

　남과 북의 역사학자들이 만월대 공동 발굴을 위해서 첫 삽을 뜬 것은 2007년 5월이다. 그 뒤 약 10년 동안 만월대의 모습을 드러내기 위해서 남북공동 발굴팀은 많은 구슬땀을 흘렸다. 남북관계의 악화 속에서도 간헐적으로 계속된 이 사업은 남북 간 학술문화교류의 상징성을 띠면서 약 35,000점의 유물을 발굴하는 등 적잖은 성과를 내놓았다. 이 중에는 2015년 11월 발굴된 금속활자 1점도 포함되어 있다. 또 발굴 과정에서 황성의 중심 건물인 '회경전' 터를 비롯하여 여러 구조물의 자리가 확인돼 황성의 윤곽이 어느 정도 드러나기 시작했다. 이러한 남북 간의 협력 사업에 힘입어 만월대는 '개성역사유적지구'에 속한 12개 유적의 하나로 2013년 유네스코 세계문화유산으로 등재되었다.

　물론 만월대 공동발굴 사업이 지난 10년 동안 순탄하게 진행되었던 것은 아니다. 남북관계의 변화에 따라 일시 중단된 적도 있다. 특히 2016년 1월 북한 핵실험의 여파로 박근혜 정부가 개성공단을 일방적으로 폐쇄함에 따라 공동 발굴 사업도 현재 중단된 상태에 있다.

　이번 평창올림픽의 남북공동 참여와 단일팀 구성을 논의하는 과정에서 우리 측에서는 평창특별전을 남북 공동으로 개최하는 방안을 북측에 제안했으나 아쉽게도 받아들여지지 않았

특별전에서 선보인 3D로 복원한 만월대 회경전 모습

다. 그 때문에 특별전에는 만월대에서 발굴한 출토 유물을 실물 그대로 전시하지는 못하고, 실물과 구별이 어려운 복제품을 만들어 전시하고 있다. 이처럼 실물 전시를 하지 못하는 아쉬움은 있지만, 홀로그램 디지털 기법 등 여러 가지 영상 기법 등을 통해 실제 유물의 모습을 있는 그대로 재현하여 출토 유물을 이해하고 감상하는 데 큰 손색은 없다. 특히 이번 특별전에서는 고려 황궁의 정전인 '회경전'의 웅장하고 아름다운 모습을 3D 디지털 영상으로 복원하여 공개하고 있다. 나아가서 고려 건국 1100년을 맞아 고려시대의 사회상을 총람할 수 있도록 전시를 기획하여 관람자들에게 색다른 볼거리도 제공하고 있다.

이번 특별전은 고려 건국 1100년을 기념하는 각별한 의미를 아울러 지닌다. 고려가 후삼국을 통일한 우리 민족의 통일왕조라는 점에서 이번 전시는 하나 된 고려처럼 하나 되어야 할 남과 북의 염원을 담고 있기도 하다. 그 때문인지 일본으로부터 평창을 찾은 재일본조선인총연합회 동포 응원단이 개막식 첫날 단체 관람을 하였다. 이어서 올림픽 경기장을 찾는 관람객들의 발길이 끊이지 않는다는 소식도 들려온다.

평창올림픽을 계기로 트인 남북대화의 물꼬가 더욱 확대되어 그동안 끊겼던 남북 간의 학술문화 교류가 다시 이어지고, 만월대 남북 공동 발굴 사업 또한 조속히 재개되기를 빌어본다.(〈국제신문〉, 2018. 2. 21.)

남북 화해와
역사교류

'촛불혁명'의 결과로 정권이 교체된 이후 우리 사회 안팎으로 큰 변화의 바람이 불기 시작하였다. 이에 따라 봄기운으로 언 땅이 녹듯이 그동안 단절되었던 남북관계에 새로운 변화가 나타나고 있다. 이러한 변화는 지난 2월 9일로 예정되었던 평창동계올림픽 개최를 앞두고 새해 벽두부터 시작된 북측의 올림픽 참여와 올림픽의 성공적 개최를 위한 대화 재개로부터 시작되었다. 그 결과 평화올림픽의 기치를 내건 평창올림픽은 기대 이상의 성과를 나타내었고, 이를 계기로 남북 간의 해빙 분위기가 본격적으로 조성되었다.

남북관계의 급속한 변화는 마침내 2018년 4월 27일 판문점에서 개최된 남북정상회담으로 이어졌다. 이 정상회담은 2000년 김대중 대통령, 2007년 10월 노무현 대통령의 정상회담에 이은 분단체제하의 세 번째 정상회담으로서 이명박·박근혜 정부 시절 단절되었던 남북관계를 새로 복원함과 동시에 앞서 두 차례 정상회담의 정신을 발전적으로 계승한다는 의미를 지닌다. 더 나아가서 남북정상회담의 결실로 발표된 판문점 선언은 북미회담을 통한 종전선언을 언급함으로써 한반도 정세의 중대한 변화를 예고하고 있다.

남북관계를 비롯하여 한반도 주변 정세의 변화는 6월 12일 싱가포르에서 개최된 북미정상회담을 통해 더욱 가속화되고 있다. 아직 예단하기 힘든 부분이 없지 않지만 향후 북한과 미국 간의 협상을 통해서 진행될 한반도 비핵화와 종전선언, 더 나아가 북미 간의 평화협정이 체결된다면, 남북관계는 물론 동아시아 국제정치 지형에 일대 지각변동을 일으킬 것으로 예상된다.

여전히 미국을 비롯한 유엔의 북한에 대한 경제 제재로 적지 않은 장애가 남아 있는 것은 분명하지만 4월 27일 판문점 선언 이후 남북 간에는 과거와는 다른 여러 가지 새로운 변화들이 감지되고 있다. 남북대화의 공식 채널이 복원되고, 남북 간 문화 예술단 교환 등 문화 체육 분야의 교류가 재개되었다. 이산가족 상봉에 관해서도 상호 합의가 이루어졌다. 또 개성공단 재개를 비롯하여 다양한 차원에서 남북 간의 경제협력에 관한 논의들도 구체화되고 있다. 대표적인 예로는 철도 복원 사업을 들 수 있는데, 이미 정부는 북측 철도의 개선 복원을 위해 현지에 전문가를 파견하였고 곧 남북 공동 조사가 가시화되는 단계에 이르렀다.

남북 간 학술교류도 다른 분야와 마찬가지로 구체적이고 전면적인 실행 단계에 이르지는 못하였지만, 각 분야에서 다양한 논의가 전개되고 있다. 이 때문에 북한에 대한 경제 제재가 풀리게 되면 조만간 과거보다 더 큰 폭으로 남북 간 학술교류도 전개될 전망이다. 학술교류를 비롯하여 이러한 남북관계의 진전은 종국적으로 통일을 이루기 위한 상호이해의 준비과정으로 볼 수 있다. 남과 북은 서로 다른 체제와 서로 다른 제도 아래서 70년 이상의 오랜 세월 동안 분단된 상태로 살아왔기 때문에 분단 장벽에 따른 이질화가 불가피했다. 남북교류의 확대는 이를 극복하고 민족적 동질성을 회복하기 위한 불가피한 수순이다.

언어와 역사가 민족의 동질성이나 정체성을 구성하는 중요한 요소임은 두말할 필요가 없다. 남북 간 학술교류는 이러한 관점에서 살펴보아야 한다. 실제로 2000년 6·15 남북공동선언 이후 지금까지 남북 간에 이루어졌던 학술교류 가운데 가장 주목할 만한 사업은 겨레말 큰사전 남북공동편찬사업과 개성 만월대 공동발굴조사라고 할 수 있다. 여기서는 남북역사학자협의회 중심으로 이루어진 남북 역사교류에 관한 문제를 짚어보기로 하자.

2001년 6·15 남북공동선언이 있은 다음 김대중 대통령 일행과 함께 평양을 방문했던 남측 역사학자들과 북측 역사학자들과의 사이에 장차 남북 역사학자 학술교류와 공동학술대회를 지속적으로 진행하기로 합의가 이루어졌다. 이러한 합의가 가능했던 것은 역사학의 교류 협력을 통해서 민족 동질성 회복과 상호 이해 증진은 물론 평화 정착과 통일에 기여할 수 있다는 점과 이를 위한 상설 교류협력기구의 설립 필요성에 대해서 남북 역사학자들 사이의 공감대가 형성되었기 때문이었다.

2001년 6월 평양에서의 합의에 따라 2003년 2월 남북 양측은 남북공동조직으로 '남북역사학자협의회'(가칭) 구성에 합의하고, 그해 8월 남북 역사학자들의 공동조직체로서 '남북역사학자협의회'를 구성하였다. 이는 학술부문에서 남북 간 처음으로 결성된 공동조직으로, 당시 강만길 전 상지대 총장이 남측 준비위원회의 책임을 맡았다. 이리하여 2004년 2월 평양 양각도호텔에서 '남북역사학자협의회 결성에 관한 합의문'에 강만길 남북역사학자협의회 남측공동위원장과 허종호 북측공동위원장이 공동 서명함으로써 남북역사학자협의회가 공식적으로 발족하게 되었다. 남북역사학자협의회 남측은 2004년 4월 서울 세종문화회관 컨퍼런스홀에서 창립총회를 열어 향후 활동 방향에 대해서 논의했다.

남북역사학자협의회는 설립 취지에 따라 지금까지 크게 남북공동학술회의와 학술연구, 그리고 남북공동 문화유산조사로 나누어 사업을 진행해왔다. 이 가운데 전자는 남북공동학술회의를 통해 역사적인 현안에 대한 인식을 공유하고, 그 해결 방안을 모색하기 위한 것으로 지금까지 다양한 주제들이 논의되어 왔다. 그 가운데는 한일합방의 불법성에 대한 남북공동 학술토론회를 비롯하여 일제의 조선인 강제연행 불법성 문제, 국호 영문표기 문제(Corea & Korea), 일제 약탈문화재 반환 문제 등이 남북공동 학술토론회의 의제로 다루어졌다. 이 밖에 일종의 기념행사로 고구려유적 세계문화유산 등재 기념 남북공동 학술토론회(2004년 2월), 개성역사지구의 세계문화유산 등록을 위한 남북

공동 학술토론회(2004년 9월) 등이 열렸다. 그 뒤 2010년 4월에는 중국 심양에서 일제강점 100년 남북공동 학술토론회를 개최하기도 하였다.

또 남북역사학자협의회는 2007년 11월 남북공동학술연구의 일환으로 남북역사용어연구 사업을 시작하여 2010년 5월까지 진행했다. 이 사업은 북측 사회과학원 력사연구소와 남북역사학자협의회 남측 소속 회원 연구자들이 집필 작업에 참가하여 양측 모두 원고 작성을 마무리하였으나, 현실적 상황을 고려하여 양측의 합의로 공식적인 출판은 보류한 상태이다.

남북공동 문화유산조사와 관련해서는 북한 소재 문화유산 보존 사업에 중점을 두었다. 이는 고구려 유적 보존사업을 위한 고구려 고분군 남북공동 실태조사와 세계문화유산 등재를 위한 개성 만월대 남북공동발굴조사가 대표적이라고 할 수 있다. 전자는 평양 및 인근 고구려 고분군 소재 지역을 중심으로 고구려 고분군의 실태를 조사할 목적으로 2006년 4월 19일~5월 2일과 2007년 5월 30일~6월 9일 두 차례에 걸쳐 실시되었다. 이 조사사업에는 북측의 민족화해협의회와 문화보존지도국이 공동으로 참여했다. 개성 만월대 발굴조사는 남북역사학자협의회가 가장 오랫동안 역점을 두고 지속적으로 추진해온 사업으로서 2005년 5월부터 지금까지 진행되고 있는 사업이다. 이 발굴조사 사업에는 남측에서는 남북역사학자협의회, 그리고 북측에서는 민족화해협의회, 문화보존지도국, 조선중앙력사박물관 등이 공동으로 참여하고 있다.

만월대 발굴조사사업은 제17차 남북장관급회담에서 개성지구 역사 유적들의 세계문화유산 등록을 위한 사업을 쌍방 당국이 지원하기로 합의함으로써 실행에 옮길 수 있게 되었다. 그리하여 남측 남북역사학자협의회와 북측 민족화해협의회는 논의를 통해 사업의 구체적 방향을 확정하고, 2007년 5월 서부건축군에 대한 첫 시굴조사를 실시하였다. 이어서 2015년 11월까지 7차에 걸친 서부건축군 일대의 발굴조사를 실시하였다. 조사단은 총 7차에 걸친 만월대 발굴조사를 진행하면서 19동의 건물지와 총 3만 5천여 점의 유물을 발굴하였다. 650여 년 만에 모습을 드러낸 발굴 유물 가운데는 2015년 11월 발굴된 금속활자 1점도 포함되어 있다.* 또 건물지와 여러 유구, 유물들이 발굴됨에 따라 이를 바탕으로 고려 궁궐의 정전 회경전을 3D 영상으로 복원·재현하는 작업이 가능해져 지난 2월 평창올림픽 특별전에서 시연되었다.

남북역사학자협의회는 북한 문화유산에 대한 조사 결과를 전시회를 통해 알리는 활동도 아울러 전개하였다. 고구려 고분군 유네스코 세계문화유산 등재 기념 남북공동 사진전시회

---

* 제7차 개성 만월대 남북공동 발굴조사는 2015년 6월부터 시작되었으며, 남측 발굴조사단은 11월 30일 발굴조사 작업을 마무리하고 개성에서 철수하였다. 그러나 이듬해 2016년 4월 북측 발굴조사단이 단독으로 발굴조사를 실시하던 중 금속활자 4점을 더 발굴하여 현재까지 만월대에서 출토된 금속활자는 모두 5점이다.

(2004.10.25~12.5), 6·15 남북공동선언 발표 5돌과 조국광복 60돌 기념 고구려유물 전시회(2005.5.7~8.13), 북녘의 문화유산-평양에서 온 국보들, 개성만월대 남북공동 출토 유물 전시회(2015.10.12~11.6) 등을 개최하였다. 특히 2015년 만월대 유물 전시회는 특별히 개성과 서울에서 동시에 열렸다.

앞서 언급한 평창특별전은 2월 9일부터 3월 18일까지 평창올림픽 개막식장 바로 인근 상지대관령고등학교 운동장의 가설 전시장에 마련되었다. '고려건국 1100년 고려황도 개성 만월대 남북공동 발굴 평창특별전'으로 명명된 이 전시회는 비록 현실적 제약으로 원래 발굴된 유물을 직접 전시하지 못하고 일부 복제품과 3D 프린팅 유물 복제 영상으로 대체하였으나, 학술적 의미 외에도 남북 간 문화학술교류의 상징처럼 인식되었다. 그것은 특별전을 찾은 54,000명의 국내외 관람객 속에 북측 공동응원단과 일본에서 건너온 '총련 응원단'이 포함되어 있었다는 사실을 통해서 확인할 수 있다.

남북역사학자협의회는 현재 지금까지 남북 공동조사를 통해 발굴한 만월대 유적자료를 정리하는 학술적·기반사업을 통일부의 지원을 받아 진행하는 중이다. 이 사업의 중요한 목적은 그동안 조사한 북한 문화유산, 개성 만월대 유적과 유물의 영상자료를 기초로 한 3D 데이터 기반 활용연구 및 민족문화유산 교류 협력 활성화를 위한 인프라 구축 방안을 마련하는 것이다.

남북 간 역사교류도 다른 여타의 남북교류 사업과 마찬가지로 남북관계의 변화에 따라 많은 우여곡절을 겪어왔다. 2008년 정권교체 뒤 발생한 금강산 관광객 사고의 여파로 잠시 중단된 일도 있었고, '천안함 사건' 발생 이후에는 개성공단이 폐쇄되는 등 남북관계가 악화 일로에 들어섰다. 그러나 남북관계가 악화되어 거의 모든 교류가 완전히 단절된 상황에서도 남북역사학자들이 공동으로 추진해온 만월대 발굴조사사업은 단속적으로나마 그 명맥을 끊지 않고 유지해왔다. 특히 2015년 가을에는 그동안 일시 중단되던 사업이 재개되어 발굴단 이외 일반 학자들의 만월대 참관이 이루어지기도 하였다. 이처럼 만월대 공동발굴조사는 남북 양측 모두 사업의 중요성과 의미에 대해 크게 공감해온 성공적인 남북교류의 상징이라고 할 수 있다.

이상에서 살펴본 남북역사학자들의 역사교류는 민족의 동질성 회복을 위해서 그 의미가 큰 만큼 앞으로도 지속해나가야 할 사업이다. 다만, 이러한 사업을 장기적으로 발전시켜 나아가기 위해서는 남북 당국의 지속적인 지원이 전제되어야 하고 또 남북 양측 간 대화를 통해 실천 가능한 다양한 의제들을 모색할 필요가 있다. 현재 논의 중인 개성 만월대 발굴조사의 재개와 2019년 3·1운동 100주년 남북공동학술회의의 개최는 그러한 논의 과제들 가운데 일부가 될 것이다.(『내일을 여는 역사』 제71·72호, 서해문집, 2018.)

한반도의 봄,
동아시아의 봄

한반도에 정말 봄이 오는 것일까? 지난(2018년) 4월 27일 판문점에서 열린 남북정상회담은 이 같은 민족적 기대를 한껏 부풀게 하였다. 그날 벌어진 일련의 일들은 예상하지 못했던 파격과 놀람, 그리고 감동의 연속이었다. 남과 북의 정상이 함께 분계선을 넘나든 일이 그러했고, 정상회담을 올림픽 중계하듯이 종일 방영한 것도 전례 없는 일이었다. 남북정상회담 자체만으로 최근 국내외 정세의 극적인 변화를 느낄 수 있지만, 4·27 판문점 선언은 21세기 현대사의 일대 사변이라 할 만한 역사적 사건이 되고 말았다.

1953년 7월 정전협정이 체결되어 민족 분단이 고착화된 이후 남과 북이 처음 대화를 시작한 것은 19년이나 지난 1972년의 일이다. 그해 여름 갑작스럽게 발표된 7·4 남북공동성명 소식을 듣고 받은 충격은 지금도 기억에 생생하다. 그날 전국은 그야말로 흥분의 도가니였다. 남북공동성명에는 자주, 평화, 민족 대단결 등 이른바 통일 3원칙을 핵심으로 하는 합의 내용이 담겨 있었다. 이리하여 남북공동성명은 머지않아 통일이 곧 다가올 것만 같은 기대를 잠시나마 국민에게 안겨주었다.

7·4 남북공동성명은 적대 관계에 있던 미국과 중국이 수교

하는 등 급변하는 당시의 국제정세 속에서 공동의 위기의식을 느낀 남과 북이 비밀 교섭을 통해 극적으로 합의한 사항이었다. 그 배경이야 어찌 되었든 이때 남북 간에 합의된 통일 3원칙은 여전히 유효한 남북대화의 기본 원칙이 되었다. 그러나 그해 10월 박정희 정권은 유신체제를 선포함과 동시에 다시 북한과의 대결 국면으로 자세를 바꾸었고, 북한 또한 새로운 사회주의 헌법을 제정하고 남과의 체제 경쟁에 박차를 가하였다. 남북관계는 예전으로 되돌아가고 말았다. 봄은 차시였고, '겨울공화국'은 계속되었다.

오랫동안 단절되었던 남북대화는 노태우 정부 때 재개되어 1991년 남북기본합의서가 체결되었다. 이때도 미소 냉전체제의 붕괴라는 국제 정세의 변화가 그 배경이 되었다. 이후 남북대화가 본격적으로 재개된 것은 김대중 정부 들어서이다. 2000년 김대중 대통령과 김정일 국방위원장 간에 분단 이후 첫 남북정상회담이 성사되었고, 거기서 6·15 남북공동선언이 채택되었다. 6·15 공동선언에 입각하여 시작된 남북 간의 교류는 경제와 문화 등 사회 전 분야로 확대 발전되어 노무현 정부 임기 말인 2007년 남북 정상 간의 10·4 공동성명 발표로 절정에 달했다. 그러나 2008년 이명박 정부로 정권이 교체된 뒤 남북관계가 급속히 냉각되면서 사실상 대화가 단절되기에 이르렀다. 이번 판문점 정상회담에 김정은 국무위원장이 언급한 '잃어버린 11년'은 바로 이를 지칭한 것이다.

해방 이후 남북관계는 대화와 단절을 반복하면서 순탄치 않게 지속되어왔다. 이러한 남북관계의 변화 저변에는 국내정세뿐만 아니라 국제정세의 변화 또한 기본적인 동인으로 작동하였다. 유감스럽게도 우리 정부가 남북문제 해결에 강한 의지를 가졌을 때는 북미관계가 원만하지 못해 기대 이상의 큰 성과를 내지 못한 경우가 많았다. 지난해 5월 촛불 민심으로 문재인 정부가 들어섰을 때도 미국에는 대북 강경 노선의 공화당 정부가 들어서 있었기 때문에 장차 남북관계를 매우 비관적으로 전망하는 사람이 오히려 많았다.

　　이러한 점에서 지난 4월 27일 판문점 선언은 정세변화에 있어서 역사상 보기 드문 반전이다. 많은 국민이 판문점 회담 생중계 방송에서 눈을 떼지 못한 또 하나의 이유일 것이다. 이제 국내외 정세는 남북관계를 넘어서 북미관계, 더 나아가서는 동아시아 국제질서의 새로운 변화를 예고하고 있다. 그 전환점은 아마 한반도 평화협정의 체결이 될 것이다.

　　한반도 분단은 제2차 세계대전 종전 이후 동아시아 식민지 지배체제 청산의 미완에서 비롯되었다고 볼 수 있다. 한반도로 국한해서 보면 남북의 분단이지만 시야를 확대하면 종전 이후 동아시아의 분단 속에 한반도 분단이 내재해 있는 것이다. 냉전으로 동아시아가 분단된 가운데 한때 베트남이 그러했고, 중국과 대만 관계 또한 여전히 미완의 상태로 남아 있다. 오랫동안 미국에 점령되었다가 반환된 일본 오키나와의 미군기지 문제도 따지고 보면 미완의 종전 즉, 냉전의 산물이다. 이러한 미완의 종전 상태가 미소 냉전의 붕괴 이후에도 유독 동아시아에서만 지속되어왔다.

이 지점에서 문득 나관중의 『삼국지연의』 서문에 쓰인 한 구절이 떠오른다. '합구필분 분구필합'(合久必分 分久必合, 천하가 오래되면 반드시 분열되고, 분열이 오래되면 언젠가 통합되기 마련이다) 이라고 했던가. 겨울이 깊으면 봄이 오는 것은 자연의 순리이 다. 4월 27일 판문점 만찬장에서 오연준 군이 부른 〈고향의 봄〉이 많은 사람의 심금을 울렸다. 단지 오 군이 노래를 잘 불러서 만은 아니었을 것이다. 그 봄을 너무나 애타게 기다렸던 '민족의 봄'으로 받아들인 것은 나 혼자만의 감상은 아니었을 것이다. 한반도의 봄이 오면 동아시아의 봄도 함께 올 것이라는 믿음과 함께.(〈국제신문〉, 2018. 5. 9.)

남북철도
복원 사업에 거는 기대

남북정상회담에 이어 열린 북미정상회담은 이후 남북관계뿐만 아니라 동아시아의 정치적 경제적 지형의 급격한 변화를 예고하고 있다. 아직 본격적인 단계에 들어선 것은 아니지만 4·27 판문점 선언의 실행을 위한 실무회담이 진행되고 있고, 그에 따른 남북경협과 관련된 여러 가지 의제들이 언론을 통해 나오고 있다.

남북협력과 관련하여 주요 현안으로 떠오르고 있는 것 가운데 하나가 민족 분단 이후 단절되었던 경의선, 동해선 복원과 같은 철도 협력사업이다. 최근 철도·도로·산림 협력을 위한 남북 간 공동연구가 추진 중에 있다는 언론 보도에 이어서 새삼 남북을 잇는 한반도 종단철도에 대한 관심이 급증하고 있다.

한반도에 철도가 처음 들어선 것은 1899년 완공된 경인철도이지만 한반도 종단(종관)철도의 시발은 1904년 12월 완공된 경부철도이다. 당시 러일전쟁이 한창이던 일제는 부산에서 서울을 잇는 경부철도의 완공에 앞서 군용 목적으로 서울과 신의주를 잇는 경의철도를 서둘러 착공하여 1906년 4월 개통하였다. 이로써 부산에서 신의주로 이어지는 한반도 종단철도가 완성되어 이제 부산에서 출발한 한반도 종단 열차는 안봉철도(안동-봉천 노선)와 연결되어 만주를 거쳐 중국 대륙으로 향할 수 있게 되었다. 일본에 의한 경부선·경의선의 부설 자체가 애초부터 대륙 진출을 목적으로 한 것이었다.

20세기 초부터 일본에 의해 한반도에 부설되기 시작한 철도는 '신문명의 이기'로 찬양되었지만 '국방공위(國防共衛), 경제공통(經濟共通)'이라는 일제의 철도정책 슬로건이 보여주듯이 경제적 수단이기에 앞서 군사적 목적을 지닌 제국주의 팽창의 지렛대이기도 했다. 당시 만주 지배를 두고 일본과 경쟁하고 있던 러시아 역시 시베리아 횡단철도를 확장하면서 최초로 중국의 변경에 병력을 투입할 수 있게 되었다. 이에 맞서 제안된 북경과 봉천(현 심양)을 잇는 경봉철도 부설은 영국과 일본이 러시아의 시베리아 철도 부설에 공동 대응하기 위한 것이었다. 우리 민족이 일본의 침략을 받고 있던 시기 한반도와 중국에서 철도 부설을 둘러싸고 제국주의 열강들이 각축하고 있었다.

부산을 시발점으로 하는 또 하나의 한반도 종단철도는 동해선이다. 동해선은 1930년 부설이 시작되어 1935년 부산-울산 간 노선(동해남부선)이 개통되었고, 1937년 함남 안변과 강원도 양양 간 노선(함경선, 동해북부선)이 개통되었다. 이후에도 두 노선을 연결하기 위한 공사가 계속되었으나 일제의 패망으로 중단되었다. 해방 이후 남북을 관통하는 동해선은 분단으로 완공을 보지 못한 채 지금에 이르렀다. 이제 남북 간 철도 협력사업으로 동해선 부설 공사가 재개되어 동해안 남북 종단철도가 완성된다면, 블라디보스토크에서 시작하는 시베리아 횡단철도와 연결되어 대륙을 향한 또 하나의 관문이 열리게 될 것이다.

20세기 제국주의 시대 철도는 제국주의의 식민지 지배와 식민지 민중의 저항을 역사적 기억으로 간직하고 있다. 특히 일제의 식민지 지배하에 있었던 우리 민족의 대륙 철도에는 뼈아픈 역사적 상흔이 새겨져 있다. 멀리는 1909년 블라디보스토크에서 시작된 동청철도가 끝나는 하얼빈역에서 안중근 의사가 이토 히로부미를 저격한 사건이 있고, 중일전쟁 이후 만주의 거미줄 같은 철도망에는 징병, 징용의 민족적 한이 서려 있다. 1930년대 연해주 까레이스키 '고려인'들이 스탈린 통치하에 중앙아시아로 강제 이주당할 때는 시베리아 횡단열차가 이용되었다.

장차 남북 간의 철도 협력사업이 제대로 완성되어 유라시아 대륙 횡단철도와의 연결이 현실화된다면, 이것이 우리 경제에 미치는 효과도 엄청날 것으로 여러 전문가들은 예상하고 있다. 남북의 철도 연결은 단순히 남북 간 교통망의 복원 차원을 넘어서 유라시아 대륙과 한반도를 연결하여 물류와 인적 교류의 거대한 흐름을 낳을 것이고 이 흐름은 다시 해운과 연결되어 커다란 경제적 시너지가 발생할 것이라는 예측이다. 또 남북철도 협력 사업으로 인한 경제적 시너지 효과로 부산이 큰 수혜를 보게 될 것이라는 점도 예측된다.

한반도 종단철도의 남북연결은 분단으로 70여 년 동안 봉쇄되었던 남의 대륙성을 복원하는 일이기도 하지만, 해양과 유라시아 대륙을 연결하는 관문으로서 부산이 지닌 본래의 도시적 기능을 회복하는 역사적 의미도 갖게 된다. 부산은 명실상부하게 이른바 21세기 유라시아 대륙 실크로드의 시점이자 종점으로서 자리매김하게 될 것이다. 어두웠던 시기 제국주의 세력의 대륙침략 관문으로서가 아니라 동아시아 평화와 경제적 번영의 관문으로서 기능하게 될 부산을 상기하면 남북철도협력사업에 대한 관심과 기대가 한층 더 커진다. 마음은 벌써부터 부산발 파리행 열차에 몸을 싣고 지난 세기 고려인들이 갔던 그 길을 따라 유라시아 대륙을 가로지르는 상상의 나래를 펼치고 있으니, 이것이 어찌 나 혼자만의 희망이겠는가.(〈국제신문〉, 2018. 7. 11.)

3

동아시아 평화 인권 역사기행 외

'2005 타이페이'의
대만

연배로 보나 학번상으로나 선배인 서승 교수와 내가 직접 인연을 맺은 것은 그리 오래된 일은 아니다. 2005년 여름 '동아시아 평화·인권 국제학술회의 2005 타이페이'에서 처음 그와 일정을 함께하게 되었다. 타이페이 국제학술회의는 2005년 8월 4일 개최되었다. 이 행사는 한국 측의 서울대학교 정근식 교수와 일본 측의 리츠메이칸대학 서승 교수, 그리고 대만 측의 민주노동당 인사들이 주축이 되어 마련하였다. 이 행사에 참여하기 위해 한국 측 참가단 일행은 2005년 8월 3일부터 4박 5일간의 대만 여행길에 올랐다. 마침 한국제노사이드연구회 운영위원장이었던 정근식 교수가 행사 참가자를 조직하였기 때문에 회장인 나를 비롯하여 한국제노사이드연구회 회원들이 동참하였다. 굳이 이 행사의 연원을 따지자면, 1947년에 일어난 2·28 사건 50주년 기념으로 타이페이에서 1997년 처음으로 동아시아 평화 인권 국제학술회의가 개최되었던 것인데 8년 만에 타이페이에서 다시 열리게 되었다. 동아시아 평화인권 국제학술회의는 그동안 제주(1998), 오키나와(1999), 광주(2000), 도쿄(2002), 여수(2002) 등지에서 개최되었다. 사실상 여수 회의를 마지막으로 대규모의 국제학술 행사는 종결된 셈인데, 이른바 '어게인 2005 타이페이'는 학술회의 자체보다도 동아시아의 평화 순례 즉, 대만 현대사 답사에 오히려 더 큰 목적이 있었다.

'2005 타이페이'는 동아시아의 냉전과 한국전쟁 등을 주제로 한 심포지엄 외에도 대만의 국가 폭력의 상징으로 남아 있는 녹도(綠島) 옛 정치범 수용소 필드워크와 과거 정치범 수용소 수용인과의 대화 등을 행사 일정에 포함했다. 이러한 공식 일정만 해도 매우 흥미로운 일인데, 근래 근대도시사 공부에 힘을 쏟고 있던 나로서는 이번의 첫 번째 대만 여행이 일제시기 건축물이 많이 남아 있는 타이페이의 도시 경관도 살필 수 있는 좋은 기회였다. 다만, 정근식 교수가 이끄는 한센인권조사팀은 별도의 조사 활동 계획이 있었기 때문에 녹도 답사 일정에는 함께할 수 없었다.

녹도 답사에 참여한 제노사이드연구회팀의 일원으로는 창원대학교 도진순 교수를 비롯하여, 장완익 변호사, 조선대학교 김하림 교수, 전남대학교 대학원 박사과정의 한혜경 씨, 국가인권위의 박강배 씨(당시 진실화해위원회 소속) 등이 있었다. 한센팀에는 팀장 정근식 교수를 비롯하여 여러 명이 참석하였다. 이렇게 연구회팀과 한센팀 그리고 기타 일행을 모두 합하여 15명의 한국 측 참가단이 대만의 평화 순례 여행길에 올랐다. 참가단에는 지금도 특별히 기억에 남는 홍성담 화백이 포함되어 있었다.

'2005년 타이페이'에는 일본 측의 연구자들도 참여했다. 지금 기억으로는 발표를 맡은 오사 시즈에(長志珠繪) 교수를 비롯하여 여러 사람이 참석했는데, 일본 측 일행의 대표자는 이번 답사단의 실제 단장 격인 서승 교수였다.

우리 일행은 8월 3일 오후 2시 인천공항을 출발하여 오후 4시 대만의 중정(中正)공항(일명 장개석공항)*에 도착하였다. 학술행사는 대만 도착 이튿날 오후로 예정되어 있었기 때문에 도착 첫날의 공식 일정은 타이페이 변두리 가까운 곳의 학살 현장을 답사하는 것이었다. 우리는 일단 예정된 숙소인 장경국(蔣經國)호텔에 짐을 풀었다. 장경국호텔은 장개석(蔣介石)의 아들인 장경국의 이름을 딴 것으로 타이페이에서 가장 유명한 호텔인 원산대반점(圓山大飯店) 언덕 바로 아래에 있었다.

간단히 저녁 식사를 마치고 나니 6시 반이 되었다. 우리 일행은 곧장 택시를 타고 첫 번째 답사 현장인 마장정(馬場町)으로 이동하였다. 마장정은 '계엄시기' 수난자들이 끌려가 총살당

---

* 중정공항은 2006년 지금의 '타오위안공항'으로 개명되었다.

하였던 사적지이다. 대만의 역사에서 '계엄시기'는 국민당 정권이 1947년 2·28 사건에 이어 1949년 타이완으로 정부를 옮겨 1987년 계엄을 해제할 때까지의 시기를 일컫는다. 일제시기에는 경마장이었던 이곳 학살터가 백색테러의 기념공원으로 조성된 것은 대만의 민주화가 있고 난 뒤의 일이다. 이는 마치 1948년의 제주 4·3 항쟁이 1990년대 들어서 비로소 다시 역사의 수면에 오른 것과 유사하다고 할 수 있다. 마장정 기념공원에는 학살터를 상징하는 거대한 묘가 조성되어 있었다. 당시 우리 일행의 안내를 맡은 '장 선생'의 말에 의하면 매년 2월 28일, 1년에 딱 한 번 추모식을 위해 사람들이 찾는다고 했다.

이튿날, 학술행사는 오후 2시 40분부터 시작하기로 예정되어 있었기 때문에 우중의 날씨에도 불구하고 오전에는 시내 복판에 있는 2·28 공원(정식 명칭은 타이페이 2·28 평화공원)을 찾아보기로 했다. 2·28 사건은 1947년 2월 27일 타이페이에서 밀수를 단속하던 전매국 직원이 상인을 폭행한 사건이 계기가 되어 발생하였다. 이 사건으로 인해 그동안 쌓여 있던 대만 민중들의 분노가 일시에 폭발, 대만 전역에서 관민 간의 충돌이 일어났다. 사태가 확대되자 3월 8일 대륙에 주둔하고 있던 국민당 군대가 대만에 상륙하여 진압에 나섰고, 이는 대량학살로 이어졌다. 이후 국민당 정부가 중국공산당에 쫓겨 대만으로 옮겨 온 1949년 5월부터 1987년 7월 계엄을 해제하기까지 장기간의 군사계엄령

상태에서 "반공항소(反共抗蘇) 사상을 확립하고, 대만 사회의 사상과 문화, 교육을 통치궤도 안에 넣으려는" 국민당 정부의 국가 폭력이 자행되었다.

이른바 백색공포로 불리는 계엄시기에 국민당 정부는 국가보안법 등 각종 악법을 제정하고, 정보국 등 각종 폭압기구를 만들어 지식인과 문화계 인사, 노동자, 농민 등 '애국주의' 인사들을 반란과 간첩 등의 죄목으로 무차별 체포, 투옥하였다. 체포된 애국주의자들은 타이페이 시내 하천가 마장정으로 끌려가 총살을 당하거나 타이페이 인근의 신점(新店) 군인감옥, 타이페이시 외곽의 토성, 지금은 타이페이시가 된 내호(內湖), 대동(臺東, 타이둥) 부근의 국방부 태원감훈(泰源感訓) 감옥 등에 투옥되었다. 그들은 여기서 이른바 '수훈(受訓)'이라는 이름의 정치세뇌를 강요당한 후 '신생(新生)'해야 했다. 즉 새로 태어나야 했다.

2·28 공원은 지하철을 타고 가다 대만대[臺大] 의학원 역에서 하차하니 바로 찾을 수 있었다. 공원에는 2·28 기념비 등 여러 기념 조형물들이 세워져 있었는데, 때마침 비가 심하게 내려 이들 조형물을 자세히 살펴보기는 어려웠다. 공원 안에 2·28 기념관이 있었다. 이 건물은 원래 타이페이 라디오 방송국으로 1930년 일본인 구리야마 슌이치가 설계하였다고 하는데, 해방 이후 1987년까지 계속 방송국으로 사용되었다고 한다. 그 이후 시에서 관리하다가 타이페이시 정부의 2·28 기념관 설립 계획에 따라 개조공사를 거쳐 2·28 사건 50주년이 되는 1997년 지

금의 '타이페이 2·28 기념관'으로 탈바꿈했다.

마침 기념관은 비를 피하기에 안성맞춤이어서 우리는 공원보다 기념관 내부를 관람하는 데 더 많은 시간을 할애했다. 총 건평 820평의 2층 건물 내부를 30분 넘게 둘러보면서 우리는 2·28 사건과 관련된 여러 가지 자료와 유물들을 접할 수 있었다. 기념관에는 약 1만 3천여 건의 자료를 보관하고 있다고 하는데, 전시실에는 2·28 사건 및 계엄시기 희생자들의 각종 유품, 학살터에서 발견된 것으로 보이는 총탄과 학살 기구, 사건 관련 책자와 국민당 정부의 홍보물 등 다양한 자료가 전시되어 있었다. 기념관 내부는 일제 식민통치시기부터 계엄 해제 때까

타이페이 2·28 평화공원 기념관

지를 몇 개의 시기로 구분하여 각 시기의 전시실을 특색 있게 꾸며놓았다. 특히 계엄시기는 감옥의 이미지와 공포를 느낄 수 있도록 특별한 장식과 조명을 설치하였다. 그런데 일종의 제노사이드 기념관인 이 기념관을 둘러보면서 내가 받은 특별한 인상은 백색테러의 제노사이드보다는 오히려 일제시기 식민통치에 대한 '지나칠 정도의 미화'로 꾸며진 전시 내용이었다. 즉, 기념관 전시물들의 '컨셉'은 한마디로 일제시기 근대화에 대한 대만인들의 긍지와 대만인들에 대한 외성인(外省人)들[국민당]의 야만적인 탄압의 대비(對比)였다. 이는 나에게 약간의 지적 충격이기도 했다. 일제시기의 방송국 건물을 기념관으로 개조한 것과도 연관이 있는지는 알 수 없지만 아무튼 일제 식민통치에 대한 대만인들의 과거사 인식이 우리와는 사뭇 다름을 알 수 있었다. 이러한 이야기는 종종 들어왔지만 여기서 그것을 사실로 확인할 수 있었던 것이다.

이날 오전의 나머지 일정은 대만인들의 최고 자랑거리이기도 한, 그러나 외성인들이 가져온 중국 본토의 문화재인 고궁박물관의 유물 전시를 관람하는 것으로 정리하였다.

오후에 열리기로 된 학술회의는 2시 40분부터 시작되었다. 참가자는 우리 측 15명, 일본 리츠메이칸대학의 서승 교수와 동행한 일본 측 일행이 약 15명, 그리고 대만 측에서는 임서양(林書揚) 민주노동당 명예 주석을 포함하여 주로 민주노동당 관계자들과 연구자들이 참석하였다.

발표는 각국에서 1명씩 하기로 되어 있었는데, 우리 측에서는 도진순 교수가 「한국전쟁 중 산성리(山城里) 오폭(誤爆)의 진실」이라는 제목의 글을 발표하였고, 일본 측과 대만 측에서도 각각 「동아시아 냉전과 일본 전후사(長志珠繪, 神戶外國語大)」, 「The Cold-War Subjectivity in Taiwan(I-Chung Chen, 대만중앙연구원)」라는 제목의 발표가 있었다. 이 중 대만 측 발표의 핵심 요지는 한편으로는 냉전과 반공권력인 국민당 독재의 피해자를 자처하면서 다른 한편으로는 미국과 일본에 기대어 대만 문제를 해결하려는 민진당 대만 독립파의 모순된 냉전의식을 분석한 글로, 오늘날 대만의 정치적 상황을 이해하는 데 도움이 되었다.

원래 이번 학술회의에서는 민중화가로 알려진 홍성담 화백의 '인권 미술' 전시회가 열릴 예정이었으나, 사정상 열리지 못했다. 그 대신 심포지엄이 끝난 뒤 '미술가의 눈으로 본 오키나와 평화공원'이라는 내용의 홍 화백의 간단한 강연이 있었다. 이야기인즉, 평화를 기원하기 위해 세워진 오키나와 평화공원이 오히려 전쟁에 대한 향수를 불러일으킨다는 것으로 이는 야스쿠니 신사의 '컨셉'을 그대로 베낀 것이 아니냐는 문제 제기였다.

공식 학술회의와 저녁 식사를 마친 다음 특별행사로 가오진 쑤메이(高金崇梅) 대만 입법원 의원의 특별 강연이 있었다. 그녀는 원래 대만의 인기 있는 여배우로 원주민 출신이다. 나는 본 적이 없지만 한국인에게도 잘 알려진 영화 〈결혼 피로연〉의 주인공이었다고 한다. 그녀는 일본 야스쿠니신사에 합사된 대만 원주민의 위패 송환 운동을 주도하고 있는 국제적인 인물이다. 이날 그녀의 강연도 주로 그녀가 주도해온 야스쿠니신사 원주민 위패 송환 운동에 관한 것이었다. 강연을 통해 그녀는 일제시기 대만 원주민이 일제로부터 어떠한 박해를 받았는지, 일제말기 그들이 어떠한 연유로 원주민 의용대라는 이름으로 강제 징병되었는지, 그들의 위패가 왜 일본으로 가게 되었는지, 그리고 왜 일본으로부터 송환되어야 마땅한 것인지 등에 관한 내용을 사진 자료와 함께 소개하였다. 한때 300~400만 명에 이르던 원주민은 지금은 고작 30~33만 명에 불과하다고 한다. 다른 설명 없이 이 한 가지 사실만으로도 이들 대만 원주민들이야말로 대만 식민 역사의 가장 큰 희생자였다는 것을 짐작할 수 있었다.

셋째 날은 이번 대만 여행의 하이라이트라고도 할 만한 것으로 타이둥 앞바다의 녹도(綠島)를 방문하기로 한 날이었다. 들었던 바로 녹도는 장개석 통치기의 정치범 강제수용소(新生訓導處 1951~1965, 綠洲山莊 1972~1987)가 있었던 곳이다. 대만 본섬에서 배로 1시간 거리에 있는 아주 작은 섬으로 일제에 의해 부랑자 수용소가 건립되었던 곳이기도 하다. 또 절해의 고도라는 사실만으로 영화 〈빠삐용〉의 감옥을 연상케 하였다. 당시 안내자의 설명으로 1987년 계엄 해제 이후 일부 시설은 범죄자들의 출소 후 사회적응을 돕는 직업교육 훈련소로 쓰이고 있고, 나머지 일부는 진수편(陳水扁) 정부의 국가인권정책에 따라 인권기념공원을 건설하기 위하여 옛 모습 그대로 남겨져 있다고 했다.

아침 일찍 타이둥행 비행기를 타기 위해 서둘러 타이페이 공항으로 출발했다. 그러나 태풍의 접근으로 인한 기상 악화로 출발이 지연되던 비행기를 몇 시간 기다렸으나 끝내 결항되었다는 소식을 들어야 했다. 이로 인해 일정에 큰 차질이 빚어졌다. 결국 우리는 12시가 거의 다 되어서 비행기 대신 전세버스를 타고 타이둥을 향해 출발하기로 결정했다. 그러나 그 계획마저 순탄치가 않았다. 태풍 피해로 인하여 지름길인 동쪽 해안 도로가 파손되어 서쪽 해안 남단의 가오슝을 거쳐 타이둥으로 돌아가는 우회로를 선택할 수밖에 없었다. 결국 그날 밤 늦게 간신히 타이둥에 도착할 수 있었다. 녹도 방문은 다음 날 아침으로 미루어졌다.

일정의 차질로 공항에 대기하는 동안 우리는 오랜 세월을 정치범이란 이름으로 수용소에 갇혔다 나온 민주노동당 관계자 할아버지들로부터 2·28 사건에 대하여, 그리고 장개석 정부 시기의 백색테러에 대하여, 또 수용소 생활에 대하여 생생한 증언을 들을 수 있었다. 그중 70세를 훨씬 넘은 한 '노 혁명가'는 자신의 정치적 경험에 관한 증언을 통해 백색테러가 일제시기 민족해방운동세력과 해방 이후 노동자 농민의 민중운동세력에 대한 탄압이었다는 것, 그리고 본래부터 자신들은 '대만 독립주의

자'가 아니었다는 점을 강조하였다. 물론 장개석 정권에 저항한 자들 가운데는 내성인만 아니라 외성인들도 있었으며, 오히려 장개석 독재정권에 대한 민주화 투쟁의 다수는 외성인 출신이 었다고 했다. 그들 가운데는 공산주의자도 있었으며, 자신도 학 창 시절 당에 가입한 적이 있다고 강조했다. 그러나 백색테러의 희생자 가운데는 공산당과 관계없는 일반인도 많았다고 했다. 바로 그 때문에 장개석 정권에 대한 민중들의 반감이 생긴 것도 사실이나, 민진당의 주장처럼 그것이 단순히 내성인과 외성인 간의 싸움은 아니었음을 그는 우리 일행에게 일깨워주려고 애썼 다. 이러한 증언은 대만 독립/중국 통일을 둘러싼 오늘날 대만 내의 정치 지형과 정치적 갈등 양상을 이해하는 데 나름대로 큰 도움이 되었다.

넷째 날 아침 날씨가 개어 한껏 기대에 부풀었다. 아침 식 사를 서둘러 마치고 숙소인 열원(悅園)대반점을 나와 버스를 타 고 맨 먼저 향한 곳은 태원(泰源)감옥이었다. 일정이 하루 미루 어진 대신 오전에 시간적 여유가 생겨 대만 주최 측의 제안으로 결정된 예정에 없던 방문지였다. 태원감옥은 본래 정치범을 수 용하던 감옥이었다. 1970년 태원감옥에서 정치범들에 의한 '혁 명'사건이 발생하자 1972년 봄, 녹도 신생훈련처 인근에 국방부 감훈감옥(綠洲山莊)을 만들어 태원감옥과 대만 각지 감옥에 정치 범 400여 명을 이송하여 수용하였다고 한다. 태원감옥을 찾아가는 길은 멀고 험하였다. 버스로는 1~2시간 거리였지만 아직 포장이 되지 않은 길도 있었고, 험준한 산 속에 은폐되어 일반인의 접근이 쉽지 않아 보였다. 지금도 감옥으로 이용되고 있는 이 시설은 깊은 계곡이 흐르는 절벽 위에 세워져 수형자들은 탈주를 꿈조차 꾸지 못했을 것처럼 보였다.

태원감옥 답사를 마치고 곧장 타이둥 녹도행 선착장으로 이동하였다. 출항 시간에 맞춰 12시경 선착장에 도착하고 보니 실망스럽게도 부두에 있는 녹도행 여객선 매표소의 문은 닫혀 있었다. 태풍은 지나갔으나 파고가 높아 이날은 배가 출항할 수 없다는 것이었다. 이리하여 학수고대했던 녹도 방문은 끝내 이뤄지지 못했다. 첫 번째 대만 방문이었던 나는 물론이고, 일행 중에는 오직 녹도 탐방 하나 때문에 이번 여행에 합류한 사람도 있었으니 그 실망은 이루 다 말할 수 없었다.

녹도 방문을 포기한 우리 일행은 다음을 기약하며 타이둥 공항에서 비행기를 타고 타이페이로 다시 돌아와야 했다. 타이페이로 돌아와 오후 시간이 남는 관계로 우리 일행은 백색테러로 인한 희생자 유골이 무더기로 발견된 타이페이 시립공원묘지를 단체 방문하는 것으로 대만에서의 공식 일정을 모두 마무리했다.

귀국길 비행기 안에서 나는 짧고 아쉬웠지만 인상 깊었던 며칠간의 여정을 되돌아보면서 상념에 잠겼다. 우리와 마찬가지로 일본에 의한 식민지 지배의 역사를 지닌 대만이지만, 외관상 많은 차이를 느낄 수 있었다. 타이페이는 아직도 식민지시기의 총독부 건물을 그대로 정부청사로 사용하고 있을 뿐만 아니라 건물을 포함해 거리 곳곳에서 일본식 분위기와 일본풍을 많이 느낄 수 있었다. 그러면서도 타이페이 고궁박물관에는 중화문명의 우수성에 대한 깊은 자긍심이 깊게 배어 있었고, 식민통치시기 일제의 만행과 항일투쟁의 전통을 강조하는 손문기념관의 여러 전시물들은 식민지 근대화를 미화하는 듯한 2·28 기념관과는 대조적이며 모순된 인상을 내게 남겨주었다.

'2005 타이페이'는 내게 대만을 통해 동아시아의 평화 문제를 다시 인식하는 중요한 계기가 되었다. 특히 서승 교수와 함께했기 때문에 나로서는 더욱더 잊을 수 없는 기억이 되었다. 그 여행을 계기로 이후에도 나는 여러 학술행사 등을 통해서 서승 교수와 자주 만날 수 있었고, 그러한 인연을 통해 나는 그가 지닌 동아시아의 평화와 인권 사상을 더 깊게 이해할 수 있게 되었다. 동아시아 평화인권 국제학술회의는 2005년 행사로 마무리되었으나 서승 교수의 동아시아 평화 순례는 이후에도 계속되었다. 평화운동 2세대를 육성하는 동아시아 대학생 평화인권 캠프에서 나는 그와 다시 만났다. 최근 내가 동참한 이 캠프는 2009년 여름 서울에서, 2010년 2월 나가사키에서 그리고 2010년 8월에는 부산에서 개최되었다. 물론 서승 교수의 동아시아 평화 순례는 다양한 방식으로 앞으로도 계속될 것이다.

오늘날 동아시아의 반평화(反平和)와 갈등 구조는 근원적으

로 일본의 제국주의적 침략과 식민지 지배로부터 연유하는 것이다. 그것은 제2차 세계대전에서의 일본 패망 이후에도 근본적으로 붕괴되지 않았고, 그 이후 냉전시대에도 그리고 냉전 이후에도 여전히 유지되고 있다. 그 반평화의 벽을 허무는 것이 오늘날 동아시아 평화운동의 요체라고도 할 수 있다. 서승 교수가 이끌어준 '2005 타이페이'는 평화운동에 대한 새로운 성찰과 함께 새로운 실천적 과제를 나에게 던져주었다. 그 가르침에 대한 고마움을 나는 잊을 수 없다.(이 글은 서승 선생 퇴직 기념 문집, 『東アジアのウフカジ』(かもがわ出版, 2011)에 게재된 것이다.)

강제동원의 현장,
탄바 망간 광산을 가다

일본 교토 시내에서 버스를 타고 북쪽으로 약 1시간 반 정도 가면 지도상 히요시(日吉)라는 곳이 나타난다. 행정구역상 난탄(南丹)시에 속해 있다. 지난(2018년) 8월 22일 이곳의 한 마을에서 특별한 행사가 열렸다. 마을 주민과 한국·일본 대학생들이 모여서 인근 망간 광산에서 일하다가 진폐증 등으로 희생된 일본인 광부와 조선인 징용 노동자들을 추모하는 자리였다. 마을 주민과 교토 시민단체, 재일동포 예술단 등이 힘을 합쳐 마련한 자리에 학생과 주민 100여 명이 마을 회관에 모여 과거 이곳 망간 광산에서 일했던 일본인 노동자와 진폐증 환자 유족의 증언을 듣고 추모 연주회를 가졌다.

히요시를 포함한 이 일대 탄바(丹波)분지는 망간 매장지로 유명하여 1889년부터 1983년까지 약 300개에 이르는 망간 광산이 산재해 있었던 일본 최대의 망간 채굴지였다. 망간은 철과 혼합시키면 철을 굳게 하는 성질이 있어 주로 대포의 포신이나 총신 등을 만드는 데 사용되었다. 이 때문에 전쟁 수행에 필수불가결한 군수물자이기도 했다. 일본은 제2차 세계대전을 치르면서 무기 합금 재료로 쓸 망간 채굴을 위해서 히요시 인근 부락민은 물론 멀리 조선에서 노동 인력을 강제로 동원하였다. 당시 열악

한 노동조건하에서 망간 광산의 채굴 작업은 목숨을 담보로 하는 극한 노동이면서 진폐증으로 인한 사망 위험성도 높았다. 그때문에 망간 노동자 가운데는 특히 진폐증 환자가 많았다. 이런 이유로 망간 광산 노동자가 많았던 히요시 주민들 가운데는 진폐증 환자가 다른 지역에 비해 유독 많이 발생하였다고 한다. 그러나 이들 진폐증 환자에 대한 일본 정부 차원의 공식적인 역학 조사와 보상이 이루어진 것은 1970년대 이후의 일이다.

전생 전후로 망간 광산에서 광부로 일했던 부락민은 과거 우리나라의 백정과 같은 에도시대의 천민 집단으로 이들에 대한 사회적 차별은 지금도 일본 사회에 뿌리 깊게 남아 있다고 한다. 일종의 봉건 잔재라고 할 수 있다. 이번 강연에서 들은 바로는 부락민 출신 일본인 광부들이 조선인 노동자에게 깊은 동정심을 지녔다고 한다. 양자 사이에는 사회적 차별과 가난에 대한 심리적 공감대가 있었던 것으로 보인다. 부락민이나 조선인 강제징용 노동자 모두 제국 일본 사회에서 이등국민인 동시에 사회적 '루저'로 취급되었기 때문이었으리라. 마을 앞에 세워진 추도비에는 전쟁 전후 일본 국익을 위해서 진폐증 등으로 희생된 부락민을 위로하는 글이 새겨져 있다.

행사에 참여했던 한일 학생들과 함께 이튿날 아침 히요시 마을에서 멀지 않은 탄바망간기념관을 찾았다. 이 기념관은 진폐증 환자였던 재일동포 이정호 씨가 1989년에 개관한 것으로 피해자의 손에 의해 세워진 일본 유일의 '강제연행' 박물관이다.

특히 이 기념관은 전시물과 함께 체험학습 공간으로서 과거의 광산 갱도를 복원하여 갱도 안을 직접 관람할 수 있도록 했다. 최근 이 기념관의 운영이 어렵다는 언론 보도가 있고 나서 한국인들의 관심도 높아져 찾는 이가 다소 늘었다고 한다. 기념관 구역 내부 광산의 갱도 입구에는 2016년 8월 민주노총과 한국노총이 공동으로 세운 강제동원 희생자들을 추모하는 노동자상이 있어 일제 강제동원의 과거사 청산에 대한 우리 사회의 간절한 소망을 전하고 있다.

탄바 망간 광산 입구 길목에 세워진 '조선인 강제징용 노동자상'

탄바광산 일대의 답사를 마치고 한국으로 돌아와 보니 마침 양승태 대법원장 시절의 강제동원 피해 보상 판결이 유보되었다는 소식이 화제가 되어 있었다. 즉, 강제동원 피해 당사자들이 일제 전범 기업 미쓰비시와 신일본제철 등에 피해 보상을 요구한 소송 사건이 2012년 원고패소 판결을 깨고 파기 환송되어 고등법원에서 승소 판결을 받고도 2013년 대법원에 재상고

된 지 5년이 지난 지금까지 판결이 유보되고 있다는 것이다. 정의의 보루가 되어야 할 사법부의 재판이 정치적 목적으로 이용된 것도 용납하기 힘든 일이지만 일국의 사법부 수장이 과거사마저 사익을 위해 왜곡하려 했다니 도저히 이해하기 어려운 일이다. 그 사이 소송 원고 대부분은 사망했다.

동아시아 과거사 청산의 장애물이 엉뚱하게도 한국 사법부 안에 있다니 놀랍고 안타까운 일이 아닐 수 없다. 이래저래 일제 강제동원 재판 문제로 사법부의 스캔들이 확산되고 있는 터에 지난 8월 9일 서울 프레스센터에서는 '강제동원 문제해결과 대일과거사청산을 위한 공동행동'이 결성되었다. '야스쿠니반대공동행동한국위원회' 등 16개 시민단체가 모여 강제동원 문제해결을 위해 힘을 모으기로 한 것이다. 또 얼마 전 부산에서는 일본영사관 앞 노동자상 건립을 둘러싸고 정부 측과 시민단체 간의 충돌이 빚어졌다는 보도가 있었다. 이제 강제동원 문제가 부산시민의 관심사가 아닐 수 없게 되었다. 한반도를 둘러싸고 동아시아 국제정세가 소용돌이치고 있는 지금 강제동원 문제의 해결은 동아시아의 과거사 청산과 평화 시대로의 전환을 위한 선결 과제의 하나라는 생각을 지울 수 없다.(〈국제신문〉, 2018. 9. 20.)

한류를 보며
개혁을 말하다

조선왕조의 군주 정조의 시대를 가리켜 흔히 조선 후기의 르네상스라고 일컫기도 한다. 그만큼 18세기 후반기 정조 집권 시기는 조선왕조 전 시기를 통틀어 그 어느 때보다도 새로운 문화와 예술의 꽃이 만개하여 개방적이고 진취적인 에너지가 풍미했던 시기라는 말이다. 미술 분야에서는 조선의 독창적 화풍인 진경산수화가 전성기를 이루었고, 때맞춰 정선, 김홍도, 신윤복 등 불세출의 천재 화가들이 쏟아져 나왔다. 음악 분야에서 판소리라는 민속악의 새로운 장르가 발전하기 시작한 것도 이즈음이다.

단순히 문화 예술 영역뿐만 아니라 학문적으로도 주자학 일변도에서 벗어나 실학이라는 조선 특유의 진보적 학풍이 꽃을 피웠고, 실학자들이 등용되어 조정에서 사회개혁에 관한 논의가 활발하게 이루어졌던 시기이기도 하다.

정조가 등용한 인물 가운데는 조선 후기 대표적인 실학자 정약용을 비롯하여 박지원, 박제가 등이 있으며 또 이들을 통해 여러 개혁정책이 시행되기도 했다. 정조 때 시행된 개혁정책 중 하나를 실례로 들면 당시 재상 채제공이 추진했던 신해통공(辛亥通共)이 있다. 신해통공은 신해년인 1791년 육의전을 제외한 시전의 기존 특권을 모두 폐지하여 기득권 세력인 시전상인의 발호를 막고 도시빈민층을 비롯한 도시 소상인들의 자유로운 상업 활동을 허용한 당시로서는 매우 획기적인 개혁정책이었다. 북학파의 대표적인 실학자 박제가 등은 채제공이 사은사로 청에 갈 때 수행한 인물이니 신해통공은 상업의 발전을 중시하던 박제가 등의 북학파의 노선과 같은 맥락에 있는 것이기도 하다.

이처럼 문화 예술이 크게 발전하던 때 경제개혁이 함께 진행되었다는 것은 매우 흥미로운 일이다. 정치적 안정을 통해서 사회경제적인 발전을 이루기 위해 개혁 군주인 정조는 개혁정치에 힘을 쏟았다. 그러나 정조의 개혁은 지속되지 못했다. 개혁 군주인 정조도 기득권 세력인 노론의 적폐를 완전히 청산하는 개혁 완수를 이루어내지 못했기 때문이다.

1800년 정조가 갑자기 사망하고 수구세력인 노론이 다시 집권하자 이전의 모든 개혁은 물거품이 되고 말았다. 세도정치라는 암흑시대의 도래와 함께 만개했던 문화 예술 분야의 개방적이고 창의적 기풍도 시들어갔다. 개혁의 기회를 날려버린 조선왕조는 패망의 길로 들어서게 되었다.

이미 글로벌 트렌드가 되어버린 한류의 기세가 날로 거세지고 있다. K팝에 이어 K영화, K드라마에 이어 K푸드, K방역에 이르기까지 한류 열풍이 사회 각 분야, 각 방면에서 지구적으로 확산되고 있다. 이에 더하여 최근 과학기술의 진보적 성과와 더불어 한국 경제의 성장 또한 가파른 상승세를 타고 있다. 지난 6월 영국에서 열린 자본주의 열강의 G7 정상회의에 한국 대통령이 초대된 것은 한국의 국제적 위상이 높아진 이러한 추세가 반영된 것으로 보인다. 이를 사실로 뒷받침하기라도 하듯이 최근 미국의 세계적인 싱크탱크인 전략국제문제연구소(CSIS)가 한국의 소프트파워를 주제로 컨퍼런스를 열었다는 소식이 국내 언론을 통해서 전해졌다. 이 컨퍼런스에서 소프트파워의 창시자인 세계적 석학 '조지프 나이'는 한국이 유례없는 경제적 성공과 활기찬 민주주의가 결합하여 세계에서 가장 다이나믹한 소프트파워를 보여준다고 평가했다.

사회란 문화와 경제, 그리고 과학기술 등 각 분야가 서로 유기적으로 연결되어 작동하는 '조직'이기 때문에 사회구조적 관점에서 최근 한류는 단순한 문화적 현상으로만 해석할 수는 없다. 이 점에서 조지프 나이의 해석은 '역사적 변화'에 대한 하나의 거시적 통찰이라 해도 무방하다. 그러나 이러한 변화와 사회적 성장이 얼마나 오랫동안 지속될 것인가 하는 문제는 외부적 현상만 가지고 쉽게 평가하기 어렵다. 오늘날 '지속 가능한 발전'을 위해서 자연 환경의 중요성이 강조되고 있지만, 이를 사회구조적 측면에서 보면 한 사회의 지속 가능한 발전을 위해서는 정치적 생태 환경의 중요성 또한 간과해서는 안 된다. 오늘날 우리 사회에서 정치적 개혁이 화두로 대두되고 있는 이유가 여기에 있지 않을까.

개혁이란 낡은 것을 혁신하여 새로움을 추구하는 것이다. 물론 개혁의 완수는 혁명과는 다르게 사회적 합의와 법 절차를 통해서 이루어져야 하기 때문에 어려움이 있다. 왕조시대 정조라는 특출한 지도자 개인에게 의존한 개혁은 지속 가능한 발전까지 담보하지는 못했다. 시대적 변화의 흐름에 맞는 제도적 개혁과 사회의식 전반에 걸친 변화가 수반되지 않으면 발전의 지속가능성은 보장되기 어렵다.

그래서 필요한 것이 정치적 개혁이다. 요즈음 선거철을 맞이해 여야 정치권은 물론 사회 각 분야의 전문가들도 이구동성으로 개혁과 혁신을 말한다. 그러나 개혁이 구두선에 그치지 않으려면 그 시기를 놓치지 말아야 한다. 이는 한때 세계 제2의 경제 대국으로 불리던 이웃 일본의 잃어버린 20년, 30년을 타산지석으로 삼아야 할 이유이기도 하다.(《국제신문》, 2021. 11. 24.)

한민족의 디아스포라와
한류

편파 판정 논란 등으로 여러 가지 뒷말을 남긴 베이징 동계 올림픽이 지난 20일 마침내 막을 내렸다. 이번 동계올림픽에서 우리 국민의 뇌리에 깊이 각인되었을 것으로 생각되는 장면 중 하나는 개최국 중국에서의 개막식에 뜬금없이 등장한 한복이었다. 최근 한류가 지구촌을 강타하는 와중에 중국에서는 한복을 '한푸'라 칭하며 자신들의 전통의상이라고 주장해오던 터이다. 그들은 이번 동계올림픽 개막식이 한복을 중국의 전통의상으로 세계인에게 인식시킬 수 있는 절호의 기회라고 생각했던 것 같다. 당연히 이를 바라보는 우리 국민의 시선이 고울 리 없다 보니 국내 일부 언론은 중국의 문화공정이 시작되었다고 비판을 쏟아냈다. 문화공정은 동북공정에 빗대어 지어낸 말이나 실제로 양자의 의도는 다르지 않다.

잘 아는 바와 같이 중국 내에서 우리 동포가 가장 많이 거주하는 곳은 동북 3성, 즉 만주지역이다. 그중에서도 우리에게는 '간도'라는 말로 더 익숙한 지린성 내 특별행정구역인 연변조선족자치주에 우리 동포가 가장 많이 분포해 있다. 다만 같은 해외동포이면서 재일교포, 재미교포와는 달리 이들을 '조선족'으로 부르는 것은 그 이유야 어찌 되었든 약간은 비하의 느낌마저

들어 이런 표현이 적절한지 의문이 들기도 한다.

연변을 비롯해 중국에 우리 민족이 집단적으로 거주하기 시작한 것은 언제부터일까. 물론 19세기 이전에도 한반도의 조선인들이 만주로 이주한 기록이 있지만, 본격적인 이주가 시작된 것은 19세기 말쯤이라 할 수 있다. 이때까지만 해도 가뭄이나 흉년 때 가난한 농민들의 이주가 많았으나 1910년 한일강제병합으로 나라를 잃게 되자 다양한 이유로 많은 사람이 만주로 건너갔다. 고대에는 우리 민족의 활동무대이기도 했고 지리적으로 한반도와 인접했기 때문에 만주는 나라를 잃은 망명객들이 독립운동의 근거지로 삼기에도 적합한 곳이었다. 단재 신채호 선생이 우리 민족의 고대사 연구를 위해 만주 일대를 답사한 것이나 나철 선생이 중광(重光)한 대종교가 이곳에 자리 잡은 것도 같은 이유에서이다.

1910년대 약 11만으로 추산되던 만주지역 조선인 인구는 1930년에는 60만 명을 넘어섰고, 1945년 해방될 무렵에는 200만 명에 달했다. 1931년 만주사변 이후 만주지역의 조선인 인구가 급증했다. 한반도의 가난한 농민들이 대량 이주했기 때문이다. 이들 중 상당수의 사람은 일제의 대륙침략을 위한 만주 개발정책에 따라 강제적 또는 반강제로 고향을 떠나 만주로 삶의 터전을 옮겨야 했다. 만주에 이주한 이들 중 다수가 일제가 패망할 때까지 집단부락에 수용되어서 강제노동으로 혹사당했다는 것은 익히 알려진 사실이다.

일제강점기 강제동원은 오늘날 한일 간 역사 갈등의 핵심 쟁점 중 하나이지만 아직도 만주지역 조선인 이주에 대해서는 충분한 연구가 이루어지지 않고 있다. 일제강점기 해외로 강제동원된 조선인 다수가 해방이 되고 나서도 고국으로 귀환하지 못했는데 그 가운데는 중국 하이난섬 등지의 강제동원 현장에서 학살된 사람도 있고, 우키시마호 사건의 예처럼 귀환 도중 의문의 죽음으로 불귀의 객이 된 사람도 있다. 그리고 그보다 훨씬 더 많은 사람은 급변하던 국제정세 속에서 여러 가지 이유로 귀환하지 못한 채 해외 교민으로 남게 되었다. 1937년 소련의 스탈린 치하에서 중앙아시아로 강제로 끌려간 연해주의 동포들도 대부분 고국 땅을 밟지 못했다. 만주지역 동포들의 운명 또한 마찬가지여서 중국의 내전과 공산화 등의 급격한 정세 변화 속에서 대부분이 귀환하지 못한 채 중국의 '조선족'으로 남게 되었다.

중국의 '조선족' 동포들은 우리의 전통문화를 잘 보존하고 있는 것으로 알려져 있다. 그들이 한복을 입고 베이징 올림픽 개막식 무대에 등장했다고 해서 그들을 비난할 이유는 없다. 중국의 문화공정과는 별도로 중국 거주의 우리 동포들이 우리의 전통문화를 지켜온 모습은 상찬할 만한 일이다. 일본의 침략으로부터 야기된 한민족의 디아스포라는 한국전쟁을 거치며 확대되었고 한국 고유의 전통문화를 계승한 교민사회의 토대가 되었다. 금세기 한류의 지구적 확산에는 해외 교민들의 역할이 또한 작지 않았을 것이다.

적어도 일본, 중국, 러시아, 중앙아시아 등 우리 교민이 많은 나라와 지역에서 한국 소프트파워의 상징인 한류의 바람이 거세게 불고 있는 현실만 보더라도 그러한 추론이 가능하다. 중국이 한복을 비롯해 한류에 대해 민감하게 반응하고 있는 것도 그 반증이라고 봐야 하지 않을까. 지난 세기 일제 식민통치가 빚어 낸 한민족의 디아스포라와 금세기의 한류가 하나의 연결고리를 이룬다는 것은 실로 역사의 아이러니라 하지 않을 수 없다.(《국제신문》, 2022. 2. 23.)

먼구름 한형석과
부산의 추억

부산시 서구 부민동 임시수도기념관 거리 뒤편 산복도로에 옛 한전 변전소 자리가 있다. 바로 옆 비탈에는 옹벽 그림이 특별히 눈에 뜨이는 주택 한 채가 자리 잡고 있다. 그 주택을 에두르고 있는 옹벽 담벼락에는 '한국 최초의 오페라 가극 아리랑'이라는 글씨와 함께 오선지 위에 아이들이 뛰노는 모습이 그려져 있다. 오래전 고인이 된 먼구름 한형석 선생의 거택이다.

한형석 선생은 우리 민족이 일본에게 나라를 빼앗기던 해 동래에서 태어난 부산 토박이로 작고하기 전까지 서예가이면서 화가로 그리고 음악가로 다방면의 예술 분야에서 활동했던 종합 예술가였다. 그가 일생동안 예술 활동을 통해 남긴 흔적은 부산 곳곳에 남아 있다.

한형석 선생이 1996년 작고할 때까지만 해도 많은 사람은 그를 다재다능하고 활동적인 예술가로만 알고 있었다. 그가 독립운동가였다는 사실을 아는 이는 그다지 많지 않았던 것 같다. 아마 그것은 한형석 선생 스스로가 그 사실을 밖으로 잘 드러내지 않았던 탓도 있거니와 그러한 모습이 원래 선생의 타고난 성품이었을지도 모른다.

놀랍게도 독립운동가로서의 한형석 선생의 이력이 널리 알려지게 된 것은 해방 전 광복군 제2지대에서 활동하던 당시 그가 지도했던 중국인 제자들이 한국을 방문하면서부터였다. 아쉽게도 한형석 선생이 작고하고 나서야 한국을 찾아온 선생의 제자들은 스승의 행방을 찾기 위해 방송의 문을 두드려 도움을 구해야만 했다. 한국 방문 당시 중국인 제자들은 1942년경 한형석 선생이 중국 시안에 있는 중국 국민당 정부 산하의 산시성 전시제2아동보육원 부속 아동예술반의 주임을 맡았을 때 가르쳤던 아동들이었다. 뒤에 그들은 중국에서 화가와 음악가로 성장하여 활동 중이었다. 그 제자 중 한 사람인 베이징 중앙음악학원 량마오춘 교수는 5년 전 필자가 중국에서 만난 적이 있다.* 그때 그가 한형석 선생을 뛰어난 예술가이면서 자상한 스승으로 회상하던 모습이 새삼스럽게 떠오른다. 한형석 선생이 항일 오페라 가극 〈아리랑〉을 초연한 것은 1940년 시안에서였다. 선생은 광복군에 합류해서도 음악 교관으로 활동하였다.

한형석 선생의 아버지인 한흥교 선생 또한 독립운동가인데, 일찍이 일본에 건너가 의학 공부를 마치고 중국으로 건너가 중국 신해혁명과 한국 독립운동에 투신하였다. 한형석 선생은 아버지의 뜻에 따라 중국으로 건너가 학업을 마쳤다. 한형석 선생은 1933년 상하이 신화예술대학을 나와 처음에는 중국군에, 뒤

---

* 필자는 2014년 2월 부산시 서구청에서 발주한 먼구름 한형석 기념관 건립 등을 위한 학술연구 용역의 책임을 맡고 중국 시안 등지를 답사하던 중 시간을 내어 베이징을 방문해 량마오춘 교수를 면담했다.

〈아리랑〉 포스터에 3·1절을 '3·1혁명절'라고 표현한 글귀가 특별히 눈에 뜨인다.

에는 광복군에 참여하여 음악교관으로서 '예술구국'의 혼을 불태웠다. 그가 광복군가인 〈압록강행진곡〉을 작곡한 사실은 익히 알려진 일이지만, 그는 음악 활동을 통해 당시 중국군 내에서도 널리 알려져 있었다. 조선의용군에 참여한 광주 출신의 음악가 정율성이 많은 중국혁명군가를 작곡하여 유명해졌던 사실과도 필적할 만한 일이라 할 수 있다.

한형석 선생은 해방 이후 광복군의 일원으로 귀국했으나, 정치에는 발을 내딛지 않고 한국전쟁 직후 자유아동극장을 짓는 등 아동에 대한 예술 교육과 그 자신의 예술 창작 활동에만

1990년 출판사 한울에서 간행한 재일사학자 강재언 선생의 『한국근대사』의 표지. 표지 날개에는 사진에 대하여 '「광복군」 청년공작대의 가극공연(1944년 서안에서 3·1절 기념으로)'이라는 설명을 달아놓았는데, 이는 중국 서안에서 공연된 한형석 선생의 창작 가극 〈아리랑〉의 포스터이다.

전념하였다. 그러면서도 그는 부산대에 재직하면서 후학 양성에 힘을 쏟는가 하면 많은 예술 작품을 남겼을 뿐만 아니라 부산 문화 예술계의 여러 인사들과 교유하면서 수많은 일화를 남기기도 하였다.

한형석 선생이 시인 묵객을 비롯한 지인들과 만나거나 모임을 가지러 자주 찾았던 곳으로 동광동에 있는 부산포라는 주막이 있다. 얼마 전 그곳을 찾았을 때도 한형석 선생이 남긴 벽에 걸린 묵서를 볼 수 있었다. 그중 하나로 유명한 걸작 '그냥 갈 수 없잖아'가 있는데 이제 한형석 선생의 대표적인 유작이 되었다.

마침 부산시의회에서 부산미래유산 조례안 제정 논의가 진행 중이라는 소식이 들린다. 논의 중인 조례 제정안에 의하면 부산 미래유산의 지정 대상으로 첫 번째가 "부산을 배경으로 다수 시민이 체험하거나 기억하고 있는 사건, 인물 또는 이야기가 담긴 유무형의 것"이다. 이러한 제도의 운영은 이미 서울시가 앞서 시행하고 있는 바이지만 하루가 다르게 난개발로 사라져가는 우리의 미래 자산을 고려해 볼 때 뒤늦게나마 부산광역시에서 미래유산 제도를 도입하려는 취지는 매우 환영할 만한 일이다.

미래유산 제정의 목적이 우리 사회의 미래 가치를 보존하는 데 방점을 찍은 것이라면 앞으로 우리가 논의해야 할 과제가 만만치 않을 것이다. 그러나 그중에서도 우선 순위를 정한다면, 먼저 지역사적 맥락에서 부산시민에게 오래도록 친숙하면서도 원형이 잘 보존되어 있는 장소 등이 첫째로 고려되어야 할 것이다. 그러한 차원에서 본다면, '부산포'와 같은 장소가 그중 하나이지 않을까? 물론 이 외에도 부산 곳곳에 산재해 있는 미래의 문화적 자산 하나하나 대해서도 당연히 깊은 관심을 가져야 할 것이다.(〈국제신문〉, 2019. 10. 2.)

역사바로세우기(과거사 청산)의
어제와 오늘

"해방 70년의 역사는 우리 민족의 피와 땀으로 일군 것이다. 해방 70년을 맞는 우리에게는 자유와 평등, 민주주의와 평화를 억압하는 권력과 체제를 거부하고 정의를 위해 싸운 사람들을 기억해야 할 의무가 있다. 아니 단지 기억하는 것만으로는 부족하다. 그들이 꿈꾸었던 세상을 완성해 나가는 것이야말로 우리들이 짊어져야 할 역사적 책무이자 소명이다."
("광복 70년, 역사와 헌법을 다시 생각한다.", 2015.8.11. 역사학자 등 각계인사 111인 선언문.)

1. 과거사 청산의 현재적 의미

1980년 5월 광주에서는 민주화를 요구하며 시위를 벌이던 중 수백 명의 시민들이 계엄군에 의해 무참히 학살되는 참극이 일어났다. 정상적인 민주주의 사회라면 있을 수 없는 일이었다. 이후에도 독재정권하에서 이 사건의 진실은 철저히 은폐되고 그 진상은 왜곡 선전되었다. 이 사건에 대한 진실규명, 즉 역사바로 세우기가 시작된 것은 사건 발생 15년이 지난 1995년 '광주특별법'이 통과되면서부터였다. 1987년 '6·10 민중항쟁'으로 민주화에 성공했기 때문에 가능했던 일이다. 이처럼 과거사 청산의 다른 이름인 역사바로세우기는 민주주의와 불가분의 관계에 있다. 이러한 의미에서 광주특별법이 제정된 지 20년이 지난 시점에서 광주특별법 이후 과거사 청산의 진행 과정과 그 성과를 돌이켜 보고 이를 통해서 우리 사회의 민주주의의 현주소를 진단해 보는 일은 매우 중요한 의미를 지닌다고 할 수 있다. 과거사 청산을 통한 역사바로세우기는 곧 민주주의제도의 회복, 나아가서 사회 민주화와도 직결된 문제이기 때문이다.

과거사 청산('과거청산'이라고 술어를 사용하는 경우도 있지만 의미는 다르지 않다)은 비단 우리 사회만의 역사적 경험이거나 현실의 문제가 아니다. '과거사'를 간직한 많은 나라들이 우리보다 앞서 경험했던 '역사적·현재적 사건'이기도 하다. 따라서 과거사 청산에 대한 정의도 세계사적 보편성에 입각해 볼 때 그 의미가 더욱 확연해진다. 이 경우 과거사란 지배 권력이 행한 억압과 폭력, 왜곡하고 은폐시킨 진실들에 관한 것이다. 청산은 잘못된 것들을 교정하고 정화한다는 뜻이다. 지배 권력에 의해 '폭도'로 매도되고, '사태'로 거짓 명명되었던 사실을 바로잡아 진실에 합당한 이름을 붙여 명예를 회복시키는 것 또한 과거사 청산의 핵심적 과제이다. 역으로 지배 권력에 의해 미화된 과거사의 진실을 규명하여 바로잡는 것도 과거사 청산의 일부라고 할 수 있다. 이러한 의미에서 과거사 청산은 공자의 정명(正名)사상과도 상통하는 바가 있다. 올바른 정치의 첫 출발은 곧 이름을 바로 찾아주는 것이기 때문이다.

결국 '과거사 청산'이란 과거의 사실 가운데 은폐되고 왜곡된 부분의 진실을 밝히고 과거 잘못을 역사적으로 확인하고 이러한 점을 사회적으로 기억하고 역사에 기록하는 일을 의미하는 것으로 과거사의 진실규명을 통하여 정의를 바로 세우는 데 그 목적이 있다. 대체로 이러한 과거사 청산 과정은 많은 나라들의 경우 진상규명, 피해자 구제와 명예 회복, 가해자 처리, 가해자의 반성과 피해자의 용서 그리고 화해, 국가의 조치, 역사 기술, 기념사업 등을 포함하고 있다.[*]

한편으로 과거사 청산을 세계사적 견지에서 고찰해보면 여러 나라에서 식민통치, 독재 등의 낡은 체제가 종식되고 새로운 체제가 들어선 뒤에 지난 시기에 벌어졌던 각종 개인적 국가적 범죄 행위에 대해 일정한 정리 작업을 시도해왔다. 그것은 곧 암울했던 역사, 은폐되고 왜곡된 과거를 드러내며, 진상을 확실히 규명하여 잘잘못을 가리고, 희생자를 애도하고, 피해자의 명예

---

[*]   프리실라 B. 헤이너, 주혜경 옮김, 안병욱 해제, 『국가폭력과 세계의 진실위원회』, 역사비평사, 2008, 9-11쪽.

를 회복하고, 잘못된 역사와 기억을 바로잡는 작업이었다. 우리 사회에서 지금까지 진행해왔던 과거사 청산운동의 방향이 대체로 이와 같다고 생각한다. 이러한 과거사 청산의 궁극적인 목적이 단순히 과거사에 대한 반성이 아니라 미래에 대한 새로운 비전을 제시하는 데 있다는 점에서 '과거사의 극복'이라는 표현이 더 적합할지도 모른다.

또 '과거사 청산'을 '역사바로세우기' 작업으로 정의하면서도 학술적 차원에서 전개되는 '역사 재해석' 혹은 '역사 재평가'와 분명히 구분하는 경우도 있다. 이 경우 '과거사 청산'은 법적 강제력을 기반으로 하여 과거 국가권력에 의한 반인간, 반인륜, 반인권적인 사태의 진실을 캐고 그러한 사태가 발생하게 된 환경과 가해의 주체를 밝히고 피해 사실을 확인한 이후 피해를 복구하는 것으로 해석되어 법적 강제력에 의한 청산 행위를 과거사 청산의 기본 성격으로 보고 있다.* 그러나 보다 넓은 의미에서 볼 때 과거사 청산은 단순한 법적인 청산을 넘어서 과거사에 대한 평가와 해석 작업, 그리고 이러한 인식의 대중적 확산, 더 나아가서는 이러한 과정을 통해 민주주의적 제도가 더욱 확고하게 뿌리내리고 사회적으로 민주주의에 대한 인식의 지평이 확대되는 전 과정을 포괄한다. 이렇게 될 때 과거사 청산은 진정한 의미에서 '과거의 극복'을 이루어낼 수 있을 것이다.

---

* 김동춘, 「과거청산 작업과 한국 민주주의」, 『5·18민중항쟁과 정치·역사·사회』, 5·18 기념재단, 2007, 551쪽.

오늘날 민주주의 사회에서 과거사 청산과 이에 대한 대중적 인식의 확대가 중요한 이유는 2013년 유엔 보고서에서도 지적하였듯이 관용, 상호 이해, 인권, 민주주의 같은 오늘날 인류사회가 지향해야 할 근본적 가치들은 근대 국가 형성 과정에서 많은 갈등, 즉 과거사 청산 과정을 통해 탄생하고 받아들여진 개념이기 때문이다. 이러한 의미에서 올바른 과거사 청산은 민주주의를 공고화하는 수단이라고도 할 수 있다. 이것은 이제 일반화된 가설이 되어 있다. 그것은 일차적으로 독재, 권위주의 시대의 주역을 정치무대에서 몰아내는 효과를 가지기 때문이고 이차적으로 민주주의와 인권의 가치를 부각시켜 국가운영의 표준으로 삼고 사회정의를 세움으로써 법의 지배와 대중의 자발적인 정치참여를 촉진하기 때문일 것이다. 그러나 세계 여러 나라의 사례를 보면 '과거사 청산위원회'를 통한 과거사 청산의 경험이 있다고 해도 그 모든 나라에서 사회정의가 실현되고 민주주의가 공고화되었다고는 볼 수 없다. 과거사 청산의 성과를 지켜내는 일이 과거사 청산 작업 못지않게 어려운 과제이기 때문이다. 일부 국가에서 보듯이 과거사 청산에도 불구하고 새로운 지배 권력에 의해 그 이전 수준으로 되돌아가는 일도 발생하기 때문이다.

역사바로세우기 20년이 되는 오늘의 시점에서 '과거사 청산'을 재평가하고 재음미해야 하는 이유는 무엇일까? 그것은 다름 아니라 우리 사회 곳곳에서 '민주주의의 후퇴'가 감지되고 있기 때문일 것이다. 과거사 청산이 그 본래의 목적에 맞게 우리 사회의 민주주의적 발전에 얼마나 기여했는가? 아니면 민주주의의 후퇴로 인하여 지금까지 진행해온 과거사 청산운동의 후퇴 내지 정체가 불가피한 것인가? 이러한 난국을 타개할 수 있는 근본적인 방안은 없는 것일까?

이러한 문제를 제기할 때 한 가지 분명히 짚어봐야 할 것은 '과거사'는 더 이상 피해자와 가해자 당사자 간의 문제로 치부할 수 없는 현재적 의미의 역사 문제라는 것이다. 또 작금 일어나고 있는 '역사 갈등'을 극복하기 위해서는 문제를 그냥 덮어버리기보다 오히려 더 근원적으로 이 문제에 접근하여 그 해결책을 모색해야 한다는 것이다.

2. 과거사 청산의 성과와 한계

1) 과거사 청산의 진행과 성과

1987년 민주화 이후 한국 사회의 새로운 화두로 등장했던 과거사 청산은 그 이전에도 간헐적으로 제기되었던 사회적 의제로 인류 보편의 가치인 정의와 인권의 실현을 위해서도 필요한 시대적 과제이다. 그런데 정의와 인권 실현의 초석이 될 과거사의 진실규명이 제대로 이루어지기 위해서는 정치적으로 민주적 제도가 뒷받침되어야 하고 인권에 대한 올바른 인식이 사회적으로 확산되어야 한다. 그만큼 과거사 청산과 민주화, 인권은 상호 밀접한 관계가 있다. 그렇다면 한국현대사 또한 크게 보면 과거사 청산의 반복 과정이었다고도 할 수 있다. 즉 과거사 청산이 사회 민주화의 진전과 함께 진행되었다가 독재정권의 등장으로 중단되고 다시 민주화 이후 재개되었다가 민주주의의 후퇴와 함께 그 청산 작업이 한계에 부딪힌 것이 이를 말해준다.

여기서 잠시 해방 이후 과거사 청산 작업을 되돌아 보고자 한다. 정부 수립 당시로까지 거슬러 올라가면 제헌국회가 추진한 반민특위가 한국현대사의 첫 번째 과거사 청산 작업이라 할 것이다. 미청산된 친일 과거사를 청산하기 위하여 대한민국 정부 수립 직후 1948년 12월 '반민족행위자처벌법'이 제정 공포되어 '반민족행위자특별조사위원회'(이하 반민특위)가 설치되었다. 그러나 반민특위를 통한 친일파 과거사 청산 작업은 친일파 세력과 이승만 정권의 방해로 실패로 끝나고 말았다. 과거사 청산의 첫 단추가 잘못 끼워진 것이다. 그로 인하여 56년 뒤 종전과는 다른 방식의 친일파 과거사 청산 작업이 다시 시도되었다.

또 당시로서는 현재적 사건이었지만, 오늘날 시점에서 보면 과거사에 해당될 수 있는 한국전쟁 '양민학살'에 대한 국회 차원의 진상조사가 시행된 적이 있다. 이른바 '거창양민학살사건'이 그것인데 비록 불완전한 조사로 끝났지만 일부 책임자가 처벌되기도 하였다. 그러나 문자 그대로 은폐되었던 '과거사'에 대한 최초의 본격적인 진실규명 작업은 1960년 4월 혁명 직후에서나 가능했다. 이때 전국 각지에서 '양민학살유족회'가 결성되고 이들 유족회의 요구에 따라 국회 '양민학살사건진상조사특별위원회'가 구성되어 현지 조사가 이루어진 바 있다. 이렇게 시작된 국회 차원의 진상조사 활동은 이듬해 5·16 군사쿠데타가 발발하면서 중단되고 말았고 이후 우리 사회는 이 문제에 대해서 오랫동안 침묵해왔다.

1987년 이후 민주화가 되고 나서야 과거사는 다시 '현재'의 문제가 되었다. 그리하여 '과거사'에 대한 진실규명을 위한 최초의 입법 조치인 '5·18 광주민주화운동 등에 관한 특별법'이 1995년 제정되었다. 1993년 문민정부의 출범과 함께 시작된 5·18 항쟁에 대한 정부의 입장에 대해서 김영삼 대통령은 5·13 담화에서 '오늘의 정부는 광주민주화운동의 연장선상에 있는 민주정부'라고 5·18 항쟁의 정당성을 천명하였다. 이어서 국회는 1995년 12월 19일, 신한국당, 국민회의, 민주당 등 여·야 3당 합의로 '5·18민주화운동 등에 관한 특별법'을 통과시켰다. 이렇게 시작된 '역사바로세우기'에 의해 1980년 5월 광주를 유린한 신군부 세력에게 '역사와 법과 그리고 정의에 의한 심판'이 내려짐으로써 과거사를 청산하는 제도적 틀이 만들어졌다.

한편 특별법을 통한 12·12 및 5·18 당사자의 사법처리는 과거와의 단절을 통한 정권의 정통성을 확립하고 위기를 타개하려 했던 김영삼 정권의 정치공학의 산물이었다는 평가도 있다. 그러함에도 불구하고 5·18 항쟁의 과거사 청산이 해방 이후 국가와의 관계 속에서 발생한 여타 과거사 사건의 청산 문제를 부각하였을 뿐만 아니라 또 그 과거사 청산의 기준을 제시하였다는 점은 분명하다. 특히 이 과정에서 5·18 문제 해결을 위한 5원칙, 즉 과거사 청산의 모델이 이른바 '5월 운동'에서 정식화되었다. ① 진상규명, ② 책임자 처벌, ③ 사상자 등에 대한 피해 배상, ④ 항쟁 관련자 등에 대한 재심 등을 포함한 명예 회복 ⑤ 정신 계승을 위한 기념사업 등의 원칙이 마련되었다.* 이러한 원칙들은 비록 이후 과거사 청산 과정에서 5개 사항 모두가 엄격히 적용되지는 않았으나 과거사 청산의 기본 방향을 제시해 주었다는 점에서 큰 의미가 있다.

광주 특별법 제정 이후 그동안 침묵 속에 묻혀 있었던 다른 '과거사' 문제도 과거사 청산의 의제로 등장하기 시작했다. 그 결과 과거사 청산을 위한 법적 제도적 장치가 여러 차례에 걸쳐 마련되었다. 여기에는 사건의 발생 시점 순으로 보면 '동학농민혁명 참여자 등의 명예회복에 관한 특별법(2004.3)', '일제강점하 반민족행위 진상규명에 관한 특별법(2004.3)', '일제강점하 강제동원 피해 진상규명 등에 관한 특별법(2004.9)' 등 해방 이전의 과거사 사건도 포함되어 있다. 해방 이후의 과거사 청산 문제는 가깝게는 노태우 정부 당시의 사건까지 아우르고 있다. 그 중에서도 해방 이후 일어난 과거사 사건으로서 그 규모와 중요성으로 볼 때 대표적 사례로 꼽을 수 있는 것은 다음 두 사건이

---

* 　정근식, 「청산과 복원으로서의 5월 운동」, 『5·18 민중항쟁사』, 광주광역시 5·18 사료편찬위원회, 2001, 65쪽.

다. 하나는 1948년 제주 4·3 사건이고, 또 다른 하나는 '한국전쟁 전후 민간인 학살'이다. 제주 4·3 사건은 2000년 '제주4·3 사건 진상규명 및 희생자 명예회복에 관한 특별법'이 제정되었고, 그에 따라 '제주4·3사건 진상규명 및 희생자 명예회복위원회'가 구성되어 국가 차원의 진상규명 작업이 진행되었다. 진상규명 작업의 결과 2003년 정부의 진상보고서가 채택되었고 이어서 대통령의 공식적인 사과가 이루어졌다.

'한국전쟁 전후 민간인 학살'과 관련해서는 2005년 5월 '진실·화해를 위한 과거사정리 기본법'(이하 기본법)이 국회에서 통과되었고 그해 12월 진실화해를위한과거사정리위원회(이하 진실화해위원회)가 출범하였다. 진실화해위원회는 이후 피해자들의 신고 접수를 바탕으로 조사 활동을 벌여 2010년 6월까지 적대세력 관련 희생사건 1,445건과 민간인 집단 희생사건 6,742건에 대한 진실규명을 처리했다. 진실화해위원회 출범 이전에 한국전쟁 전후 민간인 학살 사건과 관련하여 진상규명 활동을 한 정부기관으로는 '거창사건등관련자명예회복심의위원회'(1998), '제주4.3사건진상규명 및 희생자명예회복위원회'(2000), '노근리사건희생자심사및명예회복위원회'(2004) 등이 있다.

이 밖에 기본법에 명시된 과거사 사건은 '한국전쟁 전후 민간인 학살 사건' 이외에도 독립운동과 해방 이후 권위주의 통치 시기의 인권침해 사건 등이 있었다. 이 가운데 특히 권위주의 통치 시기 인권침해와 관련해서 진실화해위원회는 총 162건의 사

건에 대한 진실규명을 결정하였다. 그중 대표적인 사례로 1958
년 진보당 조봉암 사건, 1961년 군사정부하에서 일어난 민족일
보 조용수 사건, 노태우 정부하에서 발생한 강기훈 유서대필 사
건 등이 있다. 특히 독재정권 시기에서는 간첩 조작 의혹 사건이
유독 많았다. '납북귀환어부 강대광 간첩조작 의혹사건'은 그 대
표적인 사례로 진실규명 이후 사건 발생지인 위도에서는 피해
자와 가해자가 함께하는 화해 한마당 행사가 열리기도 하였다.
지난 10월에는 유신체제하 '재일동포 간첩단 사건' 일명 11 · 22
사건 40년 기념토론회가 서울에서 열려 당시 사건 피해자들의
증언을 청취하는 행사가 열리기도 하였다. 진실화해위원회의 진
실규명 결정으로 사건 피해자들은 법원에 재심을 청구하여 많
은 피해자가 무죄 판결을 받아냈고 일부 피해자에 대한 재심은
진행 중에 있다.

　　과거사 진실규명 작업은 2002년 노무현 정부에 들어서고 나
서 각급 국가기관의 자체 조사를 통해서도 이루어졌다. 2005년
에는 '국정원 과거사건 진실규명을 위한 발전위원회'와 '국방부
과거사진상규명위원회' 등이 구성되어 과거 독재정권 시기의 인
권탄압으로 인한 희생 사건의 진실규명 작업을 진행하였다. 정
부 산하 기관에서 다루어졌던 과거사 진상규명 작업 중 그 자
체로서 완결되지 못했던 일부 사건은 2005년 12월 구성된 진실
화해위원회로 이관되어 그 진실규명 작업이 지속되었다. 이러한
진실규명 작업의 결과물로 각 정부 위원회에서 수많은 보고서

를 생산하였고 이를 바탕으로 한 학술적 연구 성과도 상당한 정도 축적되었다.

이처럼 광주 특별법 이후 지금까지의 과거사 청산 작업은 주로 국민정부에서 참여정부에 이르는 사이에 이루어진 것이다. 과거사 청산은 2010년 12월 진실화해위원회가 해체됨으로써 사실상 중단되었다. 현재 개정안이 국회에 올라가 있지만 언제 통과될지는 매우 불투명한 상태이다. 이명박 정부가 들어서고 나서 과거사 청산 작업이 정체되었지만 그렇다고 현 정부가 그동안 이룩해놓은 과거사 청산 작업을 공식적으로 부정하는 일은 아직 발생하지 않았다. 그러함에도 불구하고 근래 들어 과거사 유족들의 보상 소송이나 진실화해위원회의 진상규명 결과를 토대로 한 재심 재판을 놓고 볼 때 종전과 비교해서 후퇴한 보수적 판결이 잦아지고 있어서 매우 우려스러운 점이 없지 않다. 지난해 출범한 '부마민주항쟁진상규명및관련자명예회복심의위원회' 또한 현재로서는 그 성과가 미흡하여 아쉬운 면도 없지 않지만 어쨌든 지금까지 진행되어온 과거사 청산 작업의 연장선상에서 활동 중이다.

진실화해위원회는 과거사를 진실규명하면서 정부에 이를 역사교육 및 평화 인권 교육에 반영할 것을 권고하였다. 과거의 진실을 밝혀 희생자들의 억울함을 풀고 사회적 화해를 모색하는 것도 중요한 일이지만 그 못지않게 과거의 잘못을 되풀이하지 않기 위해서 이를 역사로 기록하여 대중에게 알리는 일이 중요하다고 판단했기 때문이다. 실제로 과거사를 인권 교육이나 민주주의 교육에 활용하는 일은 세계 여러 나라의 역사교육에서 큰 비중을 차지하는 것으로 제2차 세계대전 이후 현대사 교육의 중요한 특징이기도 하다.

2) 과거사 청산의 한계

지난 20년간 과거사 청산 작업을 총체적으로 일괄하여 평가한다는 건 쉬운 일이 아니다. 여기서는 지면상의 한계도 있기 때문에 진실화해위원회에서 다루었던 '한국전쟁 전후 민간인 학살' 문제를 중심으로 간단히 다루어보고자 한다. '한국전쟁 전후 민간인 학살' 문제는 우리가 대면하지 않으면 안 될 과거사 청산의 가장 중요한 과제 중 하나라고 할 수 있다. 이를 정부 차원에서 전국적 단위로 조사한 것이 2005년 12월 설치된 진실화해위원회이다. '기본법'에 의거하여 설치된 이 위원회는 한국사회의 국가폭력 관련 문제들을 모두 다룬 종합적 과거사 청산 위원회였으며 특히 그중 한국전쟁 전후 민간인 학살 사건은 8,206건의 신고를 받아 6,742건을 진실규명했다. 그 과정을 통해 희생자의 명예회복과 함께 이전의 국가기관이나 학계에서 밝혀내지 못했던 사실들을 찾아내고 많은 역사적 자료를 수집했다.

그러나 이 위원회는 이 분야를 다룬 최초의 조직이었기 때문에 조사 과정에서 많은 어려움과 시행착오를 겪어야만 했다. 즉, ① 신고기간과 조사기간에 대한 법적 제약으로 많은 사건이

미조사 상태로 남겨졌다는 점 ② 미군폭격 사건 등 일부 사건에 대해서는 조사가 미비했거나 진실규명기준의 일관성을 유지하지 못해 진실규명불능으로 결정했거나 각하 결정했던 점 ③ 신청 사건 희생자의 개인별 희생 사실을 규명하는 차원을 뛰어넘어 역사적 총체적 차원의 진실규명에는 이르지 못한 점 등은 지금까지 일반적으로 지적되어 온 문제점들이라고 할 수 있다.*

아울러 과거사 청산의 여러 방식 중 진실화해모델을 취한 이 위원회는 진상규명 이후 화해를 위한 후속 조치 활동도 미흡했다. 이것은 기본법에서 진실화해모델의 한 축을 구성하는 '화해'의 구체적 내용과 이의 실질적 조치에 대한 법적 규정이 미비했기 때문이다. 그러므로 이를 법제화할 수 있는 '한국전쟁 전후 민간인 집단희생 사건에 대한 배·보상 특별법'과 '한국전쟁 전후 민간인 집단희생 유해 발굴과 안장을 위한 특별법' 등의 제정, 추모위령사업과 연구조사사업을 지원하기 위한 '과거사재단' 설립 문제 등이 함께 논의되어야 할 과제로 지적된다. 그런 점에서 이 분야에 대한 진실화해위원회의 진상규명 활동은 이제 첫 단추를 끼운 수준에 불과해 새로운 조사기구의 출범이 필요하다는 지적은 타당한 근거가 있다고 볼 수 있다.

그러나 지금까지의 과거사 청산 작업의 가장 큰 한계라고 하면 '역사에 대한 성찰과 낡은 제도와 환경의 혁신'이라는 근원

---

* 　김상숙, 「진실화해위원회의 활동을 중심으로 본 한국전쟁 전후 민간인학살 진상규명 현황과 향후 과제」, 『대구사학』 제103호, 156~157쪽.

적인 문제에 충분히 접근하지 못했다는 점에 있다. 특히 '한국전쟁 전후 민간인 학살' 사건의 경우 그러한 측면이 많다. 진실화해위원회는 출범 초기에 과거사 청산이 우리 사회에서 지니는 현재적 의미와 실천적 의의를 대중에게 충분히 홍보하지 못한 측면이 있고 또 진상규명 신청에 대한 유족들의 소극적 태도로 인하여 조사가 철저히 진행되지 못한 점도 있다. 여기에는 독재정권하에서 길들여진 반공이데올로기에 대한 피해의식이 작용한 측면도 크지만 이를 제대로 극복하지 못한 것은 진실화해위원회가 지닌 역량의 한계였다.

그런데 이러한 한계는 청산 작업이 어느 정도 성과를 낸 이후에도 크게 극복되지 못했다. 조사과정을 통해서 많은 사건을 진실규명하고 새로운 자료와 사실들을 밝혀내고, 그것들을 수록한 수십 책에 달하는 방대한 양의 보고서를 내놓았음에도 불구하고 이를 대중화하는 데는 진실화해위원회를 비롯하여 다른 과거사 위원회들도 그다지 많은 노력을 기울이지 못했던 것 같다. 다만, 각 위원회가 밝혀낸 진실과 그 과정에서 새롭게 발굴된 여러 자료를 바탕으로 학계 내의 연구성과가 축적되고는 있지만 이러한 연구성과들 또한 대중적인 매체를 통해서 혹은 역사교육을 통해서 대중들에게 확산되는 데까지 이르지는 못하고 있다.

다른 한편, 광주 5·18이나 제주 4·3 등의 경우는 사건 자체를 지역의 문제로 제한하여 전국화하는 데 크게 기여하지 못했다는 비판도 있다. 예컨대, '광주 5·18 진상규명 활동은 분명히 문민정부의 입지를 공고히 하고 군부독재세력의 부활을 저지시킨 역사적 성과를 거두었지만 그것이 전 국민의 의식을 민주화하거나 광주·전남 지역을 민주주의의 상징적 구심으로 만드는 데 성공했지는 의문'이라는 평가가 그것이다.*

이상과 같은 지적과 함께 무엇보다 중요한 것은 과거사 청산운동이 과거지향형 운동이 아닌 평화인권운동이라는 큰 틀 안에서 미래지향적인 비전을 제시할 수 있는 운동이 될 수 있도록, 젊은 청년세대를 포함한 많은 시민이 동참할 수 있도록, 과거청산운동의 전망을 새롭게 세워나가는 것이다. 이를 위해서 과거사 청산의 본래 의미를 되살리기 위한 다양한 형태의 실천방안을 모색하는 것이 앞으로의 과제라 할 수 있다.

3. 또 하나의 과제: 과거사 청산과 역사교육

지금 박근혜 정부가 대다수 국민의 반대에도 불구하고 강행 추진하고 있는 역사 교과서 국정화 문제에서도 나타나고 있듯이 과거사 청산과 역사교육은 떼려야 뗄 수 없는 동전의 양면과도 같은 하나의 문제이다. 사실 과거사 청산의 모범국인 독일에서조차 과거사 청산은 쉽게 이루진 것이 아니다. 독일에서의 과

---

* 김동춘, 앞의 논문, 556쪽.

거사 청산 또한 역사인식과 관련된 심각한 역사교육 논쟁을 반복하는 과정에서 수많은 갈등을 극복해가면서 진행되어왔다. 우리 사회가 이러한 과정을 비껴가기는 어려운 일이다. 왜냐하면 그동안 역사교과서의 역사기술 문제로 충돌하고 있는 지점들이 바로 '과거사'와 깊은 관련이 있기 때문이다.

이러한 과거사 또는 과거사 청산 문제를 둘러싼 역사교육의 성격을 이해하는 데는 2013년 유엔보고서*에서도 인용하고 있는 '21세기 유럽의 역사교육에 대한 각료회의 권고안' [Rec(2001)15]**의 다음 내용이 참고가 된다. 이 권고안은 무엇보다 제2차 세계대전 종전 이후 유럽에서 일어난 과거사 청산의 경험을 바탕으로 작성된 것이기 때문에 우리의 역사교육에도 시사하는 점이 많다.

> "역사교육이 이념적 조작이나 선전활동의 도구가 되어서는 안되며, 비관용, 국수주의, 외국인 혐오, 인종주의 혹은 반유대주의를 조장하는 데 이용되어서는 안 된다고 강조한다 …… (이 권고안에 의하면 역사교육은) 무엇보다도 모든 종류의 다양성

---

* 이 자료는 인권위원회 결의안 19/6과 23/10에 따라 2013년 8월 유엔총회에 제출된 '문화적 권리 분야'의 특별 조사관 파리다 샤히드의 보고서를 말한다. 보고서의 원 명칭은 『역사교과서와 역사교육에 관한 문화적 권리 분야의 특별 조사관의 보고서』이다.

** Recommendation Rec 15 of the Committee of Ministers on history teaching in twenty-first-century Europe

에 대한 존중을 발전시키는 필수적인 장이 되어야 하며, 여러 민족 간의 화해, 인정, 이해, 상호 신뢰의 결정적 요소가 되어야 하고, 관용, 상호 이해, 인권, 민주주의와 같은 근본적 가치들을 장려하는 데 필수적인 역할을 해야 한다고 기록하고 있다. 더욱이 역사교육은 학생들이 대화, 역사적 증거의 탐색, 특별히 논쟁적이고 예민한 이슈들에 대해 다양한 관점을 인정하는 접근법에 기반한 열린 토론을 통해, 학생들의 비판적이고 책임감 있는 지적 분석력과 해석 능력을 길러주어야 한다. 또한 역사교육은 반인륜적 범죄를 예방하는 도구가 되어야 한다."

그렇다면 지금 한국에서 과거사 청산에 관한 역사교육이 어떻게 이루어지고 있는가. 먼저 정규 중등교육과정에서 역사 교과서에 과거사 청산의 성과가 본격적으로 반영되기 시작한 것은 대체로 제7차교육과정 때부터이다. '5·16 혁명'이 '5·16 군사쿠데타'로 '광주사태'가 '광주민주화운동'으로 정정되고 4·3사건이 한국현대사의 주요한 역사적 사건으로 기술되었다. 또 그동안 금기시되어왔던 '국민보도연맹사건' 등 한국전쟁 전후 민간인 학살 사건도 간단하게나마 교과서에 기술되었다. 이는 5·18 특별법에 따른 5·18위원회을 비롯하여 진실화해위원회의 활동에 이르기까지 그동안 이루어진 과거사 청산 작업과 학계의 꾸준한 연구성과가 반영된 결과라고 할 수 있다. 이는 모두 '87년 체제'하에서 이루어진 일로 민주화가 진전되고 있던 시대적 변화상을 반영하고 있다.

그러나 제7차교육과정에 반영된 과거사 청산 교육은 2008 년 교육과정 이후 크게 나아가지 못하고 오히려 후퇴하는 양상 이다. 이명박 정부 이후 고등학교 한국근현대사 교과목이 폐지 되면서 발행된 한국사 검정 교과서에서는 예컨대, 한국전쟁 민 간인 학살 관련 과거사를 취급하고는 있으나 '있었다'는 사실을 언급한 수준에 지나지 않는다. 대부분 교과서에서 한국전쟁으 로 인해 민간인 수백만 명이 사망하였다고 기술하고 있으면서 도 그 원인이나 가해자와 피해자에 대한 구체적인 언급을 하고 있지 않다. 또 현대사 교육의 강화는 세계적인 추세이지만 최근 교육부의 역사교육정책은 오히려 이에 역행하고 있다. 이는 현 대사에서 중요하게 다루어야 할 과거사 사건의 중요성에 대한 인식과 그에 대한 교육의 중요성이 최근 들어서 크게 후퇴하고 있음을 보여준다. 각국에서 현대사 교육을 강화하는 이유는 오 늘날 가치 교육으로서 강조되고 있는 인권 교육과 민주주의 교 육에 있어서 현대사의 효용이 크기 때문이라고 할 수 있는데 우 리의 교육 현실은 이를 따라가지 못하고 있는 것이다.

과거사 문제는 그것을 기억하고 인식하는 주체의 주관과 시 기에 따라 다양한 관점이 존재한다. 이 때문에 단 하나의 정설만 을 집필기준으로 내세워 획일적인 서술을 요구하는 것은 그 자 체로서 불합리하다. 비록 자유발행은 아니더라도 검정 기준만 큼은 합리적인 다양성이 모색되어야 한다. 그러함에도 불구하고 역사 교과서를 국정화하려는 현 정부 아래에서는 과거사 문제가 이념교육으로 변질되어 과거사 청산의 정신이 오히려 왜곡될 우려까지 낳고 있다.

오늘날 한국의 교육환경을 놓고 볼 때 제대로 된 과거사 교육을 저해하고 있는 가장 근본적인 원인은 일차적으로는 역사교육을 하는 이유와 목적에 대한 인식의 부재 또는 시대착오적인 교육관이고 더 근본적으로는 무엇보다 민주주의에 대한 올바른 인식이 부재하다는 데 있다. 비록 현대사 교육에 국한된 문제는 아니지만 오늘날 교육정책을 주관하는 관료들과 일부 연구자들은 국가 정체성과 전통의 수호를 역사교육의 제일 절대적 과제로 인식하는 전통적인 교육관에 매몰되어 있다. 이 경우 역사교육의 '내용적 통일성'을 앞세워 다양성을 무시하기 일쑤이다. 이러한 '국가주의' 역사교육관은 민주주의 역사교육관과 배치된다. 민주주의적 역사교육관이라고 한다면, 역사교육은 당연히 '역사를 소재로 하여 인간을 교육하는 활동으로 이를 통해 역사적 사고력과 통찰력을 신장시키고 바람직한 역사적 가치관과 태도를 함양하는 것'을 목적으로 해야 한다.

과거사 청산은 현대사의 보편적 과제로 우리 사회에만 국한된 문제는 아니다. 제2차 세계대전 이후 독일을 비롯하여 스페인 그리고 남미 여러 나라와 남아공화국 등 세계 도처에서 벌어졌던 일로 민주주의를 지향하는 현대사회에서 세계사적 보편성을 지닌다고 할 수 있다. 따라서 이러한 점을 고려할 때 과거사 진실규명을 바탕으로 한 교육을 통해 인권의 신장과 민주주의적 가치를 제고시키는 일은 오늘날 역사 연구자와 역사 교육자가 마땅히 담당해야 할 중요한 몫이 되고 있다.

역설적이게도 과거사 청산 이후에야 과거사 청산운동이 퇴행하고 있는 현실을 바라보면서 과거사 청산의 의미와 향후의 과제가 더욱 분명해졌다. 독일의 역사가 에드가 볼프룸의 말대로, 망각과 기억은 서로 얽혀 있다. 기억의 선택 기능으로 인해 어떤 것은 다른 것이 망각되는 대가로 기억된다. 과거사 청산의 대상이었던 과거사는 결코 망각해야 할 과거가 아니다. 또 그것은 시간이 지나면서 자연히 망각되었던 과거가 아니다. 그 과거는 권위주의 정권에 의해 망각을 강요당했던 과거사이다. 과거사 청산이 수포로 돌아가 이른바 '자학사관'의 극복이라는 미명 아래 과거사가 다시 망각된다면 그 망각의 자리에 무엇이 대신할 것인가를 숙고해보아야 한다.

단언컨대 과거사 청산의 진정한 의미는 단지 과거를 기억하고 기념하는 차원에 있는 것이 아니라, 오늘날의 시대정신인 민주주의와 인권의 문제를 정확히 인식하고 그것을 실천하는 데 있다.(5.18 기념재단 주최 '역사바로세우기 20주년 세미나' 발제문, 2015.12.)

진실과 기억

초판 1쇄 발행 2023년 12월 29일

지은이 홍순권
펴낸이 강수걸
편집 이선화 신지은 강나래 오해은 이소영 김소원 이혜정
디자인 권문경 조은비
펴낸곳 산지니
등록 2005년 2월 7일 제333-3370000251002005000001호
주소 부산시 해운대구 수영강변대로 140 BCC 626호
전화 051-504-7070 | 팩스 051-507-7543
홈페이지 www.sanzinibook.com
전자우편 sanzini@sanzinibook.com
블로그 sanzinibook.tistory.com

ISBN 979-11-6861-223-5 03910